园艺园林专业系列教材

# 园艺产品商品化技术

唐 蓉 主 编
娄晓鸣 副主编
黄保健 主 审

苏州大学出版社

图书在版编目(CIP)数据

园艺产品商品化技术/唐蓉主编. —苏州：苏州大学出版社,2009.9(2017.1重印)
(园艺园林专业系列教材)
ISBN 978-7-81137-356-1

Ⅰ.园… Ⅱ.唐… Ⅲ.园艺作物－商品学－高等学校：技术学校－教材 Ⅳ.F762.3

中国版本图书馆 CIP 数据核字(2009)第 160681 号

## 园艺产品商品化技术

唐　蓉　主编

责任编辑　肖丽娟

苏州大学出版社出版发行
(地址：苏州市十梓街1号　邮编：215006)
虎彩印艺股份有限公司印装
(地址：东莞市虎门镇北栅陈村工业区　邮编：523898)

开本 787mm×1092mm　1/16　印张 11.5　字数 285 千
2009 年 9 月第 1 版　2017 年 1 月第 5 次印刷
ISBN 978-7-81137-356-1　定价：24.00 元

苏州大学版图书若有印装错误,本社负责调换
苏州大学出版社营销部　电话：0512－65225020
苏州大学出版社网址　http://www.sudapress.com

> 园艺园林专业系列教材
> 编委会

顾　问：蔡曾煜
主　任：成海钟
副主任：钱剑林　潘文明　唐　蓉　尤伟忠
委　员：袁卫明　陈国元　周玉珍　华景清
　　　　束剑华　龚维红　黄　顺　李寿田
　　　　陈素娟　马国胜　周　军　田松青
　　　　仇恒佳　吴雪芬　仲子平

# 前　言

近年来,随着我国经济社会的发展和人们生活水平的不断提高,园艺园林产业发展和教学科研水平获得了长足的进步,编写贴近园艺园林科研和生产实际需求、凸显时代性和应用性的职业教育与培训教材便成为摆在园艺园林专业教学和科研工作者面前的重要任务。

苏州农业职业技术学院的前身是创建于1907年的苏州府农业学堂,是我国"近现代园艺与园林职业教育的发祥地"。园艺技术专业是学院的传统重点专业,是"江苏省高校品牌专业",在此基础上拓展而来的园林技术专业是"江苏省特色专业建设点"。该专业自1912年开始设置以来,秉承"励志耕耘、树木树人"的校训,培养了以我国花卉学先驱章守玉先生为代表的大批园艺园林专业人才,为江苏省乃至全国的园艺事业发展做出了重要贡献。

近几年来,结合江苏省品牌、特色专业建设,学院园艺专业推行了以"产教结合、工学结合,专业教育与职业资格证书相融合、职业教育与创业教育相融合"的"两结合两融合"人才培养改革,并以此为切入点推动课程体系与教学内容改革,以适应新时期高素质技能型人才培养的要求。本套教材正是这一轮改革的成果之一。教材的主编和副主编大多为学院具有多年教学和实践经验的高级职称的教师,并聘请具有丰富生产、经营经验的企业人员参与编写。编写人员围绕园艺园林专业的培养目标,按照理论知识"必需、够用"、实践技能"先进、实用"的"能力本位"的原则确定教学内容,并借鉴课程结构模块化的思路和方法进行教材编写,力求及时反映科技和生产发展实际,力求体现自身特色和高职教育特点。本套教材不仅可以满足职业院校相关专业的教学之需,也可以作为园艺园林从业人员技能培训教材或提升专业技能的自学参考书。

由于时间仓促和作者水平有限,书中错误之处在所难免,敬请同行专家、读者提出意见,以便再版时修改!

园艺园林专业系列教材编写委员会

# 编写说明

本书根据国内外园艺产品商品化技术的发展水平,结合生产实际,深入浅出地介绍了园艺商品的基础知识、生产基地、商品化处理、包装、贮藏技术、新产品开发、销售等内容,使读者能正确、灵活、高效地运用书本理论,为从事与园艺产品相关的技术及营销工作奠定一定基础。

我们在编写过程中,在内容安排上以强调技术应用能力为主线,尽可能注重理论联系生产实际,力求通俗易懂,具有较强的可读性、实用性,以便能帮助读者解决一些生产中的实际问题。

本书由苏州农业职业技术学院唐蓉担任主编,娄晓鸣担任副主编。绪论和第6章内容由唐蓉老师编写;第1章、第2章内容由陈军老师编写;第3章内容由娄晓鸣老师编写;第4章、第5章内容由常熟海明蔬菜园艺场霍建新老师编写;第7章、第8章内容由何刚老师编写。全书由唐蓉、娄晓鸣两位老师统稿,并请南京农业大学长期从事园艺商品教学与研究的黄保健教授担任本书的主审。

由于时间和水平有限,书中定有不当之处,恳请广大读者不吝指教。

编 者

# 目录 Contents

**第 0 章　绪论**

0.1　园艺产品的商品化 …………………………………………………… 001
0.2　园艺产品商品化技术研究的意义 …………………………………… 001
0.3　园艺产品商品化技术的研究内容 …………………………………… 003
0.4　园艺产品商品化技术研究的历史及现状 …………………………… 004
0.5　学习园艺产品商品化技术的方法 …………………………………… 005

**第 1 章　园艺商品基础知识**

1.1　园艺商品的概念与特征 ……………………………………………… 006
1.2　园艺商品的分类 ……………………………………………………… 009
1.3　园艺商品的科学利用 ………………………………………………… 015

**第 2 章　园艺商品生产**

2.1　园艺商品生产概述 …………………………………………………… 023
2.2　园艺商品生产基地建设 ……………………………………………… 031
2.3　新产品开发 …………………………………………………………… 037
2.4　园艺商品的周年供应 ………………………………………………… 041

**第 3 章　园艺商品质量**

3.1　园艺商品质量 ………………………………………………………… 053
3.2　影响商品质量的因素 ………………………………………………… 058
3.3　商品质量管理与保证 ………………………………………………… 060
3.4　惩治假冒伪劣商品 …………………………………………………… 065

## 第 4 章 园艺商品检验

4.1 商品检验的概念与作用 ······ 072
4.2 园艺商品检验 ······ 073

## 第 5 章 园艺商品标准与标准化

5.1 商品标准概述 ······ 079
5.2 园艺商品标准 ······ 089
5.3 商品标准的实施 ······ 098

## 第 6 章 园艺产品的商品化处理

6.1 园艺商品的采收 ······ 104
6.2 园艺产品的田间处理 ······ 110
6.3 园艺产品的贮藏 ······ 117
6.4 园艺产品的包装 ······ 122
6.5 商品包装装潢 ······ 130
6.6 园艺商品的商标 ······ 130

## 第 7 章 园艺商品的定价与流通

7.1 园艺商品的定价 ······ 135
7.2 园艺商品流通 ······ 142
7.3 园艺商品促销 ······ 146

## 第 8 章 园艺产品市场

8.1 我国园艺产品市场 ······ 156
8.2 国际园艺产品市场 ······ 163

**主要参考文献** ······ 173

# 第0章 绪 论

商品是为交换而生产或用于交换的对他人或社会有用的劳动产品。一个物品要想成为商品必须满足两个条件:第一,它必须是劳动产品;第二它必须是用于交换的。这两个条件是缺一不可的。我国是世界上的园艺大国,园艺产品资源丰富,生产发展迅速。随着经济的发展和人们生活水平的不断提高,人们生活中所需要的园艺商品的数量和质量都进一步增强,园艺商品的出口贸易也将进一步增加。园艺商品在人们生活和社会发展中的作用也将进一步凸显。

## 0.1 园艺产品的商品化

园艺商品是果品、蔬菜和花卉及其相关商品的总称。它是一种特殊的通过市场用于交换,能够满足人们社会需要的劳动产品,包括果品、蔬菜、花卉及其相关的产品。与其他商品一样,园艺商品具有自然属性和社会属性。然而,有时很多商品却并非是通过人类劳动生产的,而且它们的价格有的时候比人工生产的还要高得多,如很多野生的蔬菜和海味。园艺产品商品化是指按照商品化的目的,对园艺产品进行的一系列维持产品品质、提高产品品质,使产品达到增值、发挥最大使用价值的过程,而商品化技术则是在商品化过程中所采取的技术手段。它是将获得的园艺产品通过一系列产后处理,即挑选、分类、清洗、修正加工、分级、涂蜡、包装、质量检验、贮藏、运输、定价、流通等技术,使其提高产品的附加值,从而达到最大限度地保持产品的营养、新鲜程度和食用安全性,美化产品,延长产品寿命等目的的技术措施。

## 0.2 园艺产品商品化技术研究的意义

随着人们生活水平的提高,人们对园艺产品的消费已从"数量型"转变为"质量型"。为了提高园艺产品的质量,提高产品的附加值,开展以提高园艺产品质量为中心的采后商品化

处理工作,显得越来越重要,同时也越来越为人们所重视。园艺产品商品化技术研究的意义在于:

1. 研究商品、促进生产发展

通过对商品使用价值的研究,阐明商品的有用性能,明确商品的用途和使用方法,然后探索不同消费层次的不同需求特点,遵循需求规律,从而科学地、客观地介绍商品的性能,去引导消费,并在消费过程中反馈商品信息,促进生产发展。同时,为了适应商品科学管理,还有利于理顺流通渠道,实现专业化分工和社会化协调,有利于调整产品结构、经营结构,促进企业向管理现代化方向发展。

2. 确保流通领域中商品质量完好

通过对商品自然属性的研究,分析商品在生产和流通的全过程中可能引起质量变化的因素,在商品的包装、运输、装卸、储存和销售等环节中做好科学管理,降低商品损耗,防止腐烂变质,防止受潮或干裂,防止火灾及意外事故发生,以确保商品质量完好。

3. 开展商品检验、评价与全面质量管理

通过对商品的内外质量的研究,准确而又全面地评价商品、鉴定质量;限制劣质产品进入流通领域,把好商品验收关,增强我国商品在国际市场中的竞争地位。切实维护消费者的权益;推动商品标准化,并为企业推行全面质量管理和建立质量保证体系服务,同时保护消费者的合法权利。

4. 为企业、商品经营管理和市场服务

商品学知识不仅对采购员、供应员、检验员、营业员、保管员是必不可少的,而且对做好企业的计划、统计、预测、物价、会计、财务、储运等管理工作也是必不可少的。学习商品学知识,就可以逐步成为自己所主管业务的专家。园艺商品生产和经营毫不例外地也是一种企业活动,要想提高效益,必须树立商品生产观念,不断提高生产水平和管理水平,使企业在取得社会效益的同时取得经济效益。同时,对实现园艺商品的周年供应也有着重要意义。

在商品生产过程中的一系列活动(如设计、制造、包装等)以及在商业经营活动中的一切业务活动(如进货、销货、调拨、储运等)都是以商品为中心,围绕商品的价值和使用价值的提升而进行的。其根本目的就是为了不断发展工农业生产以促进经济发展。因此,商品生产者和经营者必须熟悉自己所经营商品的特性、工艺流程、质量标准、包装情况、储藏、营销、管理等方面的知识,严格把好质量关,树立企业信誉。

5. 保护消费者权益

消费者权益就是消费者在消费活动中依法应享有的权利和利益。消费者权益保障是消费者权利保护和利益保障的综合。只有了解了园艺商品的基本知识及相关法律,才能够打击假冒伪劣商品,保护消费者的合法权益,维护政府形象,促进社会生产力更快发展。

6. 提高产品附加值、促进商品经济发展

当前,我国市场发育尚不完善,市场行为尚不规范,企业的自我约束能力较差,经济法规还不健全,对社会经济生活缺乏有效的社会监督、司法监督、行政监督,学习和了解商品学知识,有利于加强商品管理、促进规范企业行为,促进商品经济的发展。在研究商品使用价值或自然属性的同时,利用包装装潢、商标、广告、促销等手段,促进商品使用价值的提升,加速商品流转,扩大商品经营。

## 0.3　园艺产品商品化技术的研究内容

当前,园艺产品的产销已从小地区小范围的自给消费型发展到依靠主产地的消费运输型。果蔬和花卉商品生产的发展,经济效益的大幅度提高和科学技术的进步,促使果蔬和花卉生产大幅度提高,许多国家出现了供大于求的现象。采后处理不仅具有保证产品质量的提高、保证产品均匀一致的作用,而且有利于产品的贮运、装卸、拍卖、批发、零售和食用,有利于产品增值和降低产品消耗的作用。园艺产品商品化技术的研究内容,包括了园艺产品的产前、产中和产后的多个环节,每个环节相互关系、相互制约。园艺产品商品化就是将获得的园艺产品,通过一系列产后处理,即挑选、分类、清洗、修正加工、分级、涂蜡、包装、质量检验、贮藏、运输、定价、流通等技术,使其提高产品的附加值,从而达到最大限度地保持产品的营养、新鲜程度和食用安全性,美化产品,延长产品寿命等目的。

园艺产品的生产过程,直接影响着园艺产品的质量,园艺产品的质量首先应从抓好生产过程着手。产品检验多提高产品生产水平,提升附加值有着重要意义。对原产品进行外观、包装等方面的加工处理,使得原产品更富有吸引力,从而提高了商品的价值。这在市场学上称为"延伸产品"。水果商品化的"延伸产品"处理,主要是打蜡与精包装。经打蜡后的果实,其鲜度至少提高一倍以上。这就是所谓的"打蜡效应",也是市场水果零售商常使用的"变鲜术"。精包装:就是要改变过去那种重包装、粗包装的做法,实行"精、小、美、牢"的包装形式。大致有"五改":改木箱为纸箱;改牛皮纸无彩图纸箱为白底彩图纸箱;改 25 kg 装为 5~10 kg 装;改白塑料袋包果为红塑料袋包果;改低厚度塑料袋为高厚塑料袋。经过精包装的商品,其价格将比原来提高一倍乃至几倍以上。这就是"包装效应",是"延伸产品"的出现。柑桔著名产区的西班牙,对柑桔的产后处理是极其重视的。如 1993 年,生产的脐橙成本为 1.36~1.55 元/千克,而产后的处理成本则高达 2.11 元/千克,高出生产成本 36%~55%。出现了新型成本的"倒挂现象"。美国、日本、墨西哥均为如此。

广告宣传同样是商品化处理的一大内容。广告的深刻内涵在于具有极大的诱导性与驱动性。利用这一内涵,使我们的园艺产品再上新台阶。

20 世纪 30 年代,随着制冷技术的全面发展,冷藏站一个个建立起来,六七十年代果蔬和花卉的采后处理开始朝着现代化的方向发展,上世纪 80 年代欧美各国的果蔬和花卉产品有 40% 进行了采后处理。目前采后处理、分级和包装已达到相当高的自动化、机械化,特别是电子分选和计算机装置的应用,使包装场的现代化、自动化程度进一步提高。而塑料工业、造纸工业、木材工业、制冷技术、计算机电子工业和各种运输工具的发展,为采后处理、贮运保鲜开辟了广阔的前景。

总之,园艺产业作为种植业的一个重要门类,在农业经济、农村经济、人民生活,乃至国民经济中发挥着越来越重要的作用。我国的园艺产业还相当落后,商品的质量及质量保证、商品的标准与检验、包装、运输、储存等方面都很不完善,很不规范。我国对于园艺商品市场还缺乏研究,消费需求、销售渠道与方式、售后服务等方面的研究还是空白,与国外发达国家有相当大的差距。因此,园艺产品的商品化技术需要不断完善与提高。通过商品化技术提高园艺商品的价值和使用价值,为园艺商品的大流通、大市场、大商业服务,为国内外激烈的市场竞争服务。

## 0.4 园艺产品商品化技术研究的历史及现状

在原始社会,人们的劳动成果只能勉强维持自己的生存需要,商品并不存在,直至有了劳动剩余,有了商品交换,才逐渐对商品有了研究,并产生了商品学。商品学是伴随着商品经济的发展而产生的,商品经济的发展、商人的出现,是商品研究产生和发展的前提。

从历史考证与文献记载来看,世界上第一本包括有商品内容的商学书籍是阿拉伯人阿里·阿德·迪米斯基(Ali-ad-Dimisqui,9~12世纪)编著的《商业之美》(1175年出版),以后,意大利也出版了许多包括有商品知识的商学书籍。例如,佩戈罗弟(Fr·B·Pegolotti)编著的《商品贸易指南》,书中详细论述了从意大利输入中国的商品及其性质、质量、品种、规格和贸易方法等。医药商品和药材是自然科学家和医学家最早系统研究的贸易商品。

自1810年开始,商品研究相继传入波兰、意大利、奥地利、匈牙利、苏联、日本、中国等国家。1675年法国人萨伐里(Jacqnes Savary)出版了《法国与外国商品贸易知识》一书;1708年马帕格尔(Jakob Marperger)编写了《商品辞典》;1717年德国根舍尔(C·l·Gunther)教授出版了《商品学》教科书,其内容包括商品的分类、生产、性质、选购、鉴别、价格、包装、储藏和用途;1780年德国经济学教授和自然历史学家贝克曼(Johann Beckmann,1739~1811年)编著出版了《商品学导论》,建立了较完整的科学体系,贝克曼被认为是现代商品学的创始人。1770年,约翰·波格曼在德国首次创立了商品学。

我国对商品的研究起步较晚,隋唐时期陆羽的《茶经》、明朝李时珍的《本草纲目》是我国早期的涉及有关商品方面的著作,它主要包括分类、生产和性质。19世纪出版的商品学书籍有吴中字的《商贾便览》、王秉元的《万宝全书》,对当时的贸易起到了一定作用。1902年我国开始了商业教育,把商品学作为一门必修课程,陆续出版了一些书籍,如李澄翻译了日本的商品学,定名为《新译商品学》(1908年);曾慒著的《商品学教本》(1914年);潘吟阁编著了《分类商品学》(1928年);刘冠英的《现代商品学》等;其中以《现代商品学》体系较完整,主要讲述德国商品学的体系和内容。

1992年东北农业大学李盛萱教授、奥岩松编写出版的中国第一部全国农业高校统编教材《蔬菜商品学》、西北农业大学的《果品商品学》(1993年)、北京农学院的《蔬菜商品学》(1994年)开创了国内园艺商品学教学的先河。河南科技大学于1993年开始有关园艺商品方面的教学,编写了《园艺商品学》试用教材,开展了园艺商品学的研究和教学。本教材在园艺商品学的基础上进一步充实了商品技术的内容,以更加符合高职学生的学习要求与特点。

## 0.5 学习园艺产品商品化技术的方法

园艺商品数量和品种、规格很多,品质千差万别,结构繁杂多样,用途广泛各异,且由于品种多、规格多、产地多等原因,学习商品化技术就应该有一套与本身学科性质相适应的方法。

1. 学习园艺商品处理的共性和规律性

尽管园艺商品千差万别,但是对其质量要求、质量检验与评价、认证与质量管理的方法、商品包装和装潢、储藏和运输、销售和售后服务等,都存在着许多共同的特点。因此,要善于学习这些具有共性的知识,掌握其普遍性的规律。

2. 注重代表性商品化元素的学习

尽管商品品种繁多,商品化技术也各有不同,但是,还是能将商品化技术分为若干大类。然后,再根据各自的目的,选择部分有代表性的商品化技术,研究其从生产到售后服务的全过程,进行分析研究,从而起到举一反三的作用。

3. 参加实践活动,掌握第一手资料

书本上学到的知识非常重要,但更重要的是要从实践中学习知识、掌握知识。要深入实践,把理论和实际结合在一起。园艺产品商品化技术是一门实践的科学,其涉及面广,实践性强,因此要深入实践,要根据工作需要,切实掌握一部分商品的生产、经营、管理及消费的规律,要向有经验的工作人员学习,向生产实践学习,向经营实践学习。另外,在学校,也可以结合教学内容,到实验室参加实验活动,参加实际操作,提高动手能力。还可以结合事例、案例展开讨论,培养分析问题、解决问题的能力。

园艺产品从田间走向市场,走向老百姓生活,由产品变为商品是一个复杂的过程,其中存在着一系列的技术与社会问题,也是一项系统工程。因此,需要政府与全社会的关心、关怀,更需要具有相关专业知识的人为之努力。

# 第 1 章 园艺商品基础知识

**本章导读**

园艺业是古老的产业。人类自从有了农业活动后就开始有了园艺生产。我国是世界园艺植物起源中心之一,无论果树、蔬菜还是花卉,都有着极丰富的种质资源,园艺产品相对于其他农产品,具有其特殊性,随着经济发展,生产更好、更多的具有高附加值的园艺商品,在人们生活中的作用会越来越重要。

## 1.1 园艺商品的概念与特征

### 1.1.1 园艺商品的概念

园艺商品是一种特殊的商品,是通过市场用来交换的园艺产品,包括果品、蔬菜、花卉及其相关的产品。与其他商品一样,园艺商品具有自然属性和社会属性。

### 1.1.2 园艺商品的特征

1. 园艺商品属于高值农产品

在国际贸易中,把农产品当中未经加工的水果、蔬菜、奶、蛋及各种精加工品称为高值产品。我国很早就有"一亩园十亩田"的谚语。国外也有类似的情况,美国 1 公顷小麦与苹果的产值分别为 1 335 美元和 9 750 美元,二者产值比为 1∶7.3。我国每公顷小麦与苹果的产值分别为 555 元、10 725 元,二者产值比为 1∶29.3。蔬菜保护地生产产值也很高,如山东寿光等地,每 667 $m^2$ 蔬菜年产值为数万元至十万余元;花卉产值每 667 $m^2$ 也有数千至数万元不等。

2. 园艺商品种类繁多,相互可替代品较多

地球上的园艺作物多得不可胜数,园艺商品的品种规格也不计其数。仅花卉中的菊花就有 20 000~25 000 种,兰花有 30 000 多个品种,蔬菜中的番茄有近万个品种。繁多的种类规格决定了园艺商品贸易的复杂性和难度。另一方面,由于园艺商品所含的基本成分类似和基本用途相同,从而造成了园艺产品之间具有替代性,这又增加了园艺商品贸易的复杂性和难度。因此,园艺商品的生产、运销技术非常复杂,难度很大。

3. 园艺商品的生产具有季节性,受自然条件影响大

园艺商品是活的植物有机体,其生长发育一时一刻也离不开周围的环境条件,因此其生产就必然受自然气候条件所制约。由于我们目前还不能完全人为地控制自然条件,做到所有的园艺商品都能在某地四季的任何时候收获,各地生产都毫无例外地存在着季节性。园艺商品生产的季节性变化,必然影响到上市量的季节性变化,而且这种数量变化不仅反映在总量上,也反映在种类上;同一种类的园艺商品其数量也随着生产季节而变化。

4. 园艺商品储藏运输和流通的难度较大

大部分园艺商品都是鲜活品,如各种时鲜水果、蔬菜、花卉等,这些产品有生命活力,而且越新鲜,价格就越高,效益就越好。但由于鲜嫩的产品含水量高,容易损坏腐烂,也易失水失鲜,不利于储藏和运输,而且有些园艺商品单位体积较大而价格相对又低,其运输费用相对较高。这就要求园艺商品在市场流通中要有良好的储藏条件、快捷安全的运输条件和便利的销售手段等。尽管近年来我国在开通绿色通道方面取得了较大的成绩,但还存在不少问题,这已成为制约我国园艺产业发展的一个重要因素。

5. 园艺商品的消费需求具有普遍性、大量性和连续性

园艺商品在满足人们生活基本需求、美化人们的生活等方面发挥着不可替代的作用,不同消费群体在园艺商品需求普遍性之下又表现出在产品质量、产品价格、产品档次等方面的差异性。如希望消费的园艺商品不仅富有营养,还必须安全,也就是希望所购买的园艺商品都是绿色食品或者是有机食品。

据国家统计局有关数据显示,2004 年我国城镇居民水果消费总量为 8 268 万吨,蔬菜消费总量为 1.59 亿吨,鲜花消费总量为 7 亿枝。由此可以看出,作为生活必需品及工业原料的园艺产品的消费总量是巨大的。

由于园艺商品是人们日常生活所必需的,虽然其生产具有季节性,但消费者对园艺商品的消费却是均衡的,无论是人们的日常消费,还是作为工业生产的原料,都是常年和连续的。

## 1.1.3 园艺商品的功能

1. 园艺商品的食用及医疗作用

园艺商品中的果品、蔬菜及其相关产品含有各种营养成分,其中糖类、维生素、纤维素、矿物质尤为突出。这些营养素在谷物、肉类等食物中比较缺乏,而其作用又是十分重要、无法替代的,是增进人体健康不可缺少的食物和人们生活的必需品。一个人在整个生长发育过程中,每天都在消耗营养物质,所以要不断补充各种养分,如维生素、蛋白质、脂肪、碳水化合物和无机盐等。人体的生长、发育、健康与食品营养关系密切。中国最早的医学典籍《内

经》指出,"五谷为养,五果为助,五畜为益,五菜为充"。将食物分为"养"、"助"、"益"、"充"四大类,各代表每一类食物的营养价值、作用及比例。大多数园艺产品既有营养价值,还有药物作用,能防病治病。

近年来,人们又发现果树、蔬菜、花卉的花粉对于增强人的体质功效非常明显。花粉中含有人体必需的22种氨基酸中的21种。另外,花粉中维生素、微量元素等人体健康所需的各种营养素的含量更不在少数,由此,花粉更受到人们的青睐。现在,人们对各种花卉进行精加工,提炼出花粉,这些高级滋补品对提高人的体质、增强抵抗力有重要作用。各种花粉片、糕、丸、晶、糖、酒等也纷至沓来,备受人们喜爱。此外,鲜花及其加工品还广泛用于饮料和食品之中,如用茉莉、米兰等鲜花配茶,不仅使茶香浓郁,而且花的芳香还具有兴奋及助消化等作用;从玫瑰、白兰、茉莉等鲜花中提炼出香精,其应用就更是遍及人类生活的各个领域。

2. 园艺商品是重要的工业原料

园艺商品作为工业原料,已越来越广泛,越来越多样化和专业化。园艺商品可以应用到食品工业、饮料与酿酒业、医药工业以及许多轻工业、化工业。欧美许多国家的酿酒业,主要用葡萄等果品;各种水果或蔬菜汁的饮料,在饮料中占的比重增长极快。果品和蔬菜的干鲜加工品销售和食用方便,消费量与日俱增。这种情况我国刚刚开始,前景广阔。我国这方面资料不太全,葡萄加工量只占约25%,苹果15%,桃10%左右;鲜蔬菜汁现在销售量甚微。蔬菜和果树生产是农民发家致富的产业,但只生产鲜菜和鲜果,致富是有限的;园艺产品经加工后,显著增值。与人们消费水平同步增长地发展加工业,是农村摆脱贫困的宽阔大道,也是解决"卖果难"、"卖菜难"的途径之一。

干鲜果品、蔬菜加工后不仅增值,而且便于贮存和延长供应时间,能减少损失。据北京市商业部门估计:叶菜类蔬菜,菜地产量到商店售出量,相差20%~35%;夏季称为"热货"的水果(桃、杏等)、西瓜,园地产量到商店售出量,相差25%~30%;这应当说是巨大的损失。这些年蔬菜和果品丰产,各地已有不同程度的滞销现象,其损失更大。如果在产地收获后及时加工,可以避免或减少损失约一半以上。发展就地加工,是我国园艺业,甚至整个农业发展产业化的方向。

3. 园艺商品有美化和改善环境的作用

人类的生活和生产活动给覆盖地表的绿色植物造成了严重的破坏,引起了生态平衡的失调,导致自然灾害的频频发生。果树、花卉、林木,甚至绿色的菜地、草坪,既可以生产商品,也具有覆盖和绿化土地,调节空气的温度、湿度和各种成分,吸收有害气体,吸附烟尘,减弱噪声,杀菌,防止水土流失等功能,其保持水土、改善环境的意义和作用是无可替代的。

评价一个现代化的城镇,早已不是只看工业的发展、商业的繁华、交通的便利,而是人的生存环境,特别是生态环境,是非常重要的指标。

4. 园艺商品对调节人的精神生活有积极作用

爱美是人的天性,用花草来美化居室和生活环境,自古就已有之。可见这些花草都能给人以美的享受,能愉悦人的心情,寄托人的感情,陶冶人的情操,丰富人们的业余生活。

## 1.2 园艺商品的分类

园艺商品种类、品种极其繁多,而且其成分、性质、性能、用途及贮运和经营方式也各具特色。因此必须将其进行科学、合理而准确地分类,才能科学地进行管理、经营和养护,并更好地为消费者服务。

### 1.2.1 园艺商品分类的意义

不同的园艺商品,有不同的质量要求。而且由于园艺商品品种间的生物学、经济学差异,使得在园艺商品的商品化处理过程中,对采收、采后处理、运输包装、贮藏条件、销售等方面的要求都有极大的差别。因此在流通销售环节中,应根据园艺商品品种、生理特性的不同而采取相应的商品化处理技术,以尽量减少损耗和保持良好的商品性。同时,在市场经营活动中,针对不同的园艺商品品种而要采取相应的经营方法,这就要求对众多园艺商品进行商品学分类。

园艺商品的分类方法在某些方面要借鉴于食用器官分类法,但二者并不完全相同。同时,园艺商品的分类与植物学分类、农业生物学分类也有着较为密切的联系。园艺商品的分类主要根据商品经营和消费习惯的要求,对分类关系近的品种可进行类似的管理与作业,而且适应于市场经济关系在不同时期的变化规律。

### 1.2.2 园艺商品分类的原则和方法

1. 园艺商品分类的原则

商品分类的原则是建立科学的商品分类体系的重要依据。为了使商品分类能满足特定的目的和需要,进行商品分类时应遵循以下几个分类原则:

（1）科学性原则

分类原则必须具有科学性,这可以从三个方面加以明确:

① 明确分类目的:是为了完成一定任务而进行。

② 明确分类范围:集中总体所包括的范围(分类对象)。

③ 确定分类标志:这是科学分类的前提。分类标志能反映事物性质和特征,借此分类以区分开分类对象,分类标志体现了分类目的。如园艺产品中水果的常用分类标志可根据其原材料(鲜果、干果、瓜果、鲜果加工品)、化学成分、加工方法(果酱、果汁、果酒、蜜饯、果冻、罐头、果干等)和商品用途(主食、副食、保健)等来确定。

（2）系统性原则

根据一定标志或特征,按照所规定的归类原则和一定排列顺序组配形成科学、合理而适用的分类体系。一般是逐级或逐次地划分为若干范围较小的部分,各部分既有共同组成集合总体的共性，又有相对独立性和彼此差异性。

（3）适应性原则

能满足分类的目的和要求，同时又有概括性、简单性、清楚性和现代化手段应用的可能性，为管理现代化、信息化、自动化打下基础。

（4）可扩展性（可延性）原则

建立在满足商品不断发展更新和变化需要的基础上，留有足够的收容类目，以保证一旦有新商品出现时，便于加入新的品种，不致打乱已建立的体系。通常在商品目录中设置综合类或收容类项目，以便为下级子系统的拓展和细化创造条件。

（5）兼容性原则

分类时应尽可能与原有分类体系保持一定的连续性，使相关分类体系间相互衔接协调，同时与国际通用分类体系相协调，并且尽量与相关标准取得一致，以利于推广应用和便于水平信息的查询、对比和交流。如我国的 ST/T10135—92《社会商业分类与代码》和《GB7635—87》标准之间就是兼容的。

（6）惟一性原则

每一分类层次只能采用一种分类标志，每一个商品品种只能出现在一个类别里，以免出现混乱。

（7）实用性原则

分类体系的建立要从系统工程角度出发，把所有局部问题放在系统整体中处理，达到系统最优化，最终使分类体系有较广泛的适用性。与此同时，分类结构要紧密，眉目清晰，一目了然，使编码方法以及代码形式简单明了，易于操作，以便于代码的实际应用。

2. 园艺商品分类的方法

商品分类的基本方法通常有线分类法和面分类法两种。在建立商品分类体系或编制商品分类目录时，常常是结合采用这两种分类方法。

（1）线分类法

线分类法也称为层级分类法。它是将拟分类的商品集合总体按选定的属性或特征作为划分基准或分类标志，逐次地分成相应的若干个层级类目，并编排成一个有层级的、逐级展开的分类体系。它的一般表现形式是大类、中类、小类、细类等，将分类对象一层一层地进行划分，逐级展开。在这个分类体系里，各层级所选用的分类标志可以不同，各个类目之间构成并列或隶属关系。

（2）面分类法

面分类法也称平行分类法，它是把拟分类的商品集合总体，根据其本身固有的属性或特征，分成相互之间没有隶属关系的面，每个面都包含一组类目。将某个面中的一种类目与另一个面的一种类目组合在一起，即组成一个复合类目。

目前，一般都把面分类法作为线分类法的辅助或补充。用面分类法对商品进行分类，必须符合其结构特点的两条原则：一个面的分类标志概念，在不同的面里不应该互相交叉，更不能含糊和重复，以保证标志概念的惟一性和独立性；建立分类体系时，一个特定的面应该占有严格的固定位置。

## 1.2.3 园艺商品的分类

园艺商品一般分为果品、蔬菜、花卉三大类,另外,园艺产品的加工品及相关附属品也作为园艺商品。

1. 果品商品的分类

(1) 按果品商品习惯分类

根据商业经营情况,一般将果品分为鲜果类、干果类、瓜果类和鲜果加工品。

① 鲜果类:指苹果、梨、桃、柑桔、李、葡萄等。

② 干果类:指栗子、干枣、核桃、榛子、松子、荔枝干等。

③ 瓜果类:指西瓜、甜瓜、哈密瓜、白兰瓜等。

④ 鲜果加工品:指果脯、蜜饯等。

(2) 按果品形态结构和供食部位的特征分类

一般将果品分为核果类、仁果类、浆果类、坚果类、柑果类和复果类。

① 核果类:其食用部分主要为肉质的中果皮,内果皮形成果核。如桃、梅、李、杏、樱桃、杧果、橄榄等。

② 仁果类:其食用部分主要由肉质的花托发育而成。如苹果、梨、山楂、枇杷等。

③ 浆果类:其食用部分主要为浆状多汁的果肉。如葡萄、猕猴桃、草莓、无花果、柿等。此外,生长在热带和亚热带的香蕉、杨桃、荔枝等亦被列入此类。

④ 坚果类:其食用部分是种仁,外被木质或革质的硬壳。如板栗、核桃、白果、香榧等。

⑤ 柑果类:其食用部分主要为呈瓣瓣状而多汁的内果皮。如柑、橘、橙、柚、柠檬等。

⑥ 复果类:其食用部分主要为肉质的花序轴、苞片、花托、子房等部位。如菠萝、菠萝蜜、面包果等。

(3) 按加工方法分类

按果品的加工方法不同可将果品分为鲜果、果酒、果冻、罐头、果汁、蜜饯、冷冻果品(速冻草莓、速冻荔枝)等。

2. 蔬菜商品的分类

一般将蔬菜分为鲜菜类与加工类两大部分。这两大类又可各自细分为若干小类。

(1) 鲜菜类

① 栽培(培养)类:包括根菜类(萝卜、山药)、茎菜类(芦笋、茭白、马铃薯、荸荠、姜、洋葱)、叶菜类(菠菜、白菜、韭菜)、花菜类(花椰菜、金针菜)、果菜类(黄瓜、菜豆、番茄)、幼嫩种子类(甜玉米、去荚嫩豆类)、食用菌类、芽菜类(绿豆芽、萝卜苗)等。

② 野生类:主要有蕨菜、薇菜、野生菌(牛肝菌)、蒲公英、水芹菜、薹菜、水菠菜等。

③ 海生(水生)类:主要有海带、紫菜、石花菜、藕、菱角、荸荠等。

(2) 加工类

① 速冻类:指经过分切速冻而成的鲜菜,如花椰菜、黄瓜、辣椒、番茄、芹菜等。

② 脱水干制类:指经过脱水后的蔬菜干制品,如蒜粉、茄干、菜干、干菌等。

③ 罐头制品类:经过加工制罐而形成的罐头制品,如菜豆、薇菜、辣酱等。

④ 胞渍类（盐、糖、醋渍）：指用盐、糖或醋等腌渍而成的蔬菜制品，如腌黄豆、腌萝卜、腌黄瓜等。

3. 花卉商品的分类

（1）依花卉生长习性及形态分类

① 一、二年生花卉：如凤仙花、鸡冠花为一年生花卉，金盏菊、三色堇为二年生花卉。

② 宿根花卉：如菊花、芍药、兰花等。

③ 球根花卉：有鳞茎类、球茎类、块茎类、根茎类、块根类等，如大丽菊、水仙等。

④ 木本花卉：指木本观赏植物，如金柑、橡皮树等。

⑤ 多浆植物类：大多为茎叶肥厚，肉质状，部分种类叶退化为针刺状，用茎、叶均可繁殖，如仙人球、昙花等。

⑥ 水生花卉类：主要指终年生长在水中的花卉，如荷花、睡莲等。

（2）根据花卉商业贸易习惯分类

① 切花类：如月季、唐菖蒲、康乃馨、马蹄莲等。

② 盆花：如各种盆花，室内观叶、观果植物等。

③ 球根类：如水仙、百合、郁金香、风信子、大丽花等。

④ 盆景类：各种树木盆景、山水盆景等。

⑤ 香料花卉类：如茉莉、紫罗兰、挂花、白兰花、晚香玉等。

（3）根据花卉的园林用途分类

① 花坛花卉：如千日红、凤仙花、一串红、金盏菊等。

② 室内花卉：如棕竹、文竹、君子兰、龟背竹等。

③ 盆栽花卉：如仙客来、朱顶红、倒挂金钟等。

④ 切花花卉：如百合、马蹄莲、郁金香、康乃馨等。

⑤ 观叶花卉：如南洋杉、万年青、花烛等。

⑥ 棚架花卉：如金银花、凌霄、紫藤等。

（4）根据花卉装饰材料与应用分类

① 盆花（包括盆栽树木）：在花盆中栽植的有持久观赏期的各种观赏植物。

② 切花：植物的茎、叶、花、果的色彩、形状、姿态有观赏价值的，均可作切花装饰之用。

③ 插花：草本或木本，将其可供观赏的枝、叶、花、果剪下，插入适当容器，作为室内的陈设，也可制作花篮、花环等。如菊花、文竹、星星草、蕨类、栀子等。

④ 干花：由各种花卉加工制成的干花、蜡花，作装饰、陈列之用。

（5）依观赏器官可分为观叶类、观花类、观果类等。

### 1.2.4 商品目录与编码

1. 商品目录

商品目录是指国家或部门所经营管理的商品总明细目录。在编制目录的过程中，必须先将商品按一定标志进行定组分类。因此，商品目录也称商品分类目录。编制商品目录工作，也属于商品分类工作的一部分。

商品目录按编制的目的和作用不同,种类很多。如按用途编制的目录有生产资料商品目录、消费商品目录;按管理权限编制的目录有一类商品目录、二类商品目录、三类商品目录;按产销地区编制的目录有国产商品目录、进口商品目录、内销商品目录、出口商品目录;按经营的需要编制的目录有商品经营目录、必备商品目录;按适用范围编制的目录有国际商品目录、国家商品目录、部门商品目录、地区及企业商品目录等。

(1) 国际商品目录

国际商品目录是指各国际组织或集团制定的商品目录。例如,联合国制定的《国际贸易标准分类口录》(SITC),欧洲共同体制定的《欧洲共同体对外贸易统计商品目录》,国际关税合作委员会制定的《商品、关税率分类目录》(《布鲁塞尔关税目录》)、《经互会国家工业和农业产品通用分类目录》等。

(2) 国家商品目录

我国的国家商品目录是指 GB 7635—87,它是经国务院批准,原国家标准局颁布的国家商品目录:《全国工农业产品(商品、物资)分类与代码》。它将全国商品建立了统一的科学体系,是国民经济统一核算和进行计划、统计、会计和业务工作的重要基础,为提高我国经济管理水平和实现国家经济信息自动化管理创造了条件;它统一了全国产品(商品、物资)的分类,方便了生产、销售和消费。

(3) 部门商品目录

部门商品目录是指由国务院所属各部委、各专业总公司根据专业需要所编制颁布的商品目录,其专业性很强,适用于各专业部门。例如,原机械工业部编制的《全国机械产品目录》,原国家贸易部编制的商业、供销、粮食等商品目录。部门商品目录由行业主管部门编制颁发,适用于全行业。

(4) 地区及企业商品目录

地区及企业商品目录,是由地区或企业在兼顾国家或部门商品目录的基础上,因地制宜,为充分满足地区、企业的需要而编制的商品目录。这种商品目录适用范围小,一般仅限于本地区或本企业。由于这种商品目录类别小,品种划分更细,如仓库保管商品目录、营业柜组经营商品目录、必备商品目录等。

(5) 统计商品目录

是指为了完成统计工作任务,提高统计数据质量,由上级统计主管部门把必须统计上报的商品品种,分门别类地用表格和文字顺序排列,编印为书本式工具。通常以统计制度"附件"的形式颁发,作为本系统内从中央到基层各级统计报告单位填制报表的依据。统计目录不同于经营目录,主要商品可细分。对老产品、次要商品只列出几个主要品种,其余小品种不一一分列,或是列出总金额。

2. 商品编码

商品编码,亦称商品代码或代号。商品编码是赋予某种商品或某类商品的代表符号,这种代表符号可以由字母、数字组成,也可以由特殊的标志组成。

商品编码是建立在商品分类与编制商品目录的基础上进行的。因此,商品编码与商品分类、商品目录是密切相关的。实行商品编码的意义在于:有利于商品经营业务的计划、统计、管理等工作,有利于商品分类的通用化、标准化,为商业现代化管理提供了条件。

(1) 商品编码的基本原则

① 惟一性原则：必须实行一品一码、一码一品的惟一性原则，即商品代码只能有惟一的一个。

② 稳定性原则：代码必须稳定，不宜频繁变动，否则将造成人力、物力、财力的浪费。因此，编码时，代码应考虑其最少变化的可能性，一旦确定后就不要变更，这样才能够保持编码体系的稳定性。

③ 可识别性原则：编码时必须确定明显的识别标志，即按物品的类别、属性进行分项编码，必须达到便于识别、查询的目的和要求。

④ 可扩性原则：负责编码的机构，在编制代码结构设计、分配代码时，要充分考虑到产品的更新换代和新产品开发，为新类目的增加和旧类目的删减留有余地。

⑤ 简明性原则：对物品编码时应尽可能简明，代码长度应最短，以利于阅读、操作，减少计算机处理时间和储存空间，以达到减少差错、提高工作效率的目的。

⑥ 层次性原则：编码时层次要清楚，要准确地反映商品分类体系的并列与从属关系和商品目录的层次性。

⑦ 统一协调性原则：商品编码时要与国际通用商品编码制度协调一致，要同国家商品分类编码标准相一致，从而实现商品经营业务管理和信息交流的统一性。

⑧ 自检能力原则：商品编码是一项复杂而又十分精细的工作，要求必须做到代码校验、校正的方便性，而且做到计算机有自动检测差错的核对性能。

(2) 几种商品编码方法

① 数字型编码：用一个或若干个阿拉伯数字表示商品的代码。数字代码结构简单，易于推广，便于计算机处理，是目前国际上普遍采用的一种代码。1987年经国务院批准，发布了《全国工农业产品(商品、物资)分类与代码》(GB7635—87)标准，统一了全国商品的分类和代码。代码为层次结构，共分四层(不包括门类)，每层均由两位阿拉伯数字表示，共8位数字。每层代码一般从"01"开始，按升序排列，最多编至"99"，为便于检索，设置了门类，用英文字母表示其顺序；第三层设有"开列区"，其类目用"01"至"09"表示，不设开列类目时，主分区第三层类目的代码一般从"10"开始填写。开列区类目在代码前均标"*"号。

② 数字与字母、文字混合编码：有些商品编码前面加上一个字母，表示一定的含义。例如，绸缎的临时编码，编码前以"S"代表上海，"H"代表浙江，"K"代表江苏。再用四位数编码，第一位数"1"代表桑蚕丝绸，"2"代表合成纤维绸缎，"5"代表人造丝绸缎，"6"代表交织绸缎。如，S1511是上海真丝绸。

③ 条形码：又叫条码，是由一组宽窄不一、黑白(或彩色)相间的平行线条代表相应的字符，并依照一定的规则排列组合而成的图像，作为一定事物的标记。为了便于人们识别条码符号所代表的字符，通常在条形码符号的下部印刷所代表的数字、字母或专用符号。

条形码是计算机输入数据的一种特殊代码。当光电扫描器扫读条码符号时，条码符号所代表的信息迅速地输入电子计算机，并由计算机自动进行存贮、分类、排序、统计、打印或显示出来。条码技术具有简单、信息采集速度快、采集信息量大、可靠性高、设备结构简单、成本低等特点，因此在许多领域得到广泛应用。

目前常用的条形码有五种：通用产品条形码(简称UPC条形码)、国际物品条形码(简称 EAN 条形码)、二五条形码、三九条形码和库德巴条形码。

随着改革开放、市场经济的高速发展,我国的商品编码制度将逐渐与国际商品编码接轨,并且在更多的商业领域、生产领域使用。

(3) 我国的工农业产品分类与代码

我国于 1987 年经国务院批准,国家标准总局发布了《全国工农业产品(商品、物资)分类与代码》(国家标准 GB7635—87)。本标准为国民经济统一核算和国家经济信息系统提供了统一的全国工农业产品(商品、物资)分类编码体系,它按照工农业产品(商品、物资)的基本属性进行分类,统一全国工农业产品、商品、物资的分类,兼顾生产领域和流通领域的要求。

本标准为层次代码结构,共分四层(不包括门类),每层均以两位阿拉伯数字表示。为便于检索,设置了门类,用英文字母表示其顺序。每层的代码一般从"01"开始,按升序排列,最多编至"99"。但第三层代码的编写另有特殊规定。各层中数字为"99"的代码均表示收容类目。同一层内分成若干区间时,每个区间的收容类目一般用末位数字为"9"的代码表示。第一、第二、第三层的类目不再细分时,在它们的代码后面补"0"直至第八位。各层均留有适当空码,以备增加或调整类目用。

## 1.3 园艺商品的科学利用

### 1.3.1 果蔬的营养特点

果蔬是果品和蔬菜的简称,属于植物性食品。果蔬中富含人类所需的营养成分,特别是维生素和矿物质。另外果蔬中还含有纤维素、水分、有机酸及果胶,这些物质均有利于增进食欲、帮助消化。水果和蔬菜的营养成分大致相同,但园艺产品的品种不同,其营养成分含量有差异,对人体的作用也各异。

1. 新鲜果蔬的营养特点

(1) 碳水化合物

蔬菜水果所含碳水化合物包括糖、淀粉、纤维素和果胶物质。

(2) 维生素

新鲜蔬菜水果是维生素 C、胡萝卜素、核黄素和叶酸的重要来源。但是维生素 A、维生素 D 在蔬菜中的质量分数较低。

(3) 矿物质

果蔬中所含钙、磷、铁、钾、钠、镁、铜等矿物质较为丰富,是膳食中无机盐的主要来源,对维持体内酸碱平衡起重要作用。绿叶蔬菜一般每 100 g 含钙在 100 mg 以上,含铁 1~2 mg,如菠菜、雪里蕻、油菜、苋菜等。新鲜水果也是钙、磷、铁等矿物质的良好来源,其中钾元素的质量分数特别丰富。

（4）其他生理活性物质

果蔬中还含有一些酶类、杀菌物质和具有特殊功能的生理活性成分。

2. 食用菌类的营养特点

食用菌蛋白质质量分数约为鲜重的3%～4%，干重的20%～40%，介于肉类和蔬菜之间，含氨基酸种类齐全。此外，维生素较多，包括硫胺素、核黄素、尼克酸、烟酸、维生素D和少量的维生素C等。矿物质的质量分数亦较丰富，尤其是含磷质较多。

研究发现部分食用菌含有特殊的真菌多糖。但要是食用菌含有嘌呤较多，痛风患者应限制食用。

另外，部分菌类是有毒的，误食后会引起中毒，造成肝脏受损、精神错乱、恶心、呕吐、腹痛、腹泻、黄疸、血红蛋白尿，严重时发生休克、衰竭，甚至死亡。

3. 食用野菜和野果的营养特点

野菜含有丰富的蛋白质、糖、粗纤维、矿物质和维生素，如胡萝卜素、维生素$B_2$、维生素C和叶酸，钙、铁含量也较多，是维生素和矿物质的良好来源，有的野菜比栽培种的质量分数还要高。

野果的特点是富含维生素C、胡萝卜素、有机酸和生物类黄酮。

野生蔬菜虽然含有人体所需的各种营养物质，但有些野菜因含有某种有毒物质（如生物碱、苷类物质和毒蛋白），如食用不当可能会引起中毒，往往通过水煮和浸泡来消除或减少所含的毒物。

4. 果蔬加工制品的营养特点

（1）干制品的营养特点

果蔬干制品包括以新鲜果蔬脱水干制而成的干菜、果干，以及以果仁供食用的干果，如红枣、葡萄干、笋干、香菇、口蘑、核桃仁等。

优点：由于脱水，干货原料失去大部分水分，含水量一般低于15%，致使原料中蛋白质、脂肪、糖类、矿物质、维生素质量浓度提高，营养价值高于新鲜原料。

① 陆生干菜：包括玉兰片、笋干、黄花以及数量众多的食用菌类。笋类的蛋白质质量分数为15%，碳水化合物为50%，粗纤维多达5%～7%，由于其中草酸质量分数较高，其所含的钙、铁不易被吸收，食用前需浸泡去除。干制食用菌碳水化合物在50%以上，蛋白质在15%～25%，并含有钙、磷、铁等矿物质。银耳和木耳的蛋白质质量分数仅为5%～10%，碳水化合物在65%左右，但富含钙、磷、铁。个别食用菌的蛋白质甚至高达30%。

② 海产干菜：海产干菜富含碘，是预防和治疗甲状腺肿大的重要食物。紫菜、海带、石花菜是我国常见海产干菜。干制的紫菜、海带蛋白质质量分数可达25%，碳水化合物可达50%以上，其中含有相当数量的对人体健康有益的甘露醇。另外，海产干菜的钙、铁和膳食纤维质量分数也较高。

③ 果干：果干是由鲜果制成，常见的有葡萄干、红枣、柿饼、桂圆等。在干制时，大分子碳水化合物转化生成了低分子糖，甜味明显。但维生素尤其是维生素C损失严重。

④ 果仁：烹饪常用的果仁包括富含蛋白质（15%～25%）和脂肪（40%～65%）的核桃仁、腰果、松仁、各种瓜子和富含淀粉（40%～65%）的莲子、板栗等两类。果仁脂肪中不饱和脂肪酸和必需脂肪酸的质量分数较高，同时钙、铁等无机盐质量分数丰富，部分果仁还含

有较多的硫胺素和核黄素。

（2）罐头制品的营养特点

果蔬原料在制罐时需要经过高温杀菌，有类似煮、蒸的致熟过程。由于经过水洗、烫漂、加热等处理，尤其是罐头杀菌时需采用高压高温杀菌，对热敏感的维生素，如维生素C、硫胺素、核黄素、尼克酸等损失较多，一些特殊产品，如橘瓣罐头制作时，还会采用碱液浸泡脱去囊衣，更会加重硫胺素、核黄素的损失。蛋白质、氨基酸还可能在高温杀菌时与还原糖发生羰氨反应而损失。果蔬罐头制作时常需加入糖液或淡盐水作为罐液，会造成部分矿物质和其他水溶性的营养物质损失。

## 1.3.2 园艺产品的医疗作用

人体的生长、发育、健康和长寿与食品营养关系密切。大多园艺产品既有营养价值，还有药物作用，能防病治病；我国历来就称一些果品为"仙果"、"长寿果"、"长生果"，日本将橘子称为"长寿橘"、"美容橘"。由此国内外都将园艺产品与健康、长寿、美容联系在一起。

园艺产品的医疗作用决定于产品的化学成分，其中果品食用医疗方便、无副作用。食用时要懂得各产品的营养和特性，否则会给身体带来不适。果品的性质有寒热之别：如白果、梨、柑、柚、香蕉、柿饼、核桃性寒；苹果、青梅、枇杷性平；橘子、樱桃、杨梅、荔枝、大枣、葡萄、李子、桃、石榴、橄榄、金橘、山楂、龙眼、乌梅性温。寒热果品食量比例要适当才能保持机体内寒热平衡，才能维持正常的生理活动。果品的医疗作用是调节人体的阴阳平衡，以及改变阴阳偏衰的状态，达到防治疾病的目的。如红枣有健脾胃、补血、解毒的功效；枸杞、桂圆肉有治肝病之作用；山楂可降血脂、降血压、防止动脉硬化；白果可治肺结核；芒果可防晕船；香蕉、葡萄、樱桃、杏可治缺铁症。

园艺产品中花卉的医疗作用十分显著，且含有丰富的养分。民间熟悉的防病治病、保健强身、延年益寿的中草药中，许多根、茎、叶、花、果药材大多是来自于花卉。历史记载名花良药的医书有《神农本草经》、《本草纲目》和现代的《中华人民共和国药典》等。各书中记录了菊、百合、牡丹、茉莉、迎春、腊梅、鸡冠花、洋金花、月季、仙人掌、君子兰等花卉在防病治病中的药理及功效。但有些花卉有毒性存在，需要注意。可见，园艺产品的种类不同，其功效也不一样。

### 案例分析

UCC/EAN—128 条码在水果和蔬菜跟踪与追溯上的应用

中国国家标准 GB7635—87《全国工农业产品（商品、物资）分类与代码》，是用 8 位数字代码对产品进行编号。表 1-1 列出了我国全国工农业产品的分类与代码的部分举例。

表1-1 全国工农业产品(商品、物资)分类与代码举例
(A、农、林、牧、渔业产品)

| 代码 | 产品(商品、物资)名称 | 计算单位 | 说明 |
| --- | --- | --- | --- |
| 01 | 农业产品 | — | — |
| 0130 | 蔬菜类 | 吨 | — |
| 013015 | 白菜类 | 吨 | — |
| 01301501 | 大白菜 | 吨 | — |
| 01301505 | 小白菜 | 吨 | — |
| 01301599 | 其他白菜类 | 吨 | "99"代码表示收容类目 |
| — | — | — | — |
| 05 | 观赏植物 | 株 | — |
| 0501 | 一、二年生花卉 | 株 | — |
| 05013000 | 波斯菊 | 株 | 类目不再细分,在它们的代码后面补"0"直至第八位 |

　　以8位数字组成的商品编码,不能完全满足日益全球化的园艺商品流通与消费现状。2001年6月,欧洲客户开始强调生鲜农产品物流运输和可追溯的便利性,要求在包装上使用UCC/EAN—128条码。随着2005年1月欧洲食品安全法令的颁布,对生鲜农产品提出的可追溯性要求开始生效。提高可追溯性水平也有利于保护种植商在改进质量过程方面的投资,包括欧洲零售商农产品工作集团(EUREPGAP)和英国零售业联合商会(BRC)认证。

　　新西兰猕猴桃获准于2005年在欧洲的超市货架进行销售。新西兰Zespri国际有限公司(以下简称"Zespri公司")为此执行了一个长达数年的项目。这个项目确保该公司不仅能够生产世界上品质最佳的猕猴桃,而且具有最好的生鲜农产品的可追溯性。Zespri公司计划通过执行国际物品编码协会出版的《生鲜农产品可追溯性指南(FPTG)》,在每个猕猴桃出口包装箱上粘贴UCC/EAN—128条码标签,并对供应链各个环节进行严格把关。

　　Zespri公司对新西兰供应商和欧洲客户进行了深入地研究,以便最大程度地获得UCC/EAN—128条码标签给整个供应链带来的好处。新西兰物品编码组织、国际物品编码协会和全球重要市场的物品编码组织在为Zespri公司及其供应链合作伙伴制定双赢策略上,发挥了非常重要的作用。

　　为满足行业对不同级别包装编码的要求,Zespri公司需要确保自己采用一套包括欧洲和亚洲客户在内的所有重要客户都可以接受的标准。UCC/EAN—128条码标准就符合这一要求。国际物品编码协会及其成员组织在全球范围内为Zespri公司提供建议和支持,帮助该公司以一种切实可行的方式实施,而不会受到某些客户的不当影响。UCC/EAN—128条码标准是EAN·UC系统的重要部分。该系统由国际物品编码协会制定,已经成为关于条码的国际公认的依据和技术标准。

尽管 Zespri 公司在托盘级别上使用 CODE 39 条码多年，但还是决心转向全球统一的 EAN·UC 系统，因为在供应链中使用 CODE 39 条码的客户寥寥无几。Zespri 公司将在 2005 年把 UCC/EAN—128 条码的应用范围扩大到托盘上。采用 UCC/EAN—128 条码标准后，Zespri 公司还要进一步探索，计划将来使其供应链的各个环节统一采用 EPC（产品电子代码）技术。

在研究过程中，Zespri 公司重点利用 UCC/EAN—128 条码实现一系列重要目标，包括：
① 通过自动数据采集对水果进行从果园到最终客户选购的全程跟踪；
② 从内外两方面改进供应链环节；
③ 完全满足欧盟法院（ECC）的立法要求；
④ 保护行业和客户不受病源危机的影响，比如疯牛病、口蹄疫等；
⑤ 满足《生鲜农产品可追溯性指南》所提出的客户要求；
⑥ 利用条码技术提供属性信息；
⑦ 利用各种电子商务机会，包括电子托运单等；
⑧ 在出现质量或食品安全问题时能够有效隔离较少的存货；
⑨ 确保与最新技术保持同步。

在实施 UCC/EAN—128 过程中，Zespri 公司发布了标签功能规范，并提出两个简单的商业规则：
① 供应商必须能够识别包装箱内水果生产的每个果园；
② 在托盘卡上，来自新西兰的每个包装必须按照电子记录中的托盘信息进行识别。

整个过程的关键是每一箱猕猴桃都有自己的批次标识。该编码对某个季节是惟一的，并且能够让 Zespri 公司及时了解水果生产果园的情况，在供应链的流通渠道，以客户在其供应链的哪些环节需要根据欧洲食品安全立法进行存货管理。

**实施效果**

Zespri 公司在 2002 年首次销售贴有 UCC/EAN—128 条码标签的水果，到 2004 年该公司有一半的出口生鲜农产品和 Zespri 公司金牌猕猴桃都使用 UCC/EAN—128 条码标签。在 2005 年，Zespri 公司出口的所有猕猴桃果品都将使用 UCC/EAN—128 条码标签，这不仅满足欧盟要求，也有利于实现该公司对生鲜农产品可追溯性的目标。Zespri 公司已经在国内和海外的经营运作中看到了实施 UCC/EAN 系统带来的诸多好处。这些好处包括：提高产品标签的准确度；在托盘卡片丢失或破损时识别产品；快速响应批发客户对水果质量的关注。

 本章小结

本章介绍了园艺商品相对于其他商品的特殊性，从园艺商品的特征、功能、园艺商品分类及编码的依据等方面展开，并介绍了园艺商品的科学合理利用，为园艺商品生产、流通和消费等知识的学习作了铺垫。

**复习思考**

1. 什么是园艺商品？园艺商品具有哪些特征？
2. 园艺商品分类的原则有哪些？
3. 果蔬商品具有哪些营养特点？

**附录1**

表1-2 全国工农业产品（商品、物资）分类与代码

| 字母 | 门类 | 字母 | 门类 |
| --- | --- | --- | --- |
| A | 农、林、牧、渔业产品 | N | 黑色金属冶炼及其压延产品 |
| B | 矿产品及竹林采伐产品 | P | 有色金属冶炼及其压延产品 |
| C | 电力、蒸汽供热、煤气（天然气除外）和水 | Q | 金属制品 |
| D | 加工食品、饮料、烟草加工品和饲料 | R | 普通机械 |
| E | 纺织品、针织品、服装及其缝纫品，鞋帽、皮革、毛皮及其制品 | S | 交通运输设备 |
| F | 木材、竹、藤、棕、草制品及家具 | T | 电器机械及器材 |
| G | 纸浆、纸和纸制品，印刷品，文教体育用品 | U | 电子产品及通信设备 |
| H | 石油制品及煤制品 | V | 仪器仪表、计量标准器具及量具、衡器 |
| J | 化工产品 | W | 工艺美术品、古玩及珍藏品 |
| K | 医药 | X | 废旧物资 |
| L | 橡胶制品和塑料制品 | Z | 其他产品（商品、物资） |
| M | 建筑材料及其他非金属矿物制品 | — | — |

**附录2**

### EAN·UCC全球统一标识系统介绍

EAN·UCC全球统一标识系统（以下简称"EAN·UCC系统"）是以对贸易项目、物流单元、位置、资产、服务关系等的编码为核心，集条码和射频等自动数据采集、电子数据交换、全球产品分类、全球数据同步、产品电子代码（EPC）等技术系统为一体的，服务于物流供应链的开放的标准体系。

其中，EAN·UCC系统的编码体系包括以下6个部分：

① 全球贸易项目代码（GTIN）；
② 系列货运包装箱代码（SSCC）；
③ 全球位置码（GLN）；
④ 全球可回收资产标识代码（GRAI）；
⑤ 全球单个资产标识代码（GIAI）；
⑥ 全球服务关系代码（GSRN）。

EAN/UCC系统的条码符号主要包括：EAN/UPC条码、ITF—14条码及UCC/EAN—

128 条码。

这套系统由国际物品编码协会(GS1)制定并统一管理,已在世界 100 多个国家和地区广泛应用于贸易、物流、电子商务、电子政务等领域,尤其是日用品、食品、医疗、纺织、建材等行业的应用更为普及,已成为全球通用的商务语言。

国际物品编码协会成立于 1977 年,是一个在比利时注册的非盈利性的国际机构。它致力于建立和推广 EAN/UCC 系统,通过向供应链参与方及相关用户提供增值服务,来优化整个供应链的管理效率。

EAN·UCC 系统作为全球的标准体系,具有如下特征:系统性、科学性、全球统一性和可扩展性。

(1) 系统性

EAN·UCC 系统拥有一套完整的编码体系。采用该系统对供应链各参与方、贸易项目、物流单元、资产、服务关系等进行编码,解决了供应链上信息编码不惟一的难题。这些标识代码是计算机系统信息查询的关键字,是信息共享的重要手段。同时,也为采用高效、可靠、低成本的自动识别和数据采集技术奠定了基础。

EAN·UCC 系统以条码、EPC 标签等为信息载体。条码技术由于其信息采集速度快、可靠性高、灵活、实用等特点,在供应链管理中得到了广泛的应用,成为供应链管理现代化的关键的信息技术。而 EPC 标签由于其识别速度快、保密性强、容量大等特点,有着广阔的应用前景,尤其是结合了网络技术,其发展和应用将带来供应链管理的革命。

此外,其系统性还体现在它通过流通领域电子数据交换规范(EANCOM)进行信息交换。EANCOM 以 EAN·UCC 系统代码(GTIN、SSCC、GLN 等)为基础,是联合国 EDIFACT 的子集。这些代码及其他相关信息以 EDI 报文形式传输。EANCOM 在全球零售业有广泛的影响,并已扩展到金融和运输领域。

(2) 科学性

EAN·UCC 系统对不同的编码对象采用不同的编码结构,并且这些编码结构间存在内在联系,因而具有整合性。

(3) 全球统一性

EAN·UCC 系统广泛应用于全球流通领域,已经成为事实上的国际标准。

(4) 可扩展性

EAN·UCC 系统是可持续发展的。随着信息技术的发展和应用,该系统也在不断地发展和完善。产品电子代码(EPC)就是该系统的新发展。

针对国际上对食品可追溯性的需求,国际物品编码协会开发了采用 EAN·UCC 系统跟踪与追溯加工食品、饮料、牛肉产品、水产品、葡萄酒、水果和蔬菜等食品类产品的应用。目前,全世界已有 20 多个国家和地区,采用该系统对食品类产品的生产过程进行跟踪与追溯,并获得了良好的效果。联合国欧洲经济委员会(UN/ECE)已经正式推荐采用 EAN·UCC 系统对食品类产品进行跟踪与追溯。

利用条码可以有两种追踪方法:一是从产品上游向下游进行跟踪,即从农场/食品原材料供应商→加工商→运输商→销售商→POS 销售点,这种方法主要用于查找造成质量问题的原因,确定产品的原产地和特征的能力;另一种是从产品下游向上游进行追溯,也就是消费者在POS销售点购买的食品发现了安全问题,可以向上层层进行追溯,最终确定问题所在,这种方法主要用于产品召回或撤销。

采用EAN·UCC系统对食品进行跟踪与追溯的优点在于,它利用了现有的并已被广泛应用于全球供应链中的加工业、物流业和零售业的一套完整系统,避免了诸多互不兼容的系统所带来的时间和资源的浪费,降低了系统的运行成本,避免造成供应链的迟缓和不确定性。

**相关名词解释**

全球贸易项目代码(GTIN):用于世界范围内贸易项目的惟一标识。贸易项目是指一项产品或服务,对于这些产品或服务需要获取预先定义的信息,并可以在供应链的任意一点进行标价、定购或开据发票,以便所有贸易伙伴进行交易。它包括各种单个项目及其不同包装类型的各种形式。通常使用EAN—13、ITF—14条码表示。

系列货运包装箱代码(SSCC):用于物流单元的惟一标识。物流单元是指为了便于工作于运输或仓储而建立的任何包装单元。每个物流单元分配一个惟一的SSCC。通常使用UCC/EAN—128条码或ITF—14条码表示。

全球位置码(GLN):用于物理实体、功能实体或法律实体的惟一标识,采用EAN/UCC—13代码结构,用UCC/EAN—128条码表示。

应用标识符(AI):是字符串开始的前两个或两个以上字符域,是惟一标识紧跟其后数据域含义和格式的前缀。其使用受确定的规则支配。关于牛肉产品、水果或蔬菜追溯所采用的AI,请参照相应的指南。

# 第 2 章 园艺商品生产

**本章导读**

商品经济的发展,为我国园艺业的发展提供了必要的条件。园艺产品的商品化是以社会分工的专业化、经营的集约化和技术装备的现代化为基础的。园艺商品生产基地就是园艺商品生产、供应专业化、集约化和现代化的载体。园艺商品的均衡供应问题,最首要的还是要形成一个强大的园艺商品供给能力,并以数量适度、布局合理的园艺商品生产基地为基础。

## 2.1 园艺商品生产概述

### 2.1.1 园艺商品生产的特点

园艺产业作为我国现代农业经济中的重要支柱之一,与其他农业种植业门类有相似的理论基础,但也有其自身的自然和经济特点。

1. 生产集约化程度高

园艺生产集约化程度较高,单位面积投入的劳动力、资金相对较多。园艺产业技术复杂,技术投入也较多,与之相对应的是园艺产业的收益也较高,所以说园艺产业是劳动密集型、资金密集型、技术密集型的产业。俗话说的"一亩园十亩田"也就是这个意思。在美国,每个劳动力可以管理1 333公顷大田作物,却只能管理10.3公顷果园。

2. 生产周期较长

许多园艺植物是多年生的,栽植的当年不能产出,如大多数果树、木本花卉等。有句农谚说的是"二年桃、九年柑、枇杷望得眼睛翻",可见这些果树的初果期很长,而且在这之前每年还需要进行投入。由于生产周期长,就带来了一系列的问题。一是前期投入大,时间长;二是市场预测困难,因为市场变化较快,而园艺植物生产周期较长,这就增加了预测的难度;三是机动性和应变能力差,因为其较长的生产周期降低了园艺生产企业应变市场的能力。

经营者都希望早投产早收入,所以园艺生产的趋势是缩短营养生长期,早期丰产,更新加快,以适应市场的变化。虽然科技工作者在这方面做了一定工作,取得了一定成效,但要想从根本上解决问题,还有许多基础研究工作要做。

3. 生产受自然条件的影响大,经营风险大

园艺植物在生长过程中不可避免地会受到自然条件的影响,许多具有地方特色的优良品种也就是在特定的自然条件和社会条件下形成的。近年来我国各地相继建成了不少园艺设施,如玻璃温室、塑料大棚,进行园艺植物的生产,这在一定程度上减少了作物生长发育对外界自然环境条件的依赖,但要想从根本上完全摆脱自然环境、气候条件的影响,那是不现实的,也是不可能的。另一方面,我国的自然灾害发生较为频繁,几乎每年都有干旱、洪水、冻害、台风等自然灾害的发生,再加上一些园艺产品属于生活嗜好品,可替代品种多,这都加大了园艺产业的经营风险。

4. 园艺产业有十分明显的地域性特征

园艺产业受地理气候的影响十分明显。由于我国各地存在着普遍的气候差异和地理环境差异,因而就形成了许多独特的生态类型。园艺植物大多具有十分明显的地域性特征。即在最适合的生态地区,表现出最好的生产性能和产品质量,否则,就会生长发育不良,产量和质量不佳。我国地域辽阔,各地都有自己独特的园艺产品,如新疆葡萄、河北梨、河南大枣、山东苹果、洛阳牡丹等。园艺植物的地域性不仅影响到园艺产品的质量、种类、分布,还影响到园艺产业的发展。

5. 园艺商品储藏运输和流通的难度较大

大部分园艺产品都是鲜活品,如各种时鲜水果、蔬菜、花卉等,这些产品都具有生命活力,而且越新鲜,价格就越高,效益就越好。但由于鲜嫩的产品含水量高,容易损坏腐烂,也易失水失鲜。这就要求园艺产品在市场流通中要有良好的储藏条件、快捷安全的运输条件和便利的销售手段等。通过品种选育可以增强园艺商品的耐运输性能。但良好的储运设施仍是园艺商品市场流通所不可缺少的基础。近些年来,冷藏系统、绿色通道、空运等,较好地解决了鲜活园艺商品的快速运输问题,但与我国园艺产业的发展需求仍不相适应,依然是制约我国园艺产业发展的一个重要因素。

6. 影响园艺商品质量的因素多

园艺商品的质量在采收之前就已经形成,采后处理只能维持其固有的品质。影响园艺商品品质的采前因素很多,主要有内部因素和外部因素。内部因素,包括种类、品种、砧木、植株田间生育状况及产品成熟度等。外界因素主要有生态因素和农业技术因素。生态因素包括温度、光照、水分、土壤、霜冻、纬度、海拔高度等,农业技术因素包括栽培密度、施肥、灌溉、修剪、疏花疏果、病虫害防治及生长调节剂与化学药剂的使用等。对这些影响因素加以人为控制,即可改变产品的质量。另一方面,园艺商品的品质虽然在采前就已经形成,并受到诸多采前因素的影响,但采后处理对园艺商品的品质、寿命、利用以及商品性有着很大的影响。因此,只有采前与采后技术措施相结合,才能取得良好的效果。

## 2.1.2 园艺商品生产基本情况

根据外界环境条件对园艺作物满足的程度,可以划分出不适宜栽培区、适宜栽培区和极适宜栽培区。极适宜栽培区的园艺作物可以发挥出最佳生产性能,生产出最好的产品质量,这类地区被称为优生区。长期的栽培实践中,人们利用各种优生区资源优势,取得了很好的成绩。实践证明,优生区最适合发展成为商品基地,最适合规模化经营,提高商品率。

1. 我国果树主要产区

为了提高果品的质量,除了科学管理、精耕细作之外,最重要的就是选择适宜果树生长发育的地区,使其充分发挥种类和品种的优良特性。例如,山东肥城佛桃、乐陵小枣,吐鲁番鄯善的无核白葡萄,渤海湾与西北黄土高原的苹果都是优生区的典范。

随着经济的发展,商品化要求增高,经营规模不断增大,一些果树优生区就可能发展成为商品基地,或称主产区。如美国华盛顿州是美国的主要苹果生产地,而维那奇和亚基玛两个县苹果产量占该州的70%左右;日本的苹果50%集中在青森县。同样我们也可以按照果树对环境条件的要求,经过调查研究有计划有目的地选择一些地区作为生产基地,如沿长江三峡的甜橙生产基地。

我国是世界上的水果生产大国之一。截至1997年底(资料引自《中国农业年鉴》1998),全国果园面积8 649.57千公顷,产量达50 089.322 3万吨。

2. 我国蔬菜生产区划

我国幅员辽阔,自然地理条件复杂,根据自然地理环境及蔬菜的栽培特点,大体上可以把我国蔬菜生产分为七个区域:

(1) 东北区

包括黑龙江、吉林、辽宁北部及内蒙古东部。本区气候寒冷,一年中有4~5个月平均气温在0 ℃以下。生长期短,无霜期只有90~165天,年降雨量较多,平均在500 mm左右。夏季日照充足,日照时间长;冬季日照少,仅6~8小时。土壤肥沃,富含有机质。主要蔬菜露地每年仅种一茬,喜温蔬菜和好冷凉蔬菜可以同时生长,一般4~5月播种,9~10月收获,即使耐寒蔬菜也不可能在露地越冬。该区保护地栽培较发达,但用于冬季生产的保护地较少,为单主作区。

(2) 华北区

包括山东、河南、山西、河北、陕西的长城以南地区以及辽宁半岛、苏北、淮北等广大地区。本区冬季寒冷,夏季炎热,一月份平均气温在0 ℃左右,七月份平均气温可达24 ℃~25 ℃。全年无霜期在200~240天,降雨量600~800 mm。一年内栽培主要蔬菜两季,即春夏季和夏秋季,一些耐寒蔬菜可以露地越冬。保护地栽培比较发达,为双主作区。

(3) 华中区

包括湖北、湖南、江西、浙江以及安徽、江苏的南部、四川盆地等长江流域。本区夏季高温多雨,冬季冷凉有霜雪,1月份平均气温5 ℃~13 ℃,夏季平均气温在24 ℃以上。无霜期240~340天,降雨量700~1 500 mm不等。一年中可以露地栽培三茬主要蔬菜,为三主作区。耐寒蔬菜可露地越冬,水生蔬菜栽培较多。

(4) 华南区

包括广东、广西、福建、海南、台湾等地。这个地区雨量充沛,气温高,冬季基本无霜雪,1月份平均气温在12℃以上。一些喜温蔬菜可以在冬季露地栽培,但在夏季一些果菜类却不能正常生长,为多主作区。

(5) 西北区

包括新疆、甘肃、内蒙古、宁夏及陕西北部。为典型的大陆性气候,雨量极少,年降雨量100 mm左右,空气干燥,阳光充足,冬冷夏热,昼夜温差大,每年栽培主要蔬菜一茬。在有灌溉的地区种植蔬菜不仅产量高,而且品质好,这里有驰名中外的新疆哈密瓜、甘肃的白兰瓜等特产。

(6) 西南高原区

包括四川西南部及贵州、云南的高原地带。这个地区纬度较低,但海拔高(多在1 000 m以上),一年中气温变化不大,河谷地带1月份平均气温为6℃~16℃,7月份平均气温低于22℃。冬暖夏凉,四季如春,一般根菜及叶菜均可周年生产。

(7) 青藏高原区

包括青海、西藏及四川西北部。这一地区地势高,一般海拔3 000 m以上,空气稀薄,日照充足,雨量较少,夏季不热,冬季寒冷。解放前很少种植蔬菜,解放后在一些城镇地区蔬菜生产逐年发展,目前栽培的蔬菜种类较少,主要有甘蓝、萝卜、葱蒜类、茄果类、瓜类和绿叶菜类蔬菜。

3. 我国蔬菜商品生产基地的布局结构

我国蔬菜商品生产,按照不同的生产地域来确定生产不同档次的蔬菜。目前蔬菜商品生产基地的布局结构大体如下:

(1) 大中城市近郊蔬菜生产基地

近郊区县具有交通便利、生产条件优越、资金雄厚、技术水平高、信息灵通等优势,是城市蔬菜的主要基地。必须从政策上和经济措施上稳定近郊菜田面积,加强生产和流通管理体系的建立,以保证承担城市蔬菜供应量的50%左右。近郊机会收入高,条件优越,应以发展保护地生产和高档细菜生产为主,并率先实现蔬菜生产现代化。

(2) 中、远郊基地

由于城市建设和乡镇企业的发展,近郊菜田不断被征用,大批技术劳动力作为一般劳动力进了乡镇企业和第三产业,呈现出近郊蔬菜基地萎缩,生产不稳的状况,必须有计划地加速建设中、远郊蔬菜基地,使之成为今后商品蔬菜的主要生产基地。

中、远郊基地一般指利用机动车运输蔬菜2~4小时可运抵城市市场的地区。这一地区初期宜以大路菜为主,逐步发展细菜和保护地生产。

发展中、远郊基地首先要做好资金的准备和技术力量的培训;其次要逐步完善服务体系,疏通销售渠道;第三要注意充分发挥当地自然资源优势,使之成为有不同特色的蔬菜生产基地。

(3) 邻近地区淡季商品蔬菜基地

大城市邻近地区一般具有地理位置优越、交通方便、相对收入较低等特点,农民发展蔬菜生产积极性较高,应有目的地利用各地的不同气候条件,建设淡季蔬菜供应基地或某一品种的供应基地。如利用张家口地区夏季气候温和、昼夜温差大的特点,发展大椒、番茄等果菜生产,目前已成为京、津乃至中原地区八九月淡季果菜供应基地。

(4) 西菜东运基地

我国西北的甘肃、宁夏、内蒙古等省区,日照充足,昼夜温差大,属蔬菜单主作区,蔬菜成熟期集中在 8、9、10 月。近年来,这一地区利用当地的气候特点,发展蔬菜生产,对补充我国从南到北大中城市蔬菜"秋淡"供应起着重要作用。

除了气候条件外,丰富的品种资源,适时的供应季节,良好的经济效益和社会效益,"西菜东运"已成为西北农民发展农村商品经济、脱贫致富的一条有效途径。随着交通运输条件的改善,流通体系的完善,"西菜东运"基地必将进一步发展,成为我国商品蔬菜的重要基地。

(5) 南菜北运基地

随着交通运输业的发展,蔬菜流通体制的改革,"南菜北运"已成为北方广大地区冬、春淡季蔬菜供应的重要渠道,目前已初步形成五个主要基地:

① 福建越冬蔬菜生产区:包括福州、漳州、泉州、同安、晋江等地,属于亚热带湿润气候,冬季喜冷凉蔬菜和耐寒蔬菜可同时栽培,是洋葱、菜花北运基地。

② 广东、海南冬春果菜生产区:包括湛江、茂名、海南等地,是我国纬度最低的地区,夏季高温多雨,冬季露地可生产青椒、番茄、黄瓜等,是目前冬季最大的青椒生产基地。

③ 成都平原越冬叶菜生产区:成都平原气候温和,雨量充沛,土地肥沃,冬春季节各种叶菜类生长旺盛,成本低,是我国主要南菜北运基地之一。主要品种有芹菜、菜花、莴笋、蒜薹、韭菜、青蒜等。

④ 云南冬春果菜生产区:云南省境内地理环境复杂,其中元谋、元江等地终年无霜,是我国著名的"天然温室"。近几年冬春菜类生产发展很快,已成为北方冬季番茄、青椒、茄子、菜豆等蔬菜的重要基地。

⑤ 广西越冬叶菜生产区:包括南宁、玉林、柳州、桂林等地,基本无冬季,雨量充沛。主要在冬季生产芹菜、蒜薹、菜豆、甘蓝、青椒等蔬菜,销往北方各地。

除上述基地外,根据各地的自然气候特点和传统的种植技术,还形成了一些名特产蔬菜基地、加工原料蔬菜基地以及出口蔬菜基地。如山东、河北的大白菜基地、四川涪陵的榨菜基地、山东莱芜生姜基地等。充分利用各地区气候差异合理布局,生产不同种类的蔬菜,在不同季节供应市场,既发挥资源优势,又发展了当地经济,互相补充构成一个统一的、分层次的全国性生产布局和全国统一市场,必将使我国商品蔬菜的生产与流通发生深刻的变化。

4. 我国主要花卉产地及花卉产业发展概况

我国园林植物超过 2.5 万种,有"世界园林之母"的誉称。自 20 世纪 80 年代以来,我国花卉业得到了迅速发展,花卉种植面积与销售额持续上升,花卉产值 20 年来年均增长约 30%,2007 年全国花卉种植面积 75.03 万公顷,约占世界花卉总种植面积的 1/3,2008 年全国花卉种植面积 77.57 万公顷,同比增长 3.3%,产业规模居世界第一。2008 年,全国花卉销售额达到 666.9 亿元,同比增长 8.7%,花卉出口 3.99 亿美元,同比增长 21.8%。中国在世界花卉生产贸易格局中占有重要的地位。近年来,我国花卉产销两旺,生产布局优化,区域特色日益突出,形成"西南有鲜切花、东南有苗木和盆花、西北冷凉地区有种球、东北有加工花卉"的格局,产业素质进一步提升,保持了良好发展势头,大力促进了农民增收。表 2-1 列出了我国 2001~2007 年我国花卉产销情况及花卉生产经营实体情况。

表 2-1　2001～2007 年全国花卉产销情况及花卉生产经营实体情况

| | 种植面积（公顷） | 销售额（万元） | 出口额（万美元） | 花卉市场（个） | 花卉企业（个） | 花农（户） | 从业人员（人） | 专业技术人员（人） |
|---|---|---|---|---|---|---|---|---|
| 2001 | 246 005.9 | 2 158 419.42 | 8 003.4 | 2 052 | 32 019 | 694 683 | 195 3111 | 59 552 |
| 2002 | 334 453.7 | 2 939 916.2 | 8 283.2 | 2 397 | 52 022 | 864 006 | 2 470 165 | 85 145 |
| 2003 | 430 115.4 | 3 531 089.5 | 9 756.8 | 2 185 | 60 244 | 954 660 | 2 934 064 | 97 267 |
| 2004 | 636 006.3 | 430 5751.1 | 14 434.0 | 2 354 | 53 452 | 1 136 928 | 3 270 586 | 122 851 |
| 2005 | 810 181.2 | 5 033 435.1 | 15 425.8 | 2 586 | 64 908 | 1 251 313 | 4 401 095 | 132 318 |
| 2006 | 722 136.1 | 5 562 338.6 | 60 913.0 | 2 547 | 56 383 | 1 417 266 | 3 588 447 | 136 412 |
| 2007 | 750 331.9 | 6 136 970.6 | 32 754.5 | 2 485 | 54 651 | 1 194 385 | 3 675 408 | 132 214 |

资料来源：农业部，2007 年全国花卉业统计数据，中国花卉园艺[J]，2008(19)：13

付迪，袁天远．我国花卉生产发展的现状、前景以及政策建议[J]．中国集体经济，2007(12)：

（1）浙江省

浙江省素有"东南植物宝库"和"花木仓库"美誉，是传统的花木生产和消费大省，花卉植物有 152 个科，725 个属，1 600 多个种。浙江各地已形成了许多颇具特色的花卉与观赏树木品种，如杭州的桂花、荷花、梅花、罗汉松，金华的佛手、茶花、白兰花，杭州和温州的盆景，奉化的五针松、红枫，萧山的黄杨、龙柏，绍兴的兰花，普陀的水仙，安吉的竹类，桐乡的杭白菊等。不仅品种资源丰富齐全，而且特色花卉栽培技术较为普及。花卉业已发展成为包括鲜切花、盆花、盆景、观叶植物、工业原料花卉、配套产品和艺术加工品（根雕、插花作品、仿生花等）以及观赏鸟、鱼、石等十几大类。其中，观赏苗木是浙江花卉的主打产品。

（2）江苏省

江苏省是我国花木重点产区之一，花卉种植历史悠久。江苏省 2005 年底花卉种植面积达 7.87 万公顷，产值 66 亿元，其中苗木 22 亿株，盆景 80 万盆，草坪 5 000 万平方米，盆花 2.5 亿盆，鲜切花 3.5 亿枝，已形成了太湖、滆湖、宁镇、沿江和淮北五大花卉产区。无锡、常州、苏州、连云港等地的鲜切花和盆花生产、销售环节也不断完善，已生产出鹤望兰、杜鹃、郁金香、月季和百合等多种名优花卉，盆花和观叶植物生产也显著上升。

（3）上海市

上海市自 1985 年以来，以鲜切花生产为龙头的上海花卉业发展迅猛，至 2007 年，全市花卉栽培面积达到 0.21 万公顷，年产鲜切花 8.88 亿枝，盆花、盆景近 1 亿盆，花卉总销售额达 10.32 亿元，生产经营单位 354 家，形成了上海鲜花港、上海鲜切花园艺合作社等大型龙头企业。

（4）湖南省

湖南省花卉业的发展是 90 年代初从培育绿化苗木开始的。1998 年全省花卉种植面积 3 000 公顷，产值达 3 亿多元，销售额达 4 亿多元。红继木、古桩等特色产品发展迅速。近年来，湖南开始出现以香石竹、玫瑰、月季、唐菖蒲、菊花为主的鲜切花生产，以菊花、兰花、一串红和一些观叶植物为主的盆花生产以及以台湾青、狗牙根为主的草皮生产基地。

（5）福建省

福建省具有花卉生产得天独厚的自然条件和优越的地理位置，花卉栽培历史悠久，品种繁多。水仙花、建兰、苏铁、榕树等传统花卉名扬海内外。工业用茉莉花、白玉兰栽培面积大,效益高。比较成型的花卉市场(集散地)有9个,其中规模较大、档次较高的是闽南花卉批发市场。且其花卉业颇具地方特色,罗源、厦门的鲜切花,丰州、建新的草坪、绿化苗木,永福的小盆花颇具活力。传统名花漳州水仙种植面积保持较高水平,价格亦平稳,花农经济效益可观。

(6) 黑龙江省

黑龙江省1998年商品花卉的生产面积约0.2万公顷,花卉年总产值1.08亿元,纯效益6362.9万元。花卉业正在成为继蔬菜业、果树业之后的又一新兴园艺产业。其鲜切花和大部分观赏盆花、观叶植物等都是在温室或大棚中进行生产的。在其设施栽培中面积较大的主栽品种是玫瑰、康乃馨、唐菖蒲、芍药、非洲菊、满天星和马蹄莲等。

(7) 广东省

广东省地处亚热带,气候温和,雨量充沛,土地肥沃,四季常青。观赏植物丰富,素有"百花之库"的美誉。目前广东的花卉反季节生产、生长调节、花期调控等先进技术也得到越来越广泛的应用。广东是花卉栽培设施面积最大的省,2007年为2.99万公顷,其中遮阳棚面积达2.36万公顷,占其栽培设施面积的78.8%。其次是湖南和云南,栽培设施面积分别为0.69万公顷和0.68万公顷。湖南也是以遮阳棚为主,面积0.66万公顷的遮阳棚占总面积的96.2%。

(8) 云南省

云南省地形复杂,气候特殊而多样化,适合各种花卉及园艺作物的生长,号称"植物王国",如约有300余种杜鹃花属植物(占世界杜鹃花总品种的1/3以上),报春花超过150种。花卉业已成为云南省的优势产业。2008年中国云南花卉上半年产量达到创纪录的35.5亿枝,但云南玫瑰出口价格最高仅为0.8元,出口到香港市场之后的零售价格可达20港元,价差高达25倍。

(9) 山东省

山东省地处温带,发展花卉兼有南北方气候之利。花卉种植面积超过0.67万公顷,产值超过10亿元。面积、产值跃居全国第4位,成为我国北方花卉大省。齐鲁大地名花异卉享誉中外,曹州牡丹、莱州月季、德州菊花、济宁荷花、枣庄石榴、平邑金银花等,举不胜举。该省提出以市场为导向,以经济效益为中心,以科技为依托,逐步形成以市场为龙头,龙头带基地,基地连农户,产供销一体化的花卉发展策略。一些市县在大力发展传统品种仙客来、瓜叶菊、秋菊的同时,引进了市场上畅销的观叶植物;并加大了资金投入,兴建了一批全天候温室、普通温室及塑料大棚,推广了保护地种植技术;建成了一些成规模有拳头产品的生产基地和企业,如菏泽万亩牡丹园,莱州仙客来、盆花月季生产基地,潍坊菊花、香石竹生产基地和青州万红花卉公司(以盆花生产与销售为主的私营企业)。应该说,山东的传统名花和现代花卉,已在向商品化、规模化的方向发展。

(10) 四川省

20世纪80年代,四川省花卉产品结构主要以生产绿化苗木为主,生产面积占80%以上,产值占75%,而且品种单一,效益不高。"八五计划"以后,根据花卉市场需求,四川提出了"大花卉"的思路,即以观赏花卉为主,带动食用花卉、药用花卉和工业原料花卉全面发展,相关产品及包装机具设施配套发展,抓紧了产品结构的调整,逐步形成了比较适应市场

需求的、合理的产业结构和产品结构。至 2006 年,四川省花卉种植面积 4.67 万公顷,产值 29.2 亿元,有各种花卉市场 99 家,花卉企业近 8 000 家。

(11) 安徽省

安徽省地处暖温带和亚热带的过渡地带,适合多种植物生长,花卉资源十分丰富。合肥神钩兰花研究所收集本省野生兰花种质,建起了华东地区最大的兰花种质资源圃。近年来安徽省建起了一批花卉生产基地,如蚌埠市花卉良种试验场、肥东鸡笼山苗圃的鲜切花基地,肥西县绿化苗木基地,皖南地区的徽派盆景基地,以及芜湖、滁州的草皮基地等。此外,还在亳州、滁州、额县建起了食用、药用菊花基地。

(12) 北京市

近年来,北京市不断扩大花卉生产规模,引导市场消费,目前已取得较好成效。截至 2008 年底,全市花卉生产面积 0.38 万公顷,并形成北京国际鲜花港等四大花卉产业集聚区。全市直接从事花卉生产的企业 267 家,花卉消费额 70 亿元,花卉需求量以年均 10% 的速度增长。

(13) 贵州省

贵州省气候温和,雨水充沛,具有得天独厚、适于花卉生产的自然条件。据统计,贵州省共有野生花木 3 000 余种,珍稀品种近 500 种。其中火棘、兰花、棕竹、百合、杜鹃等,以品种多、分布广、数量大而闻名。至 2005 年底,贵州省花卉种植面积已达 0.62 万公顷,销售额达 25.9 亿元,花卉生产企业 328 家。贵州最具特色的火棘盆景和盆栽深受国内外市场的欢迎,生产和销售逐年增加。金银花等食用和药用花卉是近年贵州发展最快的花卉产品,2005 年生产面积已达到 0.42 万公顷,销售额达到 5.2 亿元。目前,贵州花卉业已初步形成以鲜切花、绿化苗木为主,盆景根雕为补充的花卉产业格局。

(14) 海南省

海南省热资源丰富,雨量充沛,气候温和,大部分花卉在海南都可周年露地生产,并且拥有丰富、独特的野生花卉品种(据调查,全岛共有花卉种质 859 种,其中野生 406 种,栽培种 453 种)资源,可利用土地潜力大,同时又有相对廉价的劳力和方便的空运、海运条件,对发展外向型花卉业也极为有利。在品种结构上,绝大部分花木苗圃都以绿化苗木为主栽品种,如大小叶榕、羊蹄甲、海南红豆、印度紫檀、槟榔、椰子、大王椰子、南洋杉、三角梅、变叶木、红桑、米兰、马缨丹、山指甲等,常见的荫生花卉有万年青、绿萝、红宝石、绿宝石、白蝴蝶、巴西铁、竹芋类。

(15) 河南省

河南省地处中原,有着悠久的农业文明史,也有花卉种植的丰富经验。洛阳牡丹、鄢陵腊梅、开封菊花等在全国享有盛誉。河南省的花卉生产以园林花木生产为主,其次是盆花生产。鄢陵县的园林花木生产面积最大,其产品行销我国西北、华北各地,是全国北方地区最大的花木生产基地,其次是潢川、罗山、光山等地。洛阳牡丹甲天下,洛阳的牡丹科研、生产走在全国的前列。另外,各个城市都有以服务当地绿化美化的园林苗木、盆花生产。河南省地处中原地区,南北交汇之地,是南树北引的优良中转站。许多南方的树种在经过河南的驯化栽培后才能很好地适应北方的生长环境。河南有园林花木种植面积 3.2 万多公顷。

### (16) 台湾省

中国台湾省正逐渐成为亚洲重要的花卉商品经销中心,类似荷兰在欧洲花卉贸易中所扮演的角色。台湾具有良好的地理位置,也有类似荷兰模式的生产者协会。台湾贸易商在国际上有良好的合作关系。台湾输出的主要花卉项目有马拉巴栗、棕榈类幼苗、盆景、盆栽兰花、切花等。马拉巴栗在亚洲很受欢迎,在美国仍属新产品。台湾花卉年引进金额约为400万美元,主要引进地区及产品为哥斯达黎加的巴西铁树茎段、香港或从中国大陆转运的各类花卉产品、荷兰的各类种苗。台湾生产的美丽的棕榈科植物,很大一部分供应给日本人经营的高尔夫球场。台湾的商业插花业非常发达,无论服务体系、产品质量都可称为上乘。遍布全岛的各种花店,为人们提供着周到的鲜花服务。

## 2.2 园艺商品生产基地建设

园艺生产自古以来就有十分明显的商品性特征,在社会主义市场经济体制下,园艺业要想有大的发展,必须走商品生产之路。各地的实践证明,建立园艺商品生产基地,是实现园艺规模化生产,提高园艺业生产效益的必由之路。

### 2.2.1 园艺商品生产基地建设的涵义

改革开放以来,我国的农村经济获得了长足的发展。在数次农村产业结构大调整的过程中,我们得出一个结论,园艺商品生产要想取得经济效益必须建立商品生产基地,园艺商品生产基地=优生区+适宜的生态型+规模化生产+市场化经营。园艺商品生产基地是指在特定的优生区,围绕龙头企业和市场建立的联接众多农户而形成的、某种主导产业的专业生产区域和生产组织形式。它包括下列几层基本涵义:

① 园艺商品生产基地是生产专业化、布局区域化在农业产业化经营中的具体表现形式。生产基地与生产区域不同,前者是一个宽泛概念,它不仅是专业生产区域,而且包含一体化经营的含义,它意味着生产出的农产品还要经过加工、销售等多环节。没有一体化经营,就谈不上有生产基地。另外,生产基地在专业化生产经营内容上更细、更具特色。

② 园艺商品生产基地是联结众多农户进行农业产业化经营的组织形式。它使众多农户联结成一个利益共同体,参与到农业产业化经营系统中,这样就增强了农户抵御市场风险的能力,提高了农民组织化程度。

③ 园艺商品生产基地是扩大农业生产经营规模的有效经营形式。生产经营具备一定规模,才会形成规模效益、提供批量产品。它是在家庭经营的基础上,把单个、分散的农户组织起来,进行专业化生产和区域性种植。它实质是同一种专业生产的集合,如专业村、专业乡等。将这些专业生产的集合纳入农业产业化进程中就表现为生产基地。

园艺产业化经营中的园艺商品生产基地具有区域化布局、专业化生产、规模化经营、一体化组织的特征。另外,还同时具有集约化经营、社会化服务等特征。

## 2.2.2 园艺商品生产基地建设的原则

在规划和建设园艺商品生产基地时,主要应考虑到该地域内的社会条件、经济条件、自然条件和技术条件,在调查和预测的基础上,系统地、全面地综合考虑上述因素,并且应遵循如下原则。

1. 发挥资源优势原则

即充分利用优良自然生态环境的"适地适栽"原则。在农业气候分析和品种区域试验的基础上,确定园艺植物栽培发展的最适区域、方向(鲜食、加工、观赏、酿造等)、规模及相应的各项措施是使园艺植物生产顺利发展的重要条件。根据各地生态条件对园艺植物生长发育满足的程度,把不同的地区划分为对某一类园艺植物不适宜栽培区、适宜栽培区和极适宜栽培区,优生区就是极适宜栽培区。

优生区是建立商品基地的基础之一。在自然资源优越的地区即优生区,生产的园艺产品品质优秀、产量高,田间生产的成本低,更有利于市场竞争。如美国的柑橘带,鲜果是加利福尼亚州,加工果汁是佛罗里达州,苹果产业带是华盛顿州;日本的苹果产业带是青森县;我国有沿长江三峡的柑橘产业带,广东茂名荔枝、龙眼产业带,福建漳州水仙生产基地等。我国国土辽阔,地跨热带、亚热带、温带和寒带,还有海拔高度不同的地区,有各种各样的园艺产品优生区。一些园艺植物优生区就可能发展为商品基地,或称产业带或主产区。

在适宜的条件下园艺作物种和品种的特性能充分发挥,较易实现高产、稳产和优质,可使产品保持一定规格。使园艺商品生产基地在空间、时间上的生产布局更趋合理,以期发挥出更大的资源优势。

2. 节约用地、集约经营原则

一个国家和地区,其国土面积是有限的。鉴于我国人均耕地占有面积远低于世界各国平均水平的基本国情,节约用地、集约经营便显得更为重要了。我国在占世界耕地面积不足二十分之一的土地上,养活着占世界总人口五分之一还多的人口,粮食问题不可能大量地依靠进口,因此在耕地面积中,还必须突出粮食生产的地位,可供园艺商品生产基地的土地面积极为有限。这就需要在园艺商品生产基地建设上,严格遵守节约用地、集约经营的原则,做到以下几点:

① 因地制宜,充分利用一切可利用的土地,避免空闲与荒芜。近几年我国在江河滩涂、沼泽地的改造利用上取得了很大进展,并在这些不毛之地上建设了一批园艺商品生产基地,取得了明显的生态效益、经济效益和社会效益。如大庆油田的沼泽地改造、天津的盐碱滩涂改造,为该地区园艺商品供应状况的改观起到了积极作用。

② 按照土地综合质量评价体系,区分基地内土地的好坏情况,做到因地施用,优地优用,劣地劣用,避免安排不当造成浪费。

③ 在基地内土地的利用上,实行高度集约化,并提高基地的设施水平,增加复种指数,在时间与空间上,使衔接作物的间作、套作与复种方式灵活运用,特别是在一些园艺商品的设施生产中更适合于立体开发。

3. 市场行为原则

商品生产完全是由市场调节的一种经济行为,园艺商品生产基地建设也是一种市场行为,也必须遵循市场法则。如果还沿用过去的计划经济模式或工作思路,用政府行为代替市场行为,进行商品基地建设,在短期内可能会取得一些成绩,但要想长期下去是行不通的。因此,园艺商品生产基地的规划必须遵循市场行为原则。市场行为原则对园艺商品生产来说,就是要用产业化的要求发展和组织生产,要求专业化生产、社会化服务、规模化经营。无论是市场预测、生产决策、组织、管理、经营等一系列环节都要符合市场法则。

4. 经济效益最大化原则

在一定区域内的土地,可适宜多种生产,劳动力和资金也可投向各类产业。园艺商品生产在种植业中相对来说是一种高投入、高产出的产业,在园艺商品基地的建设上,要在投入和产出等方面进行综合比较,以求获得最大的经济效益,争取高回报和利润最大化。

5. 适度规模经营原则

规模化生产基地是社会化大生产的产物,是生产力发展的要求。基地的适度规模包括适宜的总规模和基地内单个经营单位的适宜规模。基地有适当的总规模,栽培地区相对集中,能体现商品化社会大生产的生产力水平的高度进步,为先进技术的应用、贮藏、运输、加工等生产配套装备带来有利条件,有利于降低成本、增加收益;如果基地的规模过小,就不能形成大的商品批量,经营上对土地、劳力、投资等生产要素的利用潜力就不可能得到充分的发挥,而且限制生产基地生产力水平的提高;生产规模过小也会影响到科学技术的进一步深化,一些大型设施和设备发挥的效果衰减;基地规模大小应与消费量、生产力水平和物流水平相适应。在我国,基地总规模从大到小表现为:跨地区的产业带、主产县、一业一乡和一村一品。

6. 兼顾社会效益与环境效益原则

园艺产业基地的建设在追求高效益和高效率的同时必须兼顾社会效益与环境效益,即必须走共同富裕和可持续发展的道路,这是国家乃至全球经济社会发展的出路和需要。园艺植物生产本应对保护和改善环境、提高人们生存和发展质量有极其重要的作用,坚持兼顾社会效益与环境效益的原则,从战略的高度协调人口与资源的关系,优化人力资源与自然资源的组合,适当保护生态环境,建立资源节约型的生产体系,合理开发利用和配置资源,抵制破坏环境、浪费资源的行为,发挥地区资源优势和促进地区间优势互补,力求区域经济平衡发展。

## 2.2.3 影响园艺商品生产基地建设的因素

园艺商品生产基地的规划和建设,应考虑很多因素。归纳起来主要有如下一些。

1. 生态环境因素

园艺生产受生态环境的影响很大。园艺生产的类型、园艺商品生产组织方式等方面都受到生态环境的影响。生态环境是由许多单因子组成的综合体,主要包括气象、土壤、地形、生物和人为因子四大类。在当前条件下,气象因子最不易为人类所控制,所以发展园艺商品生产,建立园艺商品生产基地,重点要考虑当地气象因子的适合性,如光、热、降雨、风、灾害性天气等。尽管我国已有较为完整的农业区划,但从生产发展实际,气候变化和微域气候、小气候的存在这一事实着眼,研究园艺生产要求的气象指标仍然是十分必要的。虽然园艺生产有时要利用各种形式的保护地,有较强的环境调控能力和抵御自然灾害的能力,但了解当地的各种自然条件,采取相应的措施,仍然是十分必要的。

2. 生产历史与现状

园艺商品历史和现状也是需要考虑的内容之一。历史上有什么名、优、特产品,当地园艺生产有什么特点和优缺点,现实的生产状况如何,与外地相比有哪些优势和不足等,这些问题都需要认真考虑。

3. 土地资源、劳动力资源状况、储运条件等

园艺商品生产需要土地,园艺产业同时是劳动密集型、技术密集型、资金密集型的产业,要考虑土地资源状况,包括土地资源总量、可利用土地资源、土地生产性能、排灌状况、肥力状况等。考虑劳动力资源状况,包括劳动力数量、劳动力素质等;考虑储运条件,包括储藏能力、储藏技术、运输条件、运输方式、运输距离、运输速度、运输能力等。资源条件是园艺商品生产的基本条件,充分考虑资源条件、发挥资源优势,千方百计变资源优势为商品优势、经济优势,有十分重要的意义。在目前情况下,中心城市是园艺商品消费的集中地,因此距中心城市的距离、运输条件,是不可忽视的问题之一。

4. 目标市场确定与营销战略问题

在计划经济时代,人们考虑比较多的是生产,而对市场的认识和了解比较少。进行商品生产,必须对目标市场有一定的了解和把握。随着科学技术的发展,园艺商品储存、运输能力得到了很大的发展,再加上生产的发展,逐渐形成了全国性大市场、大流通的局面。因此,对于目标市场的确定和了解,除了了解主要销售地区的销售情况、消费水平、人口素质、经济发展状况,对商品要求特点,同一市场同类商品供应情况,竞争对手情况等市场因素之外,还要了解世界和全国市场的现状和发展趋势,着眼于大市场,着手于大流通。在充分了解和分析的基础上,确定发展战略、营销战略问题,包括生产规模、营销手段等。山东一些蔬菜商品生产基地提出了"人无我有,人有我优,人优我转"的战略战术,在20世纪90年代取得了很大成绩。

5. 经营与管理体制、管理措施、技术保障措施等

采用科学的、先进的经营与管理体制、措施,建立科学的、高效的技术保障措施,是园艺商品生产基地建设的重要内容之一。园艺商品生产投资多、集约化程度高、技术要求相对复杂,因而搞好经营管理、技术保障有着十分重要的意义。随着生产规模的扩大和技术分工越来越细,形成专业分工协作的生产社会化,科技进步对产业发展的贡献率在我国已达39%,而且在不断地提高,先进国家已达到60%~80%。基地的建设依托科学技术的研究、开发与推广,可以提高产量,改善品质,提高生产率和降低成本,也可以减轻劳动强度、节约能源、改善生态环境和推动商品更新换代。在科技进步的推动下,园艺业的发展形成了高度专业化的产业链,生产流程高度技术化,形成了种子公司、苗圃或种苗公司、建园公司、花粉和授粉公司、植保公司、营养分析和施肥服务机构、防寒服务机构。采后的分级、包装、贮藏、运输等技术也都不是一个生产者能自行解决的,需要持续地改进,以提高效率、降低成本,这些都需要依赖技术创新与技术保障。

## 2.2.4 园艺商品生产基地建设的措施

园艺商品生产基地,必须按一定的标准进行规划、建设和管理,形成生产、加工、贮运、科研、信息相结合的生产体系,以适应市场的需要,实际上就是以产业化经营来实现商品基地建设和管理。

1. 基地选址

确认目标市场,就是决定商品销售的地域、品种、数量、规格和质量后,在优生区建立基地。一是要有足够的土地,这些土地资源可以是未开垦的宜耕地,也可在现有耕地上进行,产业商品基地要求集中成片,以便集约管理,推广先进技术,提高生产效率;二是基地内有水源,保证人畜用水和灌溉用水;三是要有足够的人力资源,园艺商品产业是劳动密集型产业,充足的人力资源才能提高生产管理水平;四是由政府制定扶持和支持基地产业的政策。我国经济发展实践证明,市场导向和政策支持不可或缺,在产业政策的有效支持下,尤其是进行配套的水、电、路等基础设施的建设,在技术的培训和推广、营销和金融服务等方面得到政策的支持,基地的发展会事半功倍,产业集聚效应更显著,资源利用更有效率,经济效益和社会效益更高。

2. 基地规划

根据基地内的自然资源和要生产的种类、品种的生产特性进行规划,内容有公共管理服务中心、交易中心、育苗中心、栽培设施、生产区和商品化处理等功能分区规划,公路、电力、水利设施等基础设施的规划。

3. 基础设施建设

基地规划确认后,应进行基础设施的建设,良好的道路交通设施、有保障的水电供应才能满足基地的规模化大生产需要。

## 2.2.5 园艺商品生产基地的可持续发展

在市场经济条件下,市场起着合理配置资源、调节生产和供求关系的作用。但是,现代经济学认为,完全的市场调节存在很大的盲目性和局限性,必须加上政府的干预即宏观调控,尤其是农业作为一种特殊产业,存在生产周期长、经营风险大、经济效益相对低等特点,在市场竞争中常常处于不利地位,如何通过政府的宏观调控机制保护农民利益,为生产基地建设创造良好的外部环境,是农业产业化经营顺利进行的重要条件。随着经济社会的发展和全球化的不断延进,根据先进国家园艺产业的发展经验和我国的实际情况,主要在以下几个方面促进园艺商品生产基地的可持续发展:

① 国家坚持为农民服务的方向。在优势产业带通过开展定向投入、定向服务、定向收购等方式,为农户提供技术、市场信息、生产资料和产品销售等多种服务,提高龙头企业的服务能力;鼓励龙头企业设立风险资金,采取保护价收购、利润返还等多种形式,与农户建立紧密、合理的利益联结机制;培育与国际规则接轨的行业协会、商会等中介组织,增强服务功能,完善自律机制,切实维护企业和农户的合法权益;坚持国家和省级重点龙头企业运行监

测机制，严格实行有进有出，使基地充满活力和竞争力。实行这些政策和措施，是解决"三农"问题的核心，也是农民增收和发展现代农业的途径之一。

现代农业的特征之一就是区域化生产，即生产基地化，基地产业化；同时也提高了农民的组织化程度，提高农民参与全球竞争的能力。

② 国家按照"扶优、扶大、扶强"的原则，培育壮大一批起点高、规模大、带动力强的龙头企业，并建立一批龙头企业集群示范基地，利用政策措施，引导企业由初级加工向精深加工拓展，由数量、价格竞争向品牌竞争转变，由粗放经营管理向科学质量管理提升，从而会出现一批强势的园艺产业龙头基地。

基地具有强势的龙头企业，才能大力发展精深加工，提高园艺产品的附加值，率先采用国际、国内先进标准，实施品牌战略，以标准创品牌，靠品牌拓市场，向品牌要效益，并以优势品牌和资本运营为纽带，开展跨地区、行业和所有制的资源整合，使商品基地的集聚优势进一步发挥。而目前我国的园艺商品基地仍不够"强、大、优"。

③ 鼓励和支持龙头企业自建研发机构，或与高等院校、科研院所合作，开展联合攻关，重点开发具有自主知识产权的新品种、新产品、新技术，提高自主创新能力和核心竞争力，使基地的发展更具持续性。其原因是技术创新和产品创新是商品基地竞争制胜的利器，在市场经济中，企业是技术创新和产品创新的主体，而目前高等院校和科研院所拥有强势科技资源，多数企业没有技术研发机构。

④ 加大财政支持力度，各级财政逐步建立包括园艺业在内的农业产业化财政专项资金并逐年有所增加；探索采取担保基金、担保公司等有效形式，对龙头企业的融资给予担保；完善税收扶持政策，争取将农产品深加工增值税进销项税率统一调整为17%，切实解决目前企业税赋过高的问题；把包括园艺产品的农产品加工业纳入消费型增值税试点，促进农产品加工龙头企业加快设备更新和技术进步，从而使园艺商品生产基地高增值化。其原因是国家财政正在不断改善，国家有财力扶持包括园艺业在内的农业发展。扶持农业产业化是政府支持"三农"政策的重要组成部分，园艺业是我国的优势产业之一，财税、金融支持是全球园艺产业发展成功的途径之一。

⑤ 鼓励龙头企业充分利用国外农业资源，开展跨国投资经营，加强对国际贸易技术壁垒信息的收集、整理和研究，提高应对能力，优化贸易商品结构，扩大农产品出口。同时，发展现代营销业态，建设新型物流方式，拓宽园艺产品国际销售渠道，使基地产业具备全球竞争力。其原因是我国已是世贸组织成员，以全球化的视野来经营，商品基地就要采用现代化的经营方式，跨国合作，跨国经营。我国是农产品贸易的逆差国，而园艺商品贸易则是顺差，发挥优势，扩大园艺商品的出口势在必行。

## 2.3 新产品开发

### 2.3.1 新产品的概念与分类

新产品是相对老产品而言的,目前尚无世界公认的确切定义。一般地,它是指企业初次试制成功的产品,或是在结构性能、制造工艺、型体材质等某一方面或几个方面比老产品有显著改进的产品。新产品按不同标准可以分为不同类别。

1. 按新产品的创新程度分

按新产品的创新程度可将新产品分为全新型新产品、换代型新产品和改进型新产品。

(1) 全新型新产品

全新型新产品,是指应用科学技术研制、设计、生产的,在结构原理、技术工艺等方面是前所未有的产品。如新西兰首先开发的猕猴桃,应属全新产品。野生资源的开发也多半为全新产品,又如沙棘产品、悬钩子属利用,在我国20世纪80年代初也算全新产品。

(2) 换代型新产品

换代型新产品,是指产品的使用、制造基本原理不变,部分地采用新技术、新材料,或改变其结构,使产品的性能、使用功能或经济指标发生了显著变化的产品。换代新产品与老产品相比,在很大程度上发生了明显的变化,并且相关的质量指标都有很大提高。但其开发的难度较全新型新产品要小很多。例如,元帅苹果的芽变选种,元帅—红星—新红星—首红—超矮红;又如,普通蔬菜—绿色蔬菜—有机蔬菜。

(3) 改进型新产品

改进型新产品,是指在原有老产品的基础上,对原有产品的功能、性能、花色、品种、规格、包装等方面采用各种技术改进方法进行局部改造而制成的产品。改进型新产品的开发难度不大,是企业开发新产品经常采用的形式。如新疆哈密瓜过去只能鲜销和做成哈密瓜干,为了扩大市场,已开发出瓜脯、瓜酱、瓜汁,远销全国,现在又开发出瓜膳,并走上旅游者的餐桌,成为当地独具特色的风味食品。又如南瓜,过去除鲜销外,只加工成南瓜干,现在已开发出南瓜粉、南瓜酱等产品。

2. 按新产品地域范围划分

按新产品的地域特征可将新产品分为世界级新产品、国家级新产品、地区级新产品和企业级新产品。

(1) 世界级新产品

世界级新产品是指世界上第一次生产和销售的新产品。

(2) 国家级新产品

国家级新产品是指在国外已经有生产和销售,而本国还是第一次生产的产品。

(3) 地区级新产品

地区级新产品是指国内其他省、自治区、直辖市已经生产并投入市场，但在本地区是第一次生产销售的新产品。开发这类产品时要慎重决策，特别要注意市场调查。这类产品国家不予认定为新产品。

（4）企业级新产品（仿制新产品）

是指生产者对外来产品进行更改，直接引进或仿制。从全社会角度来看不算新产品，从企业角度来看仍是新产品。这类产品生产周期短，如果能在成熟期上市，仍可获利，在营销上称之为紧跟战略，尤其技术力量弱的小企业和后进地区多应用这种策略。如素有"西红柿之乡"美誉的寿光市古城乡，过去生产的西红柿都是大果型的品种，近年来引进了以色列HR-139、圣女、朱丽等樱桃西红柿小果型品种，所产西红柿商品性状好，口感佳，占领了国内20余省市的市场，并远销俄罗斯。

## 2.3.2 新产品开发

新产品开发是指从消费者需要和市场需要出发，应用新技术成果，研制、生产新产品的创造性活动的全过程。新产品开发是社会发展的需要、人类技术进步的表现，是将科学研究成果转化为现实生产力的具体体现和企业技术改造的重要内容，是提高企业竞争能力和经济效益、求得企业生存与发展的战略措施。

1. 新产品开发的必要性

随着科学技术的发展，消费者需求的不断变化，市场竞争的日趋激烈，迫使企业不断开发新产品。

① 任何产品都有一定的市场寿命周期，它必然会从投入期经过成长期和成熟期，最后走向衰退期。企业只有不断开发新产品，才可能在原有产品退出市场时，利用新产品在市场上站稳脚跟，由此，当一种产品投放市场时，企业就必须着手设计新的产品，使企业任何时期都有不同的产品处在生命周期的各个阶段，这样才能保证企业立于不败之地。

② 消费者的需求是不断发展变化的。消费者的需求受多种因素的影响，主要受人口构成的变化、人数的变化、居住地区的改变、生活方式的变化等的影响而发生日益复杂的变化。企业生产的产品必须符合消费者的这种需求变化，这就要求企业不断研究开发适应市场变化的新产品。

③ 科学技术的不断进步。随着科学技术的飞速发展，许多新型的科技产品不断涌现，科学技术的进步不断淘汰老产品，推出新产品，而且促使产品生产成本大大降低。企业只有不断运用新的科学技术改进自己的产品，开发新产品，才能使企业永葆青春。

④ 现代市场竞争的日趋激烈。在激烈的市场竞争环境中，任何企业要想在市场上保持竞争优势，都只有不断创新，开发新产品，争取在市场上占据领先地位。

⑤ 只有不断创新才能使企业青春焕发。企业只有不断创新，不断推出新产品才能保持企业的旺盛活力，新产品推出还可以提高企业在市场上的信誉和地位，对新产品的销售起着巨大的推动作用，有利于企业经济效益的提高和企业的长足发展。

2. 新产品开发的原则

新产品的开发应以市场为导向，而不是脱离实际的异想天开。一般要遵循下述原则。

① 社会需要：也就是市场需要和用户需要，消费者是划分集团的，新产品主要为满足哪一集团需要，一定要心中有数。

② 技术优势原则：大至一个省或一个国家，小到一个企业的新产品开发，一定要有自己的技术优势，充分调动技术力量的积极性，这是新产品开发的保证。在技术力量缺乏或水平较低的情况下注意引进和买进专利，或以仿制品为主，逐渐壮大自己的技术力量。

③ 连续性：要一代接一代开发，要相信新产品开发是无止境的，要生产一代，试制一代，开发一代，环环扣紧。

④ 重视速度：新产品除重视质量外，一定要注意开发速度，不然就可能研制时属于先进产品，投产时已经落后，在市场上失去竞争力。

3. 新产品开发的条件和方式

（1）新产品开发的条件

新产品开发是一件难度比较大的工作，需要投入较多的人力、物力和财力，为此企业必须持慎重的科学态度。必须全面考虑发展新产品的各种影响因素，进行全面论证，使所开发的新产品推向市场后能适销对路，为企业带来可观的经济效益。一般而言，一项新产品的开发应符合以下几个方面的条件。

① 市场需求必须充分。企业要认真研究社会经济生活发展的状况，做好对市场容量和目标用户需要的调查分析，要着重分析消费者对产品品质、性能、式样、花色和价格的要求，做到有的放矢，研究开发出适应性强、深受消费者欢迎的产品。只有受消费者的欢迎，产品才会有市场生命力。如目前我国大力发展的无公害绿色果品、绿色蔬菜，就是深受广大消费者欢迎的产品。

② 产品要有特色，要有新的性能和用途。企业所开发的产品在适应消费者需求变化的基础上，要有自身的特色，使消费者感到这种产品确实与众不同，从而产生购买欲。如近年由湖南省瓜类研究所育成的南瓜新品种——锦栗，有着既粉又甜、味似板栗、味道绝伦、百食不厌的美评。其次，还要注意开发产品新的性能和用途。只有这样，才能使企业产品在激烈的市场竞争中脱颖而出。

③ 企业要有发展新产品的能力。企业要根据自身的生产条件，技术力量，资金和原材料供应保证等来研究开发新产品，确定新产品的质量、品种和生产规模。

④ 要符合国家政策法律规定。如对环境不造成污染、无公害、节约能源等。

⑤ 要有经济效益。开发新产品，要充分利用企业原有生产资料和生产能力，充分利用企业的人力、物力和财力，挖掘潜力，降低成本，采用适当的价格，这样才能打开销路，提高企业经济效益。

（2）新产品开发的方式

在现代企业经营中，企业要开发新产品，可以由本企业独立完成产品的构思、创意到生产全过程，也可以采取其他的方式。具体而言，新产品开发常用的有以下几种方式：

① 技术引进。即利用企业外部业已成熟的技术来开发自身产品，如购买专利、经营特许权等。利用这种方式可以节省企业的科研经费，争取时间，加速企业技术水平的提高，快速地把产品开发出来。这种方式适用于技术力量和科研经费有限的企业。

② 独立研制。是依靠本企业的科研、技术力量研究开发新产品的方式。这种方式可以

密切结合本企业的特点,容易形成本企业的产品系列。但企业必须具备较强的科研力量和较充足的资金。企业要注意尽量取他人之长,集众家智慧。

③ 自行研制与技术引进相结合。这种方式投资少、见效快,企业承担风险小,同时又能促进企业的技术开发,保证产品的先进性。适用于已有一定的科研技术基础的企业,而且外界又具有开发新产品的比较成熟的技术。

④ 社会协作研制。是企业与企业、企业与科研单位、企业与院校之间通过共向协作来研究开发新产品。这些方式有利于充分利用社会的科研力量,弥补企业力量的不足,有利于把科研成果迅速转化为生产力,有利于发挥各方面的优势,从而加速新产品的开发进程。

4. 新产品开发的程序

新产品开发是一项十分复杂且成功率低、风险大的工作。为了提高新产品开发的经济效益,必须按照一定的科学程序来进行。新产品开发的程序要经过寻求产品的创意、产品方案的构思、方案的筛选、可行性分析、试制试销、正式上市、信息反馈等多个阶段。

(1) 产生构想

任何一种新产品的产生都源于构思,即欲以一种物品满足一种新的需要的设想和构思。这种设想和构思往往来源于形象的思维和构思,它的基础是建立在需要的假想上。形象思维和构思形成以后,便论证实现的可能性。实现的可能性的论证着重在以下几个方面:

① 社会调查。包括市场调查、消费者调查。

② 产品信息调查,即调查市场有无所要开发的类似产品。有的产品则需了解国际市场情况。

(2) 创意筛选

在前一阶段提出了大量构思的基础上,在这个阶段要不断优化构思,首先要做的就是筛选构思。筛选的目的是尽可能早地发现和放弃错误的构想,以尽力减少高昂的开发成本。

(3) 可行性分析

在新产品方案筛选出来后,要对该方案在技术上的先进性、可能性和经济上的合理性进行综合分析、评判论证,以保证该方案实施后能取得成功。可行性研究可分成两步走:第一步,初步的可行性研究。即对新产品项目进行市场、资源和技术经济分析,提出评价标准,判断新产品的生命力;第二步,详细的可行性研究。即通过对可行方案的技术经济论证,分析各方案的经济效果及利弊,从中确定合理方案。在此基础上,进行总体计价,选出最优方案。

(4) 制定营销计划

对经过测试入选的产品概念,企业要制定一个初步的营销计划,这个营销计划将在以后阶段中不断完善和发展。

营销计划一般包括描述目标市场的规模、结构和行为,该产品的定位、销售量和市场占有率,开始几年的利润目标。

(5) 商业分析

即在对某一产品概念制定了营销计划后,对该产品概念的商业吸引力的进一步分析评价。

(6) 产品开发

产品开发的任务是把通过商业分析的产品概念交由企业的研究开发部和工艺设计部等部门研制开发成实际的产品实体。这一阶段要力争把产品构思转化为在技术上和商业上可行的产品,需要大量的投资。

(7) 市场试销

开发成功、测试满意的产品进入市场试销阶段,在此阶段将要准备确定品牌名称、包装设计和制定一个准备性的营销方案,并在更可信的消费者环境中对产品进行试销,以了解消费者和经销商对使用、购买及重购该产品的反应和市场规模、特点等。

(8) 商品化

根据市场试销提供的信息,企业基本上能作出决策是否推出新产品。在推出新产品时,企业必须对推出时机、地域、目标市场和进入战略作出决策。

① 企业要判断何时是推出新产品的正确时机,要注意新旧产品的接替、产品需求的季节性等因素。

② 企业要决定新产品是推向某个地区还是多个地区,是全国市场还是国际市场。一般是实行有计划的市场扩展,这当中要对不同市场的吸引力作出评价并关注竞争者现状及动向。

③ 企业要将它的分销和促销目标对准最理想的购买群体,以尽快获得高销售额来鼓励销售队伍和吸引其他新的预期购买者。

④ 企业必须制定一个把新产品引入不断扩展的市场的实施计划,在营销组合中分配营销预算并安排营销活动的合理次序。

(9) 信息反馈

新产品正式投入市场后,企业还要有计划地进行用户调查,征求他们对新产品的意见,并将信息反馈给生产部门,不断改进新产品,完善售后服务,使消费者在近期和远期都能得到消费的满足,同时使企业能不断扩大销售,增加利润。

## 2.4 园艺商品的周年供应

### 2.4.1 影响园艺商品周年均衡供应的因素

园艺商品周年供应不均衡,表现出供应的淡旺季变化。不同地区、不同城市园艺商品供应的淡旺季特点是不同的。影响园艺商品周年均衡供应的原因是多方面的,主要有以下几个方面。

1. 生产的季节性

园艺商品是活的植物有机体,其生长发育一时一刻也离不开周围的环境条件,因此其生产就必然受自然气候条件所制约。由于我们目前还不能人为地控制自然条件,做到所有的园艺商品都能在某地四季的任何时候收获,尽管我国幅员广大,但是各地生产都毫无例外地存在着季节性。园艺商品生产的季节性变化,必然影响到上市量的季节性变化,而且这种数量变化不仅反映在总量上,也反映在种类上;同一种类的园艺商品其数量也随着生产季节而变化。

2. 消费的均衡性

人们对园艺商品的需求是均衡的,尤其是蔬菜、果品,是天天需要的重要副食品。从营养角度考虑,人们每天需要数量充足、营养成分搭配合理的各种蔬菜,这里包括两层含义:第一是数量充足,且每天变化不大;第二是种类要多,并且要按其营养成分含量合理搭配,这就是消费的常年均衡性。生产的季节性,必然使供应上出现淡旺季,这与需求上的均衡性形成了尖锐的矛盾。

3. 品种的多样性

众所周知,品种本身的遗传特性是植物生长发育的内因,环境条件是外因,只有内因与外因相适应才能达到栽培的目的。同一种园艺商品,一般对环境条件的要求大体相同,但是遗传的变异,则有可能使人们获得改变了其内因,从而适应改变了的环境条件的新品种。现代的遗传育种理论和技术使我们有可能而且已经获得了成果,如津研系列黄瓜品种在耐热抗病等方面优于其他品种。

4. 产量的不稳定性

由于目前园艺商品生产受自然条件的影响,单位面积产量波动幅度较大,虽然生产技术不断改进,但在很大程度上仍由自然条件所支配。雨涝、冰雹、病虫等自然灾害经常发生,因此货源有较大的易变性与风险性。

5. 栽培制度的影响

以北京为例,蔬菜露地栽培,习惯上为春秋两大茬,春茬在7月下旬拉秧,净地后种秋茬白菜、萝卜等。历年来春茬占总面积的70%以上,均在7月下旬拉秧,然后种秋菜。这种栽培制度不仅影响了当年8、9月的供应,而且还影响越冬根茬菜的种植和次年4月份的供应。

6. 贮藏、加工、运输与供应环节的影响

园艺商品生产由于受环境条件的制约,在一个地区出现生产上的不平衡是不可避免的。一些发达国家解决市场均衡供应问题,主要靠调运和贮藏加工来解决,限于我国目前贮藏加工条件以及人们的食用习惯,远距离调运近几年虽有一定发展,但也远不能满足需要。

7. 其他因素

除上述原因外还有经营管理、流通渠道等因素,如在价格上,季节差价过大,造成片面追求早熟,影响均衡供应;在生产上,近郊工副业收入高,种植业生产成本高效益低,园艺商品生产者的生产积极性不高,也影响了生产和供应。

### 2.4.2 园艺商品的供求关系

商品供应与需求,是与市场相联系的经济范畴。市场是商品供求关系的总和,没有商品供求,便不存在市场。所以商品供求关系是市场的核心。

商品供应,指的是"处在市场上的产品,或者能提供给市场上的产品"。商品需求,指的是"市场上出现的对商品的需要"。有商品的需求,才要求有供给,有供给才能满足需求。供给为了需求,需求又引起供给,两者既相互分离,又相互联系。

供求矛盾运动的规律是:供、求的数量和构成,制约着供、求双方的需求满足程度;供、求双方彼此要求相互适应,以趋于平衡。这个平衡包括以下四方面的内容:第一,供求数量上的平衡;第二,质量和品种上的平衡,即供应的花色品种、结构、规格,要适合消费水平;第三,时间上的平衡,供应要在时间上(季节)适合需求;第四,空间上的平衡,即供应要适合各个市场需求容量的地域构成。

供求平衡的原因主要是：生产与消费相互制约，供求不一致，就会使再生产受到影响。当供求不平衡时，必然会引起生产者之间的竞争。如某种蔬菜供不应求，价格便较高，菜农由于受经济利益的刺激，便会扩大此种商品蔬菜的生产规模，使商品量增加。相反，当某个品种供大于求时，价格便下跌，生产者由于得不到较好的经济效益，便会缩小该品种商品蔬菜的生产规模，甚至完全不进行生产，另外调整品种，最终使供求平衡。

供求平衡是相对的，不平衡是绝对的。因为供给主要受制于生产状况，需求主要受制于分配状况，而需求结构又取决于消费者的消费倾向。例如，北方城市的消费者对辣椒的消费多倾向于不十分辛辣的或不辣的甜椒类型；而南方，尤其是四川、湖南、贵州省区的消费则多倾向于半辛辣型或辛辣型的辣椒。由于消费习惯就引起地区之间消费倾向不同，显然供、求双方有相对的独立性。

商品供求与价格是商品流通中的两个侧面。任何商品都有一定的价格，没有价格的物品就不称其为商品，也就不能形成商品供求。而商品供求量则是价格赖以存在和发展的物质内容。在商品发展的供求变化中，价格的变化推动着供求量的变化；而供求量的变化，又推动着价格围绕价值而上下波动。它们之间的相互作用，表现在以下三个方面：第一，价格推动供求变化。价格上升，引起供应增加，需求减少；价格下降，引起供应减少，需求增加。例如，重庆市近郊 1989 年金针菇的生产量很少，市场价格每千克售价为 10～12 元，而每天消费量仅市中区就达 3 万千克以上，大部分货源来自外埠。1991 年，产量达 5 万千克以上，市场价格则下降到每千克 5～6 元，到 1992 年春价格继续下降到了每千克 3 元左右，而日销售量在市中区市场仅为 5 000 千克以上；第二，供求推动价格变化。即供大于求，价格下跌；供小于求，价格上涨；第三，供求与价格变动的基础是商品的价值。也就是商品价格的变动，总是围绕价值上下波动的。具体地讲：当商品供小于求时，价格高于价值；当商品供大于求时，价格低于价值；只有当商品供求平衡时，价格才会与价值相符。这一点在园艺商品供应上的淡旺矛盾就表现得尤其突出。之所以要尽量做到供求平衡，其根本在于尽量使园艺商品的价格与价值相符合。

上述供求与价格的变动情况可用图 2-1 表示：

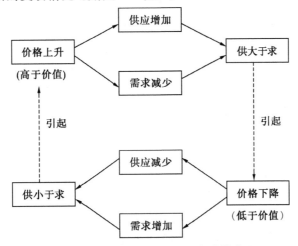

图 2-1　园艺商品供求与价格变动模式图

供求规律,是商品使用价值的运动规律。它以商品使用价值是否符合社会需求为基础,联系着数以万计的生产者、消费者,调节着价格以价值为中心的波动。它体现着商品使用价值与交换价值的关系、商品和货币的关系、生产者与消费者的关系、买者与卖者的关系。在商品流通领域中,供求的变化比价值的变化更频繁、灵敏,更易迅速地在市场上反映出来。因此,在商品流通领域中,大量的市场调节,主要来自供求规律的作用,价值规律的调节作用往往是通过供求规律的作用来实现的。

### 2.4.3 园艺商品周年供应的实现

解决园艺商品周年均衡供应是一个综合性的系统工程,由于涉及面广,实际工作中往往是很困难的。改革开放以来,党和政府制定了一系列正确的方针政策,经过各级政府以及园艺商品生产者、经营者、科技工作者的共同努力,已经取得了显著效果,缓解了淡旺季供应矛盾。应当进一步总结经验,采取切实有效的措施,使周年均衡供应水平进一步提高。

1. 调整园艺商品生产布局,建设高产稳产基地

园艺商品生产布局是和客观条件的可能性以及对客观条件利用的正确与否密切相关的。解放后的前三十多年,由于长期受"就地生产,就地供应"的生产布局方针的影响,全国各地在园艺商品生产观念和商品流通体制上基本处于封闭隔离状态。随着我国经济体制的改革,园艺商品的产销体制发生了根本改变,实现了"多种经济形式,多种经营方式,多渠道,少环节,开放式"的市场体制,一个全国性的园艺商品大市场体系的雏形已经展现在我们面前。

随着市场体系的改变,在综合分析经济、社会、技术、自然、劳动力以及交通运输等条件的基础上,园艺商品生产布局也随之进行了调整。目前,一个基本合理,并且对改善园艺商品周年均衡供应有显著作用的全国性园艺商品生产布局已经形成。

2. 发展设施园艺生产,改善生产条件

自然式的园艺商品生产受天气状况、自然灾害的影响很大,这不仅影响到某一地区在某个季节很多园艺商品不能种植,而且单位面积产量不稳定,忽高忽低。长期以来,人们利用各种形式的保护设施来减轻自然灾害的影响与环境条件的限制,人为地创造园艺商品作物生长发育所需要的环境条件进行生产,对于增加淡季与节日的园艺商品供应量和供应品种起到了重要作用。但是过去受生产资金、生产资料和技术水平的限制,保护地发展缓慢,远不能适应市场的需要。随着我国现代化建设的发展,生产单位资金投入能力的增加,工业为农业提供各种适用生产资料的增多以及科学技术的发展,都为保护地的迅速发展提供了条件。各地区特别是经济发展水平较高的大、中城市近郊,应该大力发展保护地生产,生产更多更好的优质园艺商品,这是满足人们日益增长的需求欲望的重要措施。

提高园艺商品生产的栽培管理水平,改善生产条件,提高对自然灾害的抵御能力,有效地控制、预防病虫害,也是保证园艺商品高产稳产的重要措施。

此外,选育耐寒、耐热、抗病、高产良种,积极从国外引进适合我国种植的新的园艺商品种类,对于改善园艺商品周年供应状况也具有重要意义。

### 3. 发展多种形式的贮藏保鲜业

园艺商品从采收后到销售的各个阶段，都包含着贮藏处理，而这种贮藏一般均以保鲜为主要目的。如果长时间地贮藏，即把园艺商品生产旺季收获的产品不直接上市，而是先将其处理后贮藏起来，根据市场需要随时上市出售，这种贮藏的主要目的就不仅是保鲜，更重要的是延长园艺商品的寿命，利用供应上的时间差来缩小淡旺季差别，改善周年均衡供应状况。

较长时间的贮藏，目前由于大多数城市居民住楼房，不再像过去能有条件自己制作贮藏窖，因此贮藏任务主要应由园艺商品经营企业承担。从园艺商品的商品化发展需要看，园艺商品经营单位包括批发交易市场、专营商店，无论是国家、集体、还是私营，均应拥有自己的贮藏设备。积极发展贮藏业务，这不仅是解决周年均衡供应的重要措施，也是提高经营能力和经济效益的重要措施。

在生产与供应的旺季常常出现园艺商品的上市量远大于需求量的现象，不但使园艺商品价格降低，而且很多园艺商品没有上市就白白地被浪费掉。利用贮藏手段使旺季生产的产品在淡季供应，实现其产值，这样不仅能增加生产者的经济收入，而且对于园艺商品的周年均衡供应可起到积极的作用。当前由于相当一部分生产者生产规模小，特别是独户生产常受到资金、人力等条件的限制，应以联合形式开展贮藏业。

总之，积极发展贮藏业，使贮藏与生产相结合，是商品化生产的必然趋势。

### 4. 大力发展园艺产品加工业

在自然经济下的园艺商品生产经营，都是以一次性产品作为商品的。随着农村商品经济的发展，食品业作为一个新兴的产业日益受到重视。而食品业的兴起与发展，使一次性产品中的大部分进行再生产，这样不但提高了其商品性，而且使一次性生产得以很好地发展。从营养学的角度看，园艺商品的加工品失去了新鲜园艺商品原有的商品学特性，营养成分有不同程度地损失，但是客观上园艺商品的易腐性使其加工品的存在有了可能性。加工后的园艺商品可以保存较长的时间，并且在常温下亦可存放，这样，园艺商品加工品作为园艺商品供应的重要部分，对其均衡上市就有着非常重要的意义。此外，加工与贮藏相比，贮藏的局限性较大，一些园艺商品加工后不但使其有了稳定的商品性，而且能改善其风味，使一些对人体有害的物质得以降解。因此，园艺商品加工品有着广阔的市场，受到消费者的普遍欢迎。

我国的园艺商品加工业同其他食品业一样，尽管历史悠久，但发展水平较低，主要加工品也常局限于腌渍类、蜜饯、干制品与罐制品，而且以前两种居多。随着园艺商品加工业的不断发展，园艺商品的罐制品与冷冻制品会有较大的发展。除了现有的加工方式与加工品种外，很多加工方式与加工品还有待进一步开发。如蔬菜汁已成为风靡全球的加工品，在国外消费量很大，在国内1987年首批番茄汁在上海销售，受到了消费者的青睐。适用于做蔬菜汁的蔬菜品种有石刁柏、番茄、黄瓜、胡萝卜、芹菜、西瓜、甜瓜、甘蓝、菠菜等几十种，这些蔬菜可以单独加工成汁，但大多数按照其作用混合加工，有时再对入一定量的果汁，这样加工出的蔬菜汁已成为保健饮料的代名词了。

冷冻制品近几年来发展也很快，在国际市场上已成为园艺商品贸易的重要组成部分。70年代以来，我国冷冻蔬菜的加工出口量逐年增加，取得了良好的经济效益。由于冷冻蔬菜比其他方法更能保持蔬菜的新鲜色泽、风味与营养价值,也越来越受到了国内消费者的欢迎。适于冷冻加工的蔬菜种类很多,目前较普遍的有青豌豆、蒜薹、鲜蘑、石刁柏、菜豆、甜玉米、胡萝卜、马铃薯等,而番茄、生菜、芹菜、萝卜等冷冻后会改变其风味,尚需进一步研究。

发展园艺商品加工业,建立园艺商品加工工厂,首先应充分考虑原料来源,必须有较稳定的原料基地,并宜就地生产,就地加工或只作短距离运输。其次,要考虑加工园艺商品品种、数量间的合理搭配,减少或避免加工设备的闲置或原料积压,必要时可与其他食品加工搭配进行。要不断开发新的园艺商品加工品种的种类,降低生产成本,为消费者提供更多、更好的园艺商品加工品。

5. 积极组织园艺商品运销业

如前所述,合理调整园艺商品生产布局,加速园艺商品生产基地建设是解决园艺商品周年均衡供应的关键措施,那么,产品的运输则是实现这一措施的前提条件,没有有效的运输,基地的作用就无从发挥。

从目前园艺商品生产与供应的实际情况看,顺从经济发展的大趋势,对内对外搞活,是缩小园艺商品淡旺季差别的有效措施。尽管在旺季时可利用贮藏与加工等手段缓解供求矛盾,但是人们对新鲜园艺商品的需求是不可能以加工品代替的,同时人们的消费需求也是随着社会经济的不断发展而改变的。当周年均衡供应在数量上满足后,品种上的要求就成为这个问题中的主要矛盾。因此,园艺商品的运销在解决周年均衡供应上的作用是其他措施所不能取代的,而且随着社会经济的发展和交通运输条件的改善,这种作用会越来越显著。从发达国家解决园艺商品周年均衡供应的情况看,无论是美国的"集中生产分散供应"还是日本的"分散生产集中供应"的方式都有赖于其发达的交通运输条件。据资料介绍,美国鲜菜供应与加工菜供应各占50%左右,而鲜菜供应则主要靠调运。

为了提高园艺商品运输业的经济效果,以下几个方面应引起注意:

① 园艺商品在运输前必须经过商品处理,即净菜加工,这样既可减少无价值的运输,降低运输成本,同时也可以减少腐坏。

② 选择合理的运输路线,确定合理的商品流向,其标准是费用最低、时间最短、安全、损耗少。一般地说,在100千米以内汽车运输较火车费用低;有水路条件的,一些耐贮运的园艺商品种类应尽可能采用水运;火车线路迂回不能直达,而公路条件较好时,也可用汽车直接长距离运输。

③ 发展多种运输体制。个体与集体运输可以作为国营运输业的补充,目前个体与集体运输业发展很快,在一定范围内起到了国营运输业所不能起到的作用,但应加强管理和引导。

④ 加速园艺商品运输现代化建设,如发展园艺商品运输专用车,改进包装、装卸方法,同时做好运输的管理工作,提高运输效率。

## 案例分析

### 河北省昌黎县环京津绿色无公害蔬菜生产基地建设

1. 绿色无公害蔬菜生产基地项目背景

（1）基本概况

昌黎县位于河北省东北部,该县种植蔬菜历史悠久,是京、津、辽及新、马、泰等蔬菜的供应基地。目前2.39万公顷蔬菜面积中,无公害蔬菜面积达到0.75万公顷,昌黎县是河北省40个产菜大县之一,被列为全省12个无公害生产重点县之一,5个外向型蔬菜基地之一。2001年被河北省定为"河北蔬菜之乡",全县有3个蔬菜生产基地取得全省无公害资质证书,如河北省知名的马芳营早黄瓜和刘李庄城郊区甘蓝、菜花的生产基地。

（2）绿色无公害蔬菜生产基地项目建设的必要性

建设绿色无公害蔬菜生产基地是落实中共中央、国务院关于"加快实施无公害食品行动计划、逐步在大中城市实行农产品市场准入制度、杜绝有毒有害物质超标的农产品流入市场"的要求。该项目的实施,可以明显地提高蔬菜产品的品质,使人们吃上放心菜,同时增加外销量及出口数量,提高国际竞争力,提高蔬菜种植的经济效益和社会效益,使昌黎县的蔬菜生产走上可持续发展的道路。

（3）绿色无公害蔬菜生产基地项目可行性分析

昌黎县目前已经具备建立绿色无公害蔬菜生产基地的条件。

① 地理位置。在地理条件方面,昌黎县处于河北省"三条边"之一的东北一条边的要冲地带,成为东北进入关内的咽喉,而且京山铁路、京沈高速公路和205国道横贯昌黎县,又使昌黎县形成了东北进关的走廊,紧临北京、天津和山海关机场,走高速公路进京仅需2小时的路程,进天津仅需1小时,距离夏都北戴河仅20公里,这些都赋予了昌黎县优越的条件,黄金海岸旅游业的开发也给蔬菜生产带来了巨大的商机。

② 自然因素。昌黎县在气候上属东部季风区,为温暖半湿润大陆性半干旱气候,年平均降水量712 mm,日照时数2 809.3小时,平均气温11℃,无霜期193天,非常适宜蔬菜生长。

③ 土地资源丰富、土壤肥沃。耕地主要是褐土和潮土,土壤有机质含量为1.2%、全氮0.065%、碱解氮$7.2 \times 10^{-5}$、速效磷$2.8 \times 10^{-5}$、速效钾$8.3 \times 10^{-5}$。

④ 水资源丰富。据水资源调查,全县水资源总量常年平均达3.7亿$m^3$,亩均206 $m^3$,地下水埋深3~5 m,含水厚度达20~80 m,能够满足各种作物对水分的需求。

⑤ 群众种菜有基础。昌黎县农民历来就有种植蔬菜的传统,并积累了丰富的种菜经验。改革开放以来,随着农业产业结构调整的不断深入,昌黎县在无公害蔬菜生产中不断加大科技投入和财政投入,强化了蔬菜生产的基础建设和体系建设,有力地推动了昌黎县无公害蔬菜的发展。

⑥ 全县农业技术力量雄厚,全县拥有农业类专业技术人员120名,其中蔬菜类专业技术人员42名(包括高级专业技术职务人员8名,中级专业技术职务人员34名)农民技术人员150名。同时全县具有较为完整的病虫测报中心、土壤肥料统测统配中心、农业信息网络

中心、无公害产品检测中心。这些机构和这些具有扎实理论功底和丰富实践经验的技术人员对该项目的实施将起到积极作用。

⑦ 县委、县政府高度重视绿色无公害蔬菜产品的质量安全工作,成立了相应的领导机构和工作机构。专门成立了"昌黎县无公害农产品服务中心",负责全县无公害农产品的系列指导工作,并协调各乡镇及生产基地蔬菜生产。

⑧ 大力推行"无公害食品行动计划"。昌黎县对蔬菜产品实行了从"农田到餐桌"的全过程管理,包括蔬菜产地的资质认证。按照无公害生产技术规程生产各种蔬菜产品,对蔬菜产品进行无公害检测,病虫预测和使用高效、低毒、低残留农药,实行土壤肥料统测统配,市场准入认证及标识,包装上市等。

⑨ 农业质量标准、监测工作有一定基础。以蔬菜产品为龙头的产地环境、品种、生产、加工、质量安全和包装标识等环节的标准基本齐全。先后编制了"无公害蔬菜马芳营旱黄瓜育苗及栽培技术规程"地方标准和西葫芦、甘蓝无公害生产技术操作规程等,有力地推动了蔬菜的无公害生产。

⑩ 有龙头企业带动基地建设,已按农业产业化经营的方式组织农产品生产和市场流通。农业产业化经营已成为昌黎县农村经济发展的重要组成部分。全县拥有蔬菜批发市场10个,经济人队伍发展到1 500人,年交易8.5亿元,已成蔬菜产销龙头。同时成立了马芳营旱黄瓜产销协会、刘李庄蔬菜产销协会等专业协会组织,为无公害蔬菜生产保驾护航。农业局新近成立的绿色无公害蔬菜配菜中心将对昌黎县蔬菜产品的销售起到积极作用。

⑪ 农业投入品市场秩序较好,禁用、限用超标农业投入品,推广高效、低毒、低残留农药投入有措施。秦皇岛市2001年7月1日在全市范围内禁止销售和使用高毒、低效、高残留农药,推广和施用低毒、高效、低残留农药和生物农药。从一年来的实施情况和检查情况看,起到了良好的预期效果。

⑫ 地方配套资金有保证。县级财政有支持绿色无公害蔬菜生产建设的专项资金。县政府决定,每年拿出150万元支持绿色无公害蔬菜生产基地项目,并做到专款专用。

2. 项目主要建设方案与内容

(1) 扩大基地

拟在原有5个蔬菜生产基地的基础上,扩建为绿色无公害蔬菜生产基地,面积扩大到1.63万公顷,其中包括:靖安镇日光温室黄瓜生产基地,新集镇中棚西葫芦、胡萝卜生产基地,城郊区大、中、小棚甘蓝、秋菜花生产基地,城郊区、靖安镇韭菜基地,朱各庄、马坨店优质马铃薯,葛条港及荒佃庄优质美国西芹生产基地。5个生产基地的周边条件大体与此等同,具有广阔的开发前景。

(2) 健全和完善各种保障工程

健全和完善蔬菜产品检测中心、病虫测报中心、土壤肥料统测统配中心、农业信息网络中心,并加强其职能管理工作。

① 健全和完善县级蔬菜产品检测中心和乡镇蔬菜产品检测站。县级中心配置高标准检测设备,重点测试重金属、亚硝酸盐、有机磷、微量元素等项目,负责对全县蔬菜产品进行无公害检测,做到定期检测和随时检测相结合,保证对所有蔬菜产品的样品进行认真全面检测。乡镇蔬菜产品检测站配置速测设备,随时随地对蔬菜产品进行检测,保证绿色无公害蔬

菜生产基地的产品无一漏检。

② 健全和完善病虫测报中心。建立县、乡、村一体化病虫测报网,并在基地6个重点乡镇设立基层测报点,24个重点村设置病虫信息员,保证及时准确无误无漏地做好病虫预测预报。

探索主要病虫的发生规律及最佳防治时期、防治方法,减少农药用药量和用药次数,并进行高效、低毒、低残留农药、新剂型、新方法的筛选。

推广高效、低毒、低残留农药,如安克、霜脲氰、霜霉威、甲霜灵、百菌清、烯唑醇、速克灵、施佳乐、扑海因、吡虫啉、农用链霉素等。推广生物农药,如阿维菌素、苏云金杆菌等。大力推广频振杀虫灯、防虫网、黄板诱杀、嫁接及烟剂、粉尘、温湿度调控等综合防治技术。

③ 健全和完善土壤肥料统测统配中心。通过健全县级土壤化验监测中心,对项目区1.63万公顷土地,统一采样500个,定期统一化验,并对化验数据统一处理分析。根据不同的土壤类型、不同的蔬菜品种,提出统配方案,实施配方施肥技术。大力推广施用无公害肥料,充分提高养分利用率,减少化肥施用数量,大力推广施用有机肥、秸秆还田技术,改善土壤环境、生态环境。

④ 健全和完善农业信息网络中心。在生产基地内建立信息体系。农业局设信息网络中心,基地中的6个重点乡镇设置网络结点。及时将县和村之间的数据进行相互传输,即将当地蔬菜生产中的栽培、供求情况反馈给县网络中心或直接发布到互联网。

(3) 优型温室建设,应用遮阳网及营养钵育苗等新技术

① 优型温室建设。在绿色无公害蔬菜生产基地建设高标准的日光温室,采用半地下温室结构,增加冬季生产能力,保证蔬菜周年供应,示范并带动全县设施蔬菜发展日光温室,两年共建100座,主要包括墙体、钢筋骨架、棚膜、纸被、草帘、卷帘机等。

② 应用遮阳网。遮阴降温,夏季生产采用遮阳网可防止高温伤害,减少病害发生,增加产量。采用遮阳率40%的遮阳网,两年推广0.3335万公顷。

③ 营养钵育苗。营养钵育苗省工省力,适于幼苗生长发育,适于调温控温和其他管理,且无污染。两年推广6.67公顷。

(4) 节水工程

应用滴灌设备不仅节约水资源,而且改善了棚室生态小环境,降低空气温度,减少病害发生和适于蔬菜生产。两年计划推广20万亩,包括主管道、支管道、滴灌管、施肥管、棚室内自制蓄水池等。

(5) 引进蔬菜栽培新技术、新品种

每年引进黄瓜、西红柿、甘蓝、菜花等新品种120个,进行试验、示范、推广项目20个。培育出适合昌黎县当地生产条件的新品种。不断增加满足人们生活需要的新品种,改进新技术,不断前进,与时俱进,促进昌黎县蔬菜生产的可持续发展。

3. 绿色无公害蔬菜生产基地项目实施的主要措施

该项目建设涉及5大生产基地,面积1.63万公顷,是一项内容繁多的系统工程。为了搞好这一项目,保证按质、按量、按时完成,我们将采取下列措施:

(1) 加强对该项目建设的领导

成立"环京津绿色无公害蔬菜生产基地建设领导小组",同时成立"环京津绿色无公害

蔬菜生产基地专家指导组",蔬菜站、技术站、植保站、土肥站、科教站、推广中心、种子公司站长、经理、主任为专家指导组成员。具体负责该项目的方案设计、方案落实、技术指导及基础评估等。

(2) 充分发挥"昌黎县无公害农产品服务中心"的职能

加强对绿色无公害农产品的生产、经营监督管理、促进无公害农产品的开发,提高农业的生态效益、经济效益和社会效益。

① 制定全县绿色无公害蔬菜生产、开发规划,并组织落实。

② 做好基地内绿色无公害蔬菜的初步考查和申报,做好无公害蔬菜资质证书和标志的管理使用。

③ 制定昌黎县无公害蔬菜生产技术规程。

④ 对绿色无公害蔬菜生产进行全程技术监管,建立无公害蔬菜产品质量编码系统。

(3) 大力开展技术指导和技术培训

充分利用现有的"农业科技电波入户工程"和"跨世纪青年农民科技培训工程",全面提高菜农的科技种田水平和整体科技文化素质。

① 充分利用"农业科技电波入户工程",将先进的摄像、编辑、制作设备优先用于基地技术宣传、技术指导。根据基地蔬菜生产的不同需要,制作出精良的科技片、专题片,并刻录为光盘发放给菜农,指导蔬菜生产。

② 充分利用"跨世纪青年农民科技培训工程"培养一大批有技术、有能力的青年带头人,基地内涉及6个重点乡镇,24个重点村,160名跨世纪青年培训学员,通过系统地学习蔬菜种植基础知识、各种蔬菜栽培特点和栽培技术、无公害蔬菜生产技术、病虫防治技术以及农户家庭经营实务、农业产业化经营等,使他们既要掌握基础理论知识,又要有实践经验,从而在基地生产中起到带头作用。

③ 充分利用广播、电视、报纸、网络等媒介宣传普及无公害蔬菜的生产、管理等知识。同时通过现场指导、外出参观、不定期举办技术讲座、开办技术培训班、发放技术资料、赶科技大集等形式广泛开展技术培训活动。

④ 大力推广蔬菜标准化栽培技术,使无公害蔬菜生产按照技术规程操作。

(4) 在基地内对菜农实施优惠政策,在设施建设用款等方面给予优惠

发挥农行、信用联社等金融部门的作用,扩大农业小额贷款发放范围和数量。同时县政府将另外拿出50万元作为绿色无公害蔬菜生产基地建设专项基金,对生产营销大户予以扶持和奖励,并逐年加大支持力度。适当调整土地,给菜农以使用方便,使其在生产基地内更具合理性,从而便于统一规划、统一管理、统一指导、统一操作。同时协调好各涉农部门,保证农用物资的及时到位和充足供应。

(5) 明确责任

县政府把环京津绿色无公害蔬菜生产基地作为全县经济支柱产业。县委书记、县长亲自抓,把绿色无公害蔬菜生产基地的建设列入对乡镇和县直部门年度考核的重要内容,乡镇和县直有关部门一把手为第一责任人,各单位将按照各自的分工,各司其职、各负其责,采取得力措施,狠抓落实。

(6) 严格奖惩制度

县委督查室、政府督查室和绿色无公害蔬菜生产基地领导小组要切实加强对各项工作完成情况的督查,对力度大、作出突出贡献的单位与个人给予表彰奖励,对行动拖拉、措施不得力的要及时通报或电视曝光,对完不成任务、阻碍影响支柱产业的要予以惩罚,确保环京津绿色无公害蔬菜基地的各项任务指标的如期完成。

(7) 充分发挥昌黎县无公害蔬配菜中心的作用,统一包装、统一销售

以上从地理位置、自然资源、技术力量、现有设备、领导重视程度、县财政配套资金,以及项目建成后的示范带动作用所产生的社会效益等诸方面,分析了河北省昌黎县环京津绿色无公害蔬菜生产基地的建设情况。昌黎县环京津绿色无公害蔬菜生产基地建成后,将成为连接东北、华北到南方各大城市的蔬菜集散地;面向俄罗斯、日本、韩国、新加坡、马来西亚等国家地区的优质蔬菜出口创汇基地。图2-2附生产基地系统结构及运行体系。

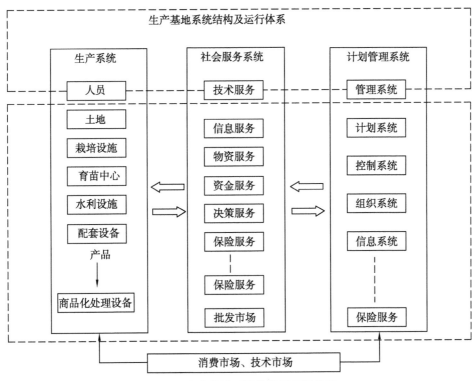

图 2-2　生产基地系统结构及运行体系

## 本章小结

本章介绍了园艺商品生产的特点,分析了目前我国园艺商品生产的现状,重点介绍了园艺商品生产基地建设的原则、措施,影响生产基地建设的因素,以及如何实现园艺商品生产基地建设的可持续发展。本章还介绍了园艺商品新产品开发的有关环节,以及园艺商品周年均衡供应的实现。

**复习思考**

1. 园艺商品生产具有哪些特点?
2. 在规划和建设园艺商品生产基地时,应遵循哪些原则?
3. 影响园艺商品生产基地建设的因素有哪些?
4. 新产品开发的条件和方式有哪些?
5. 阐述如何科学地进行新产品的开发。
6. 如何实现园艺商品的周年均衡供应?

# 第3章 园艺商品质量

**本章导读**

商品质量是园艺商品学研究的中心内容。随着生产力的发展和人们生活水平的提高,商品质量概念的内涵也在不断丰富和完善。要求我们牢固树立现代商品质量观,努力探求保证和提高商品质量的有效途径,繁荣社会主义市场经济,最大限度地满足人们日益增长的物质文化生活的需要。要求通过本章的学习,全面理解园艺商品质量的涵义,树立现代商品质量观,明确园艺商品质量的基本要求,掌握识别假冒伪劣商品的一般方法。

## 3.1 园艺商品质量

### 3.1.1 园艺商品质量的概念与意义

1. 商品质量

商品质量是商品学研究商品使用价值的中心内容。随着社会的发展、科学技术的进步和人们生活水平的提高,人们对质量的认识也在不断地发展、深化。园艺商品也是商品的一种,理解园艺商品质量的概念就可以从商品质量概念入手。

商品质量的概念有狭义和广义之分。狭义的商品质量是指评价商品使用价值优劣程度的各种自然属性的综合,是商品的质量基础,即商品的自然质量。商品的自然质量通常称为产品质量、实用质量、技术质量、客观质量和商品品质,是评价商品使用价值及与其规定标准技术条件的符合程度。可概括为商品的性能、可靠性、寿命、安全性、外观、气味、手感等。它以国家标准、行业标准、地方标准或订购合同中的有关规定作为评价的最低技术依据。

广义的商品质量是指商品能适合一定用途,满足社会一定需要的各种属性的综合,包括内在质量、外观质量和社会质量等。它表明了不仅要具有自然有用性,还要具有社会适用性,体现了现代商品学技术与经济相结合的融合学派的观点,并以此作为全面评价商品质量的依据。

商品的内在质量是指通过测试、实验所能反映出来的商品特征和特性,如商品的物理性能、化学性能及生物学性能。它具有客观性、可检测性,可以用数据表示,可以标准化。一般需要一定的检测技术或经验确定其符合性。

商品的外观质量是指通过感觉器官所感受到的商品外在特征和特性,主要包括商品的外表形态,如商品的艺术造型、形态结构、花色图案、款式规格以及气味、表面疵点、手感、包装等。

商品的社会质量是指商品从生产、流通直到消费及废弃阶段,满足全社会利益所必须的特性,如不污染自然环境、节约能源或其他资源等,它受人的主观因素影响,随社会、文化、价值观而发展,不一定用数据表示,只能由消费者决定。

关于商品质量的基本认识应包含四个方面:

① 商品质量具有客观性,是受社会生产力和经济水平制约的。在商品生产尚不发达、商品供不应求的社会经济条件下,物质需要占据主导地位,商品质量观主要强调内在质量。这种质量观适应了当时社会经济的需要,但不利于商品经济的进一步发展,也不利于商品质量的改进和人们生活质量的提高。

随着科学技术的进步,生产技术和经济的发达,促使商品交换逐步从卖方市场转变为买方市场,供不应求转化为供大于求,市场竞争日益激烈。现代的商品质量观不仅考虑了商品的物质性内在质量和个体性质量,而且越来越注重商品的审美性、外观质量和社会质量。

② 商品质量具有二重性,是自然或物质属性与社会属性的统一。在分析商品质量概念时,既要考虑到自然、技术的因素,又要考虑到社会经济因素,这两种属性的有机结合,才构成现代商品学意义上的商品质量。

③ 商品质量具有相对性,是相对一定的使用条件、使用对象、使用地点、用途以及与同类商品的不同个体相比较而言的。如不同国家不同地区因风俗习惯不同,会对产品提出不同的要求,产品应具有这种环境的适应性,对不同地区应提供具有不同性能的产品,以满足该地区用户的需求。

④ 商品质量具有可变性,是一个动态的、发展的、变化的概念。它将随着经济、技术的发展以及社会消费习惯的变化和消费水平的提高而发生变化。

2. 园艺商品质量的概念

园艺商品质量,习惯上也称为品质。欧洲品质监督组织(EOQC 1976)对品质的定义是"产品满足人们需要的各种特征和特性的总和"。

园艺商品的质量是由产品外观和众多的内在因素构成的复合性状。常常涉及销售质量、食用质量、运输质量、生食质量、营养质量以及食品外观等。如切花质量通常包括观赏寿命、花姿、花朵大小、鲜重、新鲜度、颜色、茎和花梗的支撑力、叶色和质地等。园艺商品质量基本因素概括起来主要为三个方面,即性状因子、性能因子和嗜好因子。

(1) 性状因子

性状因子指园艺商品的外观和质地。例如,产品的大小、色泽、形状和群体的整齐度、病斑、虫口等是外观特性;而产品的韧、硬、软、嫩、颗粒性、纤维感、渣感、耐咀嚼性、粉质、黏性、油腻感、弹性、脆性和胶质性等是质地特性。

(2) 性能因子

性能因子是指与食用或观赏目的有关的特性,包括产品风味、营养价值、芳香味等。例如,果品蔬菜中含有的各种维生素、矿物质以及蛋白质、氨基酸、碳水化合物等。

(3) 嗜好因子

嗜好因子是指人们的偏好因素,它因消费集团乃至个人偏好而有所差异。例如,南斯拉夫人、俄罗斯人喜欢吃酸味较浓的水果;亚洲人喜欢吃较甜的水果;我国北方居民消费大白菜比较多,而南方人喜欢吃甘蓝的比较多。另外,受社会风俗习惯和其他人文因素的影响较大,不同的国家和地区对花卉有着不同的喜好和禁忌。例如,中国的一些传统节日、喜庆的日子及走亲访友时,购买的花篮或花束,色彩要鲜艳、热烈,以符合喜庆气氛,可选用红色、黄色、粉色、橙色等暖色调的花,切忌送整束白色的花束;意大利人、西班牙人和法国人不喜欢菊花,认为它是不祥之花,但德国人和荷兰人对菊花却十分偏爱。

3. 园艺商品质量评价

不同园艺商品有不同的质量评价内容和评价方法。例如,美国对所有商品品质都要求从适应性、耐用性、通用性、式样、吸引力、惬意感、表现身份和价格等8个方面进行评价。这些评价内容对商品质量的要求是相当高的。

不同类别的商品可能各个项目的重要性有差异。质量评价最终表现为商品价值,关系式有人表述为:$V = (F + U)/P$。$P$是价格(Price);$V$是价值(Value);$F$是功能(Function);$U$是适用性(Use)。任何评价内容都可以量化,邀请有关人员(如专家、消费者、中间商)单独或会议评价。

园艺商品的质量最终取决于消费者的认识,所以对质量的要求往往因人而异。如栽培者不仅关心外观品质,而且注重丰产性、抗病性等;园艺产品零售商、批发商等最关心的则是外观品质、耐贮性等;作为消费者,更关注外观、口感、风味、食用性、营养价值及安全性等。

4. 提高园艺商品质量的意义

(1) 质量是治国之本

"百年大计、质量第一",质量是民族振兴的基础之一。从长远观点看,一个国家经济的兴衰,最终要取决于产品质量。产品质量是一个民族的人民素质、管理水平、经济体制、市场发育水平、生产力水平的综合体现。因而产品质量问题已不仅仅是某个企业的小事,而是关系到整个民族兴衰的大事。于是有人提出"质量兴国"的响亮口号,这是对提高商品质量重要意义的高度认识和精辟概括。

(2) 质量关系到我国经济建设的腾飞

改革开放以来,我国已经有一些工业和一批尖端技术产品接近或超过世界先进水平,使我国经济建设出现了可喜的局面。但是,典型调查表明,我国企业每年的不良品造成的损失达2 000亿元左右,国家监督抽查样品合格率一直徘徊在75%~80%之间。严峻的质量现状,对我国经济跃上新台阶,对市场经济体制的建立,对改革开放政策的贯彻实施,都构成了现实威胁。另外据专家估计,我国产品质量实际水平落后于发达国家10~20年,主要表现在:一是产品质量和品种远不能满足需求;二是商品档次低,花色品种单一,不能适应国际市场的需要;三是商品原材料、元器件、基础件、协作配套件质量差,影响整体质量;四是假冒伪劣商品屡禁不止,已成为社会一大"公害"。正是这些质量问题,使得我们的企业市场占

有率低、经济效益上不去,严重地影响着我国国民经济的发展。质量已成为制约园艺产业健康发展的瓶颈。

(3)质量关系到党和政府在人民群众心目中的威望

改革开放三十年来,人民群众的生活条件逐步改善,随之而来的是对商品质量的要求愈来愈高,但是从目前情况看,我国商品质量水平远不能满足人民群众的需要,加上假冒伪劣商品的肆意泛滥使质量的信誉危机在人民群众中蔓延,在一定程度上危及到党和政府在人民群众心目中的威望。

## 3.1.2 园艺商品的基本质量要求

园艺商品是一类特殊的商品,主要包括果品、蔬菜和花卉产品。果品和蔬菜以食用为主,但也兼顾观赏;花卉产品以观赏为主,但部分花卉也可以食用。这里为了叙述方便,将园艺商品分成食用和观赏两类。根据它们的用途和使用情况不同,对其质量要求分别列述如下。

1. 食用类园艺商品的质量要求

(1)安全、卫生质量

食用类园艺商品的安全、卫生质量是指食用类园艺商品中不应含有或不能含有超过许可限量的有毒有害物质和微生物等。食用类园艺商品的安全、卫生质量关系到人民身体健康和生命安全,甚至影响到子孙后代,所以食用类园艺商品的安全、卫生质量是衡量食用类园艺商品质量的首要条件。

衡量食用类园艺商品卫生质量从两方面进行:

第一:食用类园艺商品本身是否含有有毒成分。

有些天然食用类园艺商品中,本身就存在各种有害(有毒)成分。例如,发了芽的马铃薯的芽眼周围就存在着龙葵碱毒素;鲜黄花菜中含有秋水仙碱毒素;菜豆(又叫四季豆)中含有植物血球凝集素;银杏果实中含有氢氰酸;杏仁中含有苦杏仁甙;毒蘑菇中含有肠胃毒素、神经毒素、血液毒素、原浆毒素以及其他未知毒素等。每年各地都有因不了解这些植物中天然的有毒物质,因加工不当或误食而引起的中毒事件发生。

第二:食用类园艺商品受外界有害因素影响而被污染的程度。

食用类园艺商品从种植、栽培到收获,从生产、加工、储存、运输、销售、烹调直到食用的各个环节,都有可能受某些有害因素影响而使食用类园艺商品受到污染,降低食用类园艺商品的卫生质量。如由微生物、寄生虫卵和昆虫造成的生物性污染;由农药、化肥、工业"三废"造成的化学性污染以及由放射性物质造成的放射性污染;食用类园艺商品加工过程中造成的污染及滥用食品添加剂造成的污染等。

(2)营养质量

营养质量是指食用类园艺商品中含人体所需要的各种营养素的总和。不同品种的食用类园艺商品组织中含有不同种类和数量的营养要素,但概括起来都包括碳水化合物、脂类、蛋白质、维生素、矿物质、微量元素等几大类。因为这些物质在人体中具有维持人体生命活动、劳动能量和保证身体健康的作用。如蛋白质是一切生命的基础,碳水化合物是人体热量的主要来源,而维生素则具有调节和维持人体正常生理代谢的功能等。

现代营养学家认为：衡量食品的营养价值高低不仅仅只看食品中营养素含量的多少,还应看它在人体中的消化率、吸收率与有效性。消化率、吸收率是指食品在人体中被消化、吸收的程度;有效性是指食品中的营养素经人体吸收后,在人体内所产生的有效作用的大小。

(3) 感官质量

感官质量是指通过人体的感觉器官能够感受到的品质指标的总和。它主要包括产品的外观、质地、风味等,如大小、形状、颜色、光泽、汁液、硬度(脆度)、缺陷、新鲜度等,是评定食用类园艺商品感官质量好坏的重要指标。因为它们不仅可直接描述与度量有关质量特征,如食品的新鲜度、加工精度、成熟度、品种特点及变质情况等,同时还直接影响到人体对食物的消化和吸收。根据巴甫洛夫的条件反射原理,只要食品具有悦目的颜色、诱人的香气和可口的滋味,那么只要人见到或闻到这种食品,甚至只是想到它们,就会产生强烈的食用欲望,这时人体消化器官就能分泌出较多的消化液,从而提高人体对食品的消化和吸收。

2. 观赏类园艺商品的质量要求

(1) 观赏性

广义的花卉的定义认为,凡是具有一定观赏价值,达到观花、观叶、观茎、观果的目的,并能美化环境,丰富人们文化生活的草本、木本、藤本植物统称花卉。其他用作观赏的园艺商品,既然用来观赏,也必须具有一定观赏价值,所以观赏类园艺商品的观赏性是评定观赏类园艺商品质量的关键指标,包括形状、色泽、颜色、整齐度等各项内容。此处提到的观赏性是对园艺商品的一种整体审美,主要包括外在美和内在美。外在美是指观赏类园艺商品所呈现的形状、色泽等外观;内在美是指观赏类园艺商品所蕴含的文化内涵,如盆景和插花作品所体现的主题。

(2) 安全、卫生性

安全、卫生性是指商品在使用时,有关保护人身安全和人体健康所需要的各种性质。对于安全性和卫生性,从现代观念来考虑,除要对商品在使用过程中保证不造成人体伤害外,还应要求不污染环境、不会造成公害等问题。例如,花卉在使用和装饰时的安全性,是否挥发有毒气体、有无毒素的残留、花粉的污染问题、花粉的过敏问题等。

(3) 寿命

这里所说的寿命一般主要是指观赏寿命。观赏寿命是指观赏类园艺商品可供观赏的时间。例如,切花百合的观赏期比较长,一般能达半个月;昙花的观赏周期比较短,只有3~4个小时。观赏寿命可通过一些技术手段进行延长,如在溶液中加入适当浓度的糖等保鲜剂可大大延长其观赏寿命。

应该指出,商品质量的各项基本要求,并不是孤立的、静止的、绝对的,而是相对变化的。当对某一种商品提出具体的质量要求时,不仅需要根据不同的用途对其所属的各种自然属性进行分析,而且还必须与社会生产力的发展水平、国民经济的发展水平以及人们的消费水平、不同的消费习惯相适应。

## 3.2 影响商品质量的因素

### 3.2.1 产品设计

产品设计是生产技术部门将消费者或用户对商品的使用要求和社会需要转化为一套技术资料(设计图纸)和技术标准的过程。在这一过程中就涉及大量专业技术和管理技术,是技术、经济、生产多方面的综合与创新。设计和规范要求是产品质量的重要保证。园艺商品生产基地建设,生产计划的制定等都涉及设计因素。

产品设计质量是表示产品在各种使用条件与其他同类商品相比较时相对优劣的程度。产品设计质量不好,将会给商品质量留下许多后遗症。若设计上出了差错,制造工艺再好,生产操作再精细也将毫无意义。因此,对于生产部门提高设计质量是保证商品质量的前提条件。为此应控制以下几个环节:

第一:加强设计工作的质量管理。

为保证设计质量符合用户或消费者的需要,就需要在整个设计过程中加强对设计工作的质量管理。在企业内部,要求在设计工作开始之前,加强对市场的调查和研究,并组织有关人员对设计方案的可行性、合理性和科学性等问题进行分析。即设计方案不仅考虑安全、环保及其他法规要求,同时还应考虑产品适用性、可靠性、可维修性、耐用性、防误用措施等,然后才能开展设计工作。

在设计工作进行的整个阶段,应注意对设计的样品进行鉴定和确认,除此之外还应加强对设计工作的评审,即对设计进行正式、全面、系统地检查,以保证最终设计满足用户需要。

第二:采用先进的科学技术。

提高设计质量,应注意提高设计过程中的标准化水平,注意采用国际标准和国外先进标准,在设计中应用先进的科学技术为指导。所有设计人员在进行设计之前,必须根据市场上调查获得的信息、商情与商品科技情报进行科学的整理,采用先进的科学技术,借鉴国内外同类先进产品的长处,设计出能适合我国资源条件、自然环境和消费习惯与水平的新产品。在设计中不仅要考虑产品结构的合理性,同时还应注意生产加工过程中的方便性。设计对园艺商品生产同样有十分重要的作用,从商品生产基地的选择建设、品种的选择、生产方式到生产技术等的选择与设计,都直接或间接影响园艺商品质量。由于园艺商品生产的周期一般都较长,因此在设计时要高起点,有超前的意识。

### 3.2.2 生产过程

1. 原材料

原材料是商品生产过程中所使用的原料、材料及辅助物的总称。它是构成商品的基本物质,是商品质量的决定因素。由于原材料的成分、结构、性质不同,决定着所形成的商品质量不同。例如,酚类物质是影响果品及其加工品质量的重要方面,它不仅涉及果品及其加工食品的外观、口感、风味和营养价值,也会影响到品质的稳定性。以细嫩鲜叶制成的绿茶和花茶,有效成分含量高,色、香、味、形俱佳;而以老叶制成的茶叶则质量差。在其他条件相同的情况下,原材料品质的优劣直接影响制成品的质量和品级。因此,在选购原材料时,必须研究原材料的成分、结构和性质等对半成品或成品的影响,以确定选择原材料的标准,把好原材料质量验收关。在不影响商品质量的前提下,选用原材料时还应考虑资源的合理使用和综合利用。例如,选用资源丰富的代用物料,可以降低原材料成本和扩大原材料来源。

2. 生产工艺

生产工艺和设备是形成商品质量的关键。要使设计质量真正转化为商品的实际质量,生产工艺是关键。商品的内在性能和外观质量都是在生产过程形成和固定下来的,生产工艺的合理性和设备的先进性是商品质量的保证。生产工艺不但可以提高产品质量,也可以改变产品质量,同样的原材料在不同的工艺路线下会形成不同的商品质量。例如,相同原料的茶叶,由于制作中工艺先进程度不同,导致生产出同一品种的茶叶在质地上有很大差异。

生产工艺过程影响产品质量的因素主要有配方、操作规程、设备条件和技术水平等,当然也离不开企业员工的素质和管理水平。

3. 质量检验与包装

质量检验是保证商品质量的主要手段之一。检验是对既定成果而言的,因而它有事后把关的意义。但在质量的形成和实现过程中,每个环节的检验对于下一个环节又是事前的控制。即不合格的原材料不投料;不合格的半成品不转入下道工序;不合格的成品不进入流通和消费流域。因而它又有事前预防的意义。质量检验的水平决定于检验测量方法和检测量具、仪器等。提供准确、真实可靠的检验数据,对于人们掌握商品质量状况和变化规律,进而改进设计、加强管理、提高质量,具有重要作用。

对商品进行包装,这是商品生产的最后一个环节,也是不可缺少的环节。商品的包装与装潢不仅可以保护商品,同时还能美化商品。商品包装已经成为商品不可缺少的附加物,其质量直接影响着商品质量。

### 3.2.3 流通与消费过程

1. 商品运输

商品运输是指商品通过各种方式使其在空间位置上发生转移的过程。商品运输是商品流通过程中不可缺少的环节。运输对商品质量的影响,通常受运输距离的远近、运输时间的长短、运输方式、运输工具、装卸方法等因素的制约。因此,对凡需经过运输过程的商品,应尽量减少环节,尽量选择最近的路线,用最短的运输时间,挑选适当的运输工具;同时还要注意防止震动、撞击、磨损,保证商品安全、准确、迅速地到达目的地。

2. 商品储存

储存也称储备。它是商业企业收储待销商品的一个过程。商品在储存期间的质量变化,与储存场所、储存时间的长短、储存保管措施的完善与否、养护技术的优劣以及商品存放的种类与数量等有密切联系。

3. 销售服务

销售服务是商品销售和售后服务的简称。包括商品销售和售后服务过程中的进货验收、入库短期存放、提货搬运、装配调试、技术咨询、包装服务、送货服务、维修和退换服务等项工作的质量，都是最终影响消费者所购商品质量的因素。技术咨询是指导消费者对复杂、耐用性商品和新商品进行正确安装、使用和维护的有效措施，如果技术咨询不到位，销售不及时，装配调试技术水平低下，维修、退换服务跟不上，都会直接或间接地影响商品质量，损害消费者利益。因此，商品良好的销售服务质量，已逐渐被消费者视为商品质量的重要组成部分。

4. 使用保养

使用保养是商品传递到消费者手中，消费者除了了解商品结构、性能等特点的基础上，掌握正确的使用和保养方法，使商品的可靠性、耐用性、安全性等性能得以发挥，最大程度满足消费者需求的过程。通过正确的使用保养，可以保证商品质量的实现和延长商品使用寿命，充分发挥商品的效能。通常，商品使用中发生的质量问题，在很多情况下不是商品本身所固有的，而是由于使用者缺乏商品知识或未按照商品使用说明书的要求，操作错误或操作不当以及缺乏科学的保养维护所导致的。

## 3.3　商品质量管理与保证

消费者最关心的是商品质量。加强质量管理与保证对于提高园艺商品质量、保护使用价值、防止伪劣商品流入市场、维护消费者利益、增强企业在国内外市场的竞争能力都有十分积极的作用。

### 3.3.1　商品质量管理

1. 质量管理的基本概念

质量管理是"对确定和达到质量要求所必需的职能和活动的管理"。一个机构的管理工作是多方面的。例如，计划管理、财务管理、劳动管理、物资管理、设备管理、制度管理等。质量管理只是企业管理中十分重要的一个方面，但一切管理工作都是围绕着商品质量而开展的。虽然各项管理工作都有工作质量问题，但这不在质量管理的范围之内。质量管理的职能是制定质量方针并贯彻实施质量方针。贯彻质量方针必然要制定一系列具体政策和措施，组织有关人员共同参加质量管理活动。

质量方针是"由某机构的最高管理者正式颁布的总质量宗旨和目标"。这里的机构可以是生产企业、商业企业、服务单位、独立的检验机构、独立的设计单位或供货单位。质量方针是这些机构工作总方针的一个组成部分，它应与该机构的总方针协调一致。这些机构除质量方面的工作外，还有其他方面的工作。质量方针只是企业在质量工作方面所采取的政策，不是对具体产品确定的质量目标。

2. 质量管理的发展

人类社会的质量活动可以追溯到远古时代。但现代意义上的质量管理活动则是从20世纪初开始的。根据解决质量问题的手段和方式的不同,一般可以将现代质量管理分为三个历史发展阶段。

(1) 质量检验阶段

20世纪初期至40年代的质量管理只局限于产品的质量检验。由于单纯依靠检验找出废品或返修品来保证产品质量,因此人们也称这种检验方法为"事后检验"。其缺点是不能事先预防,特别在破坏性检验的情况下,难以保证商品的可靠性、安全性等质量特性指标。而且大批量的生产单纯依靠事后检验,很难把好质量关。

(2) 统计质量管理阶段

从20世纪40年代到50年代末,统计质量管理首先在美国的军事工业生产中应用。它运用数理统计方法,从产品质量波动中找出某些规律性,采取措施消除产生波动的异常原因,从而生产出符合标准要求的产品;另一方面应用数理统计技术,着重于生产过程的控制与管理,以预防为主,收到了显著效果。但是,这个阶段由于片面强调数理统计方法的作用,使人们误认为"质量管理就是数据统计,方法深奥,理论难懂,是数学家的事",感到统计质量管理"高不可攀",因而在推广上受到很大限制。另外,这种方法也忽视了组织管理工作和发挥广大职工的作用。

(3) 全面质量管理阶段

全面质量管理(Total Quality Control,TQC)是从20世纪60年代开始至今不断发展和完善起来的,随着科学技术的进步和管理理论的发展,对产品质量的要求也越来越高。全面质量管理的理论和方法就是为适应现代化大生产对质量管理的整体性、综合性的客观要求而提出来的。因此,全面质量管理同以往的质量管理相比,其职能和工作范围都有很大扩展,在深度和广度上有了本质的提高。全面质量管理就是要发动企业各部门及全体职工综合运用管理技术、专业技术和科学方法,控制影响质量全过程的各个因素,建立从设计、制造及使用服务全过程的质量保证体系,用经济方法生产出满足消费者(或用户)要求的商品。

3. 全面质量管理

(1) 全面质量管理的概念

全面质量管理是以组织全员参与为基础的质量管理模式。全面质量管理代表了质量管理发展的最新阶段,起源于美国,后来在其他一些工业发达国家开始推行,并且在实践中各有所长。特别是日本,在20世纪60年代以后推行全面质量管理并取得了丰硕成果,引起了世界各国的瞩目。20世纪80年代后期以来,全面质量管理得到了进一步的扩展和深化,逐渐由早期的TQC(Total Quality Control)演化为TQM(Total Quality Management),其含义远远超出了一般意义上的质量管理的领域,而成为一种综合的、全面的经营管理方式和理念。

1994版ISO9000标准中对全面质量管理的定义为:一个组织以质量为中心,以全员参与为基础,目的在于通过让顾客满意和本组织所有成员及社会受益而达到长期成功的管理途径。这一定义反映了全面质量管理概念的最新发展,也得到了质量管理界的广泛共识。

(2) 全面质量管理的基本要求

全面质量管理在我国也得到了一定发展。我国专家总结实践中经验,提出了"三全一多样"的观点。即认为推行全面质量管理必须要满足"三全一多样"的基本要求。

① 全过程的质量管理:从商品市场调研、设计、制造到使用的全过程中的各个环节都影响到商品质量,都有商品质量管理问题。只有组织好各个环节的管理活动,既有明确分工又有密切合作,才能保证和提高商品质量。

② 全员的质量管理:产品质量是企业各级部门、各级人员工作质量的综合反映。只有做到全体人员重视产品质量和自身工作质量,发挥每个人的积极主动性,商品质量才能得到保证。

③ 全企业的质量管理:全企业的质量管理可以从纵横两个方面来加以理解。从纵向的组织管理角度来看,质量目标的实现有赖于企业的上层、中层、基层管理乃至一线员工的通力协作,其中尤以高层管理能否全力以赴起着决定性作用。从企业职能间的横向配合来看,要保证和提高产品质量必须使企业研制、维持和改进质量的所有活动构成为一个有效的整体。

④ 多方法的质量管理:影响产品质量和服务质量的因素越来越复杂,例如,人、技术、管理、企业内部因素和外部因素等。要把这一系列的因素系统控制起来,全面管好,就必须根据不同情况,区别不同因素,广泛、灵活地运用多种多样的现代化管理方法来解决当代质量问题。

(3) 全面质量管理的基本方法

由上所述,全面质量管理的方法很多,由于篇幅限制,这里只对最常用的 PDCA 循环进行展开。

美国质量管理专家戴明博士在阐述质量管理方法时提出"计划(Plan)—实施(Do)—检查(Check)—处理(Action)"管理循环法,称为 PDCA 循环。每一局部、每一环节的质量管理都可以按照质量管理循环的方式进行。PDCA 表示质量管理的四个阶段。

P:计划,即第一阶段。确定质量方针、质量目标、质量政策、质量要求、管理计划、管理项目、管理措施的任何一种或几种。

D:实施,即第二阶段。按既定计划和措施贯彻执行。

C:检查,即第三阶段。将工作结果与预期目标对照,检查计划执行情况。

A:处理或总结,即第四阶段。对检查发现的问题加以处理解决,为下一轮管理循环提供修订计划的资料和依据。

PDCA 作为质量管理的科学方法,适用于企业各个环节、各个方面的质量管理工作。PDCA 循环每在新水平上重复一次,产品质量水平和管理工作水平可以提高一步。实践证明,按此工作程序进行商品质量管理是行之有效的。

### 3.3.2 商品质量保证

商品的质量保证是企业向消费者和用户提供证据,证明本企业能够提供满足规定要求产品的能力。但不能将质量保证理解为保证产品质量。在现代质量管理中,由于产品日益

## 第 3 章　园艺商品质量

复杂,需方向供方订货时,仅靠验收检验,已不能充分证实产品质量是否满足合同规定的要求,这时需要向供方提出质量保证的要求,并订入双方签订的协议中。执行协议时,需方将派出代表对供方的实施情况进行现场检查和评价。

如果有多家需方提出不同的质量保证要求,并派代表到供方生产现场进行检查和评价,显然是不经济的。各家需方的质量保证要求有着主要的共性,可以成为质量保证要求标准化的基础。为了适应供需双方签订质量保证要求的需要,在 GB/T10300《质量管理和质量保证》系列国家标准中,提出了三种模式的质量保证国家标准,它们是:

第一种模式:质量体系开发设计、生产、安装和服务的质量保证模式;

第二种模式:质量体系生产和安装的质量保证模式;

第三种模式:质量体系最终检验和试验的质量保证模式。

质量保证模式是在考虑供需双方需要的基础上选择的一组对供方质量体系的要求,这些要求不是供方质量体系的全部要素和内容,只是一些基本的要求。通过这些基本要求的实施和证明,需方可以相信供方能够持续稳定地生产符合规定质量要求的产品。三种模式可根据具体情况选择其中的一种。

第一种质量保证模式要求最高,从产品设计开始直到服务的全过程,都对供方提出质量保证的要求;第二种模式要求较高,同第一种模式相比,减少了对设计控制的要求;第三种模式要求较低,重点对检验和试验提出质量保证的要求。实际工作中根据产品的复杂程度、成熟程度和由于质量保证所引起的经济成本提高来综合考虑采用哪一种模式。

第三种质量保证模式多适用于比较简单的产品,共有 12 项质量体系要素:即供方领导的责任;质量体系的建立和运行;文件控制;产品标记;检验和试验;检验、测量和试验装备;检验和实验状况;不合格品的控制;搬运、储存、包装和交付;质量记录;培训;统计技术。

第二种质量保证模式使用最普遍,在产品质量认证中也常选用这一种。质量体系要素在全部采纳第三种模式要素的基础上又增加六个要素:即合同评审、采购、需方提供的物资、工序控制、纠正措施、内部质量审核。

第一种质量保证模式适用于新产品鉴定和首次定型批量生产的复杂产品。其质量体系要素同第二种质量保证模式相比又增加了两个要素,即设计控制和服务。

对于质量体系每一项要素进行"要求"和"证实"两部分工作。"要求"是指对该质量体系要素供方应保证达到的要求;"证实"是指需方在对供方该项质量体系要素进行检查、评价时,需要证实的问题举例,即通过供方提供的证据,证实供方确实达到了规定的要求。

ISO9000 是国际标准化组织颁布的全世界范围内通用的质量管理和质量保证方面的一套系列标准。ISO9001 是这个系列里面的一个标准,它对包括设计、生产、制造、服务在内的全过程的质量保证提出了要求;ISO9002 不包括设计;ISO9003 不包括生产、制造。在这三个质量保证模式里面,ISO9001 是保证范围最宽的一个。

ISO9000 标准主要是为了促进国际贸易而发布的,是买卖双方对质量的一种认可。大家知道,对产品提出技术性能、指标要求的产品标准包括很多企业标准和国家标准,但这些还是不能够完全解决客户的要求,客户希望拿到的产品不但当时检验是合格的,而且在产品的全部生产和使用过程中,它也是可信的。因此 ISO9000 标准就是要求在产品设计、生产的全过程中,对人、对设备、对方法、对文件等一系列工作都提出了明确的要求,通过工作质量来保证产品实物质量，最大限度地降低它隐含的缺陷。

现在 ISO9000 标准在全世界得到了广泛的认同和应用。全世界大概有 90 多个国家把 ISO9000 标准作为自己国家的标准，鼓励、支持自己的企业按照这个标准来组织生产，进行销售。作为产品的需方，也就是客户，希望产品质量当然是好的，在整个使用过程中，它的故障率也降低到最低程度，即使有了缺陷，也能给用户提供及时的服务。在这些方面 ISO9000 体系标准都有要求。现在符合 ISO9000 标准的要求已经成为在国际贸易中需方对卖方的一种最低限度的要求。就是说在国际上要做什么买卖，首先看你的质量保证能力，也就是你的水平是否达到了国际公认的 ISO9000 质量保证体系的水平，然后才能继续谈判。园艺商品生产也要向这个方向努力。

园林绿化施工企业也开始重视使用先进的管理手段，尤其是具有二级资质以上的园林绿化施工企业，在规模达到一定程度的基础上，为了获得更大的发展空间和进入国际市场，都在积极贯标，通过 ISO 国际质量认证，并采用项目经理负责制，使项目经理资质与企业资质并重，进一步确保园林绿化工程中的施工质量，以提升企业的竞争力。如天津泰达生态园林公司（国家城市园林绿化企业一级资质）、深圳市如茵草坪有限公司、厦门鹭路兴绿化工程建设有限公司、浙江宁波腾头园林公司、陕西红叶园林工程有限公司（一级资质）都相继通过 ISO9001 质量体系认证。上海金山园林工程有限公司也在试行 ISO90002 质量体系认证制度。

### 3.3.3 质量保证体系

园艺商品质量管理在我国一直是一个薄弱环节，既影响了园艺商品质量的提高，又制约了出口。园艺商品的出口状况与当前我国农业、种植业的蓬勃发展不相符合。建立园艺商品质量保证体系，全面提高园艺商品质量是我国园艺产业融入世界经济的必然选择。因此在园艺商品生产与出口管理方面建立和使用质量保证体系有十分重要的意义。

质量保证体系（ISO）是为执行质量管理而设置的一个包括机构、责任、程序、过程和资源的组织。而园艺产业中的 QAS 是园艺产业生产体系的保障控制、评价和自我检查，是与质量需要有关的组织。QAS 的基本要素是：明确目标、计划行动、控制可变因素。其首要作用是使管理者和最终消费者增强信心。它应该既能保护公司的利益和状态，又能满足消费者的需要和期望。结构好的 QAS，在最优化和与危害、费用、利益相关联的质量方面是有价值的管理资源。设计园艺产业的 QAS，一般包括具有远见的组织结构，以及一系列质量评价工具。

1. 建立园艺商品质量保证体系的必要性

（1）现代社会人们对于园艺商品质量的期望值呈逐年上升的趋势

随着人们生活水平的提高，人们对园艺商品质量的期望值在许多国家都呈逐年上升的趋势。收入的增加，生活水平的提高，家庭理财的任意性，使消费者更加关心商品价值，更喜欢高质量的产品。

（2）高质量的产品是增加市场份额的必然要求

高质量的产品使生产者在获得市场份额方面更有优势。在欧洲销售的亚洲发展中国家生产的热带水果,如荔枝和龙眼,它们都有较好的口味和较高的营养价值,但是由于它们的外观如颜色、大小等常常不尽如人意,因而售价低廉。进口商在选购这些商品时常常犹豫不决,导致这类商品在国际市场上的竞争力降低,市场受阻。

(3)影响园艺商品质量的环节很多,有加强质量管理的必要

质量保证体系在很大程度上是围绕质量管理而建立的,关键在于如何采用适当的加工和操作手段,根据目前经验,园艺商品的腐败往往源于从田间收获就开始的落后的处理方法和加工过程。采后处理不当,温度的非严格控制,长时间地运输,不适当的包装等,使商品所处的环境恶化,加剧了鲜活园艺商品的腐败。在发展中国家的园艺业实行 QAS 可促进新鲜园艺商品出口质量的提高。

(4)提高经济效益的需要

2. 建立园艺商品质量保证体系的可能性

园艺商品生产大多数易变因子都是可控的因子。随着生产技术水平的提高,环境条件的可控能力进一步提高,许多易变因子都变成可控因子,增强了生产的控制性。

一些不可控因子也是可预测预防的。

整个园艺产业 QAS 水平较低,因而引入 QAS 可以收到明显的效果。

有其他行业的经验可以借鉴。

## 3.4　惩治假冒伪劣商品

我国改革开放以来,尤其是建立社会主义市场经济体制以来,随着经济的快速增长,市场假冒伪劣商品问题亦相伴而生。仅 2002 年全国工商行政管理机关就查处制售假冒伪劣商品案件 15.99 万件,案值 17.64 亿元。假冒伪劣商品的泛滥,严重破坏了市场公平竞争秩序,侵害了广大消费者和合法经营者的利益。特别是我国入世后,假冒伪劣商品一旦走出国门,将严重影响中国产品的国际信誉,败坏国家形象。

因此,正确识别伪劣商品,采取有力措施惩治生产、销售假冒伪劣商品的企业和个人,对我国社会主义市场经济的发展和人民生活的幸福安定,具有极其重要的意义。

### 3.4.1　假冒伪劣商品的概念与危害

1. 假冒伪劣商品的概念

什么是假冒伪劣商品?目前市场上假冒伪劣商品到处可见,种类繁多,尚无标准的定义,一般来说是假冒和伪劣商品的总称。

所谓假冒商品,即商品在制造时,逼真地模仿别人的产品外形,未经授权,对已受知识产权保护的产品进行复制和销售,借以冒充别人的产品。在当前市场上主要表现有:冒用、伪造他人商标、标志;冒用他人特有的名称、包装、装潢、厂名厂址;冒用优质产品质量认证标志,伪造产品产地和生产许可证标识的产品。

所谓伪劣商品,即是指生产、经营的商品,违反了我国现行法律、行政法规的规定,其质量、性能指标达不到我国已发布的国家标准、行业标准及地方标准所规定的要求,甚至是无标生产的产品。

2. 假冒伪劣商品的危害

(1) 假冒伪劣商品严重威胁消费者的身体健康和生命安全,是对消费者健康权和生命权的侵犯

由于假冒伪劣商品未按照国家有关的商品质量标准进行质量控制,从而使许多危及消费者身心健康和生命安全的商品流入到消费者手中,消费者在使用过程中极易发生质量事故,造成人员伤亡。例如:2004年5月11日,广州白云区某镇村民段某,喝了老伴从农贸市场买来的散装白酒后,竟然身亡。据有关部门检测,发现甲醇含量高达29.3%。同一天晚上,一名外来务工人员也因饮用劣质散装白酒而死亡。7天后,因饮用劣质散装白酒中毒死亡的人数达到11人,受害者多达50余人。所有中毒者都均出现视力和神经受损状况,且患者多为低收入的外地民工。经查,这些杀人的"白酒"竟然全部来自工业酒精,经非法酿酒窝点勾兑,以"散装白酒"的名义在附近农村集贸市场销售,欺骗消费者,最终演变成毒酒事件。2008年"三鹿奶粉事件"是对此类事件危害的极好警示。

(2) 假冒伪劣商品侵犯了消费者和合法经营者的经济权利,使消费者和合法经营者在经济上蒙受巨大损失

由于假冒伪劣商品遍及各个领域,使消费者防不胜防,特别是农业生产方面的假化肥、假农药、假种子等,使很多农作物颗粒无收,给消费者带来的损失少则上千,多则上亿。一吨含有硫酸镁的土,经过"翻包"后,就成了美国进口肥"嘉吉二胺";某市的一些生产企业,将有颜色的土换个包装就当成一吨2 000多元的化肥卖,其中一家从未在当地工商部门登记注册过的"绿宝肥料有限公司",就涉嫌向7个省市发售了大批这样的化肥。质检人员的检测表明:这些标明为美国"嘉吉二胺"的假化肥,总养分含量只有0.3%,有效磷含量为零。它不仅会导致土地减产40%~50%,还会造成土地的盐害,使土地彻底变成低产田。

(3) 假冒伪劣商品给国家造成巨大的人力、资金、资源的浪费

一个国家的资源是有限的,制售假冒伪劣商品者占用了一部分国家有限资源,生产出既无多大价值又无多大使用价值的产品,是对国家有限资源的巨大浪费,同时制售假冒伪劣商品者还与合法经营者争夺资源,严重影响合法经营者的生产经营。另一方面,国家为了打击制售假冒伪劣商品者,不得不运用大量的人力、物力、财力,提高了政府维护市场经济秩序的成本,造成资源的巨大浪费。

(4) 假冒伪劣商品扰乱了国家正常的市场经济秩序,危害了国家经济安全

假冒伪劣商品由于成本低,往往以低于正品的价格进入流通领域,使得正品受到冲击,破坏了公平的原则,扰乱了市场经济秩序。因此,如果让制售假冒伪劣商品现象泛滥下去,不但我国社会主义市场经济秩序难以建立,而且有可能造成我国经济体系的极度混乱,并导致经济体系崩溃,危害国家经济安全。

(5) 假冒伪劣商品败坏我国商品在国际市场上的信誉,损害国家经济利益,甚至严重损害国家形象

随着我国加入世界贸易组织,我国对外经贸的发展进入了一个全新的时期,从而有力地推动了我国经济的增长。目前,我国经济的增长对国际贸易的信赖程度也越来越高。假冒伪劣商品一旦走出国门,不但会败坏我国商品在国际市场的信誉,而且影响今后商品出口,丧失国际市场份额,同时降低中国商品在国内市场的竞争力,损害国家经济利益,甚至损害国家形象。

### 3.4.2 假冒伪劣商品的界定

根据国家质量技术监督局《关于严厉惩处经销伪劣商品责任者的意见》的规定,伪劣商品主要包括下列14种商品:
① 危及安全和人民健康的;
② 失效、变质的;
③ 掺杂使假、以假充真或以旧充新的;
④ 所标明的指标与实际不符的;
⑤ 限时使用而未标明失效时间的;
⑥ 冒用优质或认证标志和伪造许可证的;
⑦ 国家有关法律、法规明确规定禁止生产、销售的;
⑧ 无检查合格证或无有关单位销售证明的;
⑨ 未有中文标明商品名称、生产者和产地(重要工业品未标明厂址)的;
⑩ 实施生产(制造)许可证管理而未标明许可证编号和有效期的;
⑪ 按有关规定应用中文标明规格、等级、主要技术指标或成分、含量等而未标明的;
⑫ 高档耐用消费品无中文使用说明书的;
⑬ 属处理品(含次品、等外品)而未在商品或包装的显著部位标明处理字样的;
⑭ 剧毒、易燃、易爆等危险品而未标明有关知识和使用说明的。

### 3.4.3 假冒伪劣商品的鉴别

商品种类五花八门,假冒伪劣商品的表现形式更是千奇百怪,鉴别假冒伪劣商品的方法和途径也就千差万别了。但是,假冒伪劣商品是"伪"和"劣"的东西,就会暴露了伪和劣的一些共性的鉴别方法和途径,那么如何才能认清伪劣商品呢?

1. 几种主要鉴别方法
① 对商品商标标识及其包装、装潢等特殊标志真伪进行鉴别;
② 通过感官品评或其他简易手段进行鉴别;
③ 按照国家标准对商品理化、卫生等各项指标进行检测;
④ 利用本部门的专业特长,特别是长期实践积累的经验,对本企业或行业生产或经销的商品进行鉴别。

2. 鉴别要点

(1) 认准商标标识

商标是商品的标记。假冒伪劣商品一般都是假冒名优商品。我国名优商品都使用经国家工商行政管理局商标局登记注册的商标。在印刷时,在商标标识周围加上标记:"注册商标"、"注"或"R"。其中"R"为国际通用。假冒名优商品在外包装上多数没有商标标识,或"注册商标"、"注"或"R"等字样。真品商标为正规厂家印制,商标纸质好,印刷美观,精细考究,文字图案清晰,色泽鲜艳、纯正、光亮,烫金精细。而假冒商标是仿印真品商标,由于机器设备、印刷技术差,与真品商标相比,往往纸质较差,印刷粗糙,线条、花纹、笔画模糊,套色不正,光泽差,色调不分明,图案、造型不协调,版面不洁,无防伪标记。已注册的商标应由公安部门所属特种行业管理的正规印刷厂印制,而假冒商标一般出自不正当渠道,这些渠道不正规的印刷技术会使所印商标上出现许多疵点特征。可以通过检验商标上是否有这些疵点特征来确定其真伪。

假冒商标的印刷疵点特征有:

① 墨稿疵点特征:字体不正、笔画偏粗、间隔不均、字迹不清晰、笔画不流畅,图案细节被省略,或很粗糙,花纹粗细不一,该圆滑处不圆滑、边线棱角不明显。

② 制版疵点特征:印刷板周边有缺损,不光滑,版与版之间有差异,字迹变粗,笔画连接不清晰,粗细不均。

③ 印刷疵点特征:多色图案花纹衔接不好,版面拼接处不连贯或重叠部分过多、过少,商标边缘颜色有外溢,该印的地方没有印到。

④ 模切疵点特征:切边处有未切断的纤维,切边与商标边缘没有共同的起伏,切边处有缺损,不圆滑。

(2) 查看商品标识

根据《产品质量法》第27条,产品或其包装上的标识必须真实并符合下列要求:

① 有产品质量检验合格证明;

② 有中文标明的产品名称、生产厂厂名和厂址;

③ 根据产品的特点和使用要求,需要标明产品规格、等级、所含主要成分的名称和含量的,用中文相应予以标明;需要事先让消费者知晓的,应当在外包装上标明,或者预先向消费者提供有关资料;

④ 限期使用的产品,应当在显著位置清晰地标明生产日期和安全使用期或者失效日期;

⑤ 使用不当,容易造成产品本身损坏或者可能危及人身、财产安全的产品,应当有警示标志或者中文警示说明。裸装的食品和其他根据产品的特点难以附加标识的裸装产品,可以不附加产品标识。

假冒伪劣商品的标识一般不是正规企业生产,外包装标识或残缺不全,或乱用乱写,或假冒优质奖标记,欺骗消费者。

(3) 检验商品特有标记

部分名优商品在其特定部位还有特殊标记,如飞鸽、凤凰、永久三大国产名牌自行车,在车把、车铃、车座、衣架、车圈等处均有特殊标记。部分名优烟、酒包装上的商品名称系用凹版印刷,用手摸有凹凸感,而假冒产品名称在包装上字体较平,无凹凸感。

(4) 检查原产地域命名产品的生产地域

原产地域命名产品,指的是用一特定地域的名称来命名的产品,以标志该产品产自该特定区域,而且产品的质量、特色或声誉取决于该地域以内在的自然因素和人文因素所构成的地理特征。我国《原产地域产品保护规定》已于1999年7月30日实施。这一规定,对保护我国民族历史精品具有重要意义。我国的西湖龙井茶、绍兴黄酒等均已正式申请原产地域保护。一些具有地方特色的传统名优商品,以地域命名商品名称的,往往同一种商品生产厂家很多,但正宗传统名优商品只此一家,因而要认准厂名。如正宗名优"德州扒鸡",厂家是中国德州扒鸡总公司,注册商标是德州牌。正宗名优"金华火腿",上有"浙江省食品公司制"和"金华火腿"印章,有些产品虽有"金华火腿"印章,而生产厂家并非"浙江省食品公司"的,多为冒牌货。

(5) 检查商品包装

名优产品包装用料质量好,装潢印刷规范,有固定颜色和图案,套印准确,图案清晰,形象逼真。伪劣商品一般包装粗糙,图案模糊,色彩陈旧,包装用料材质差。用真假商品对比,可以辨认。大多数名优商品包装封口,均采用先进机械封口,平整光洁,内容物不泄漏。而假冒伪劣商品无论是套购的真品包装,还是伪造、回收的包装,封口多手工操作,不平整,常有折皱或裂口,仔细检查封口处,大多能发现破绽。如假冒名酒,将酒瓶倒置,往往会有酒液流出,用鼻嗅闻,能觉察到酒味。对包装封口有明拆封痕迹的商品要特别注意,很可能是"偷梁换柱"。使用回收真酒瓶装假酒,酒瓶常有污垢,封口不圆整,在同一包装箱内的酒出厂日期、生产批号不一。许多名优产品包装上有中国物品编码中心统一编制的条形码,经激光扫描器扫描,电脑可以识别。冒牌货往往无此标志,或胡乱用粗细不等的黑色直线条纹以及数字欺骗消费者,用激光扫描器扫描,没有正常反应,电脑不能识别。

(6) 检查液体商品的透明度

除黄酒和药酒允许有正常的瓶底聚集物外,其他酒在常温下均为清亮透明,无悬浮物,无沉淀。用肉眼观察兑水的白酒,酒液浑浊不透明;兑水的啤酒颜色暗淡不清亮透明。乳剂农药在正常情况下不分层,不沉淀。

(7) 看商品的色泽

对农作物的种子和谷物,可看颜色是否新鲜而有光泽,籽粒大小是否均匀。卷烟烟丝应色泽油润而有光泽,受潮的烟丝失去光泽、发暗。优质禽畜生肉,肌肉颜色鲜艳、有光泽,脂肪为白色;劣质品肌肉颜色灰暗、无光泽,脂肪发灰、褐色。

(8) 看商品的烧灼情况

粉剂农药取10g点燃后,如冒白烟,说明有效;若极易燃烧,且冒浓黑烟,说明是假农药。香烟烟支点燃后,能自燃40mm以上者为正常,否则是受潮,或烟丝质量差。

(9) 看商品的发霉、潮湿、杂质、结晶、形状、结构情况

药品和食品有发霉情况的应禁止销售和使用。粉状商品(如面粉、药粉、水泥等)出现团块的,表明受潮失效或变质。

(10) 手感

手握饱满干燥的谷物及农作物的种子,应感到光滑顶手,插入种子堆(包)时阻力小,感

觉发凉；如手握感到松软，插入时阻力大的，则籽粒不饱满，含水量大。检查香烟时，可用手捏，名牌条装烟从外面轻捏会感觉很硬，冒牌条装名烟里面往往是软纸包装的杂牌次烟，轻捏就觉得纸软。检查烟支时可用手捏，感到烟丝有弹性的为正常；手感疲软、容易弯曲的是受潮，发脆的则是干燥。

（11）听感

罐头有漏听或胖听的不能食用。胖听罐头盖部凸起，用手叩击能听到空虚鼓音。手搓香烟烟支，能听到轻微沙沙声是正常的表现；如果柔而无声表明香烟已受潮，沙沙作响的是过于干燥了。

（12）嗅感

凡食品、药品鼻嗅有霉味、酸败味、异味的，马口铁罐头有金属味的，均不能再食用或服用。

（13）味感

名牌香烟吸入后气味醇正，口感舒适；劣质烟有苦、辣、霉味、土腥味，杂气重。名酒香气突出，醇厚丰满，回味悠长，大多能空杯留香。兑水的白酒品尝时口感香味寡淡，尾味苦涩。兑水的啤酒品尝时口感香味、滋味淡薄，感觉不到酒花香气，味道欠纯正。

（14）检查商品供货渠道

国家规定部分商品只能由特定部门经销。如国务院规定：各级农资公司是化肥流通主渠道，农业植保站、土肥站、农技推广站（简称"三站"）和化肥生产企业自销为化肥流通辅助渠道，其他任何单位和个人，一律不得经营化肥。经销农作物种子要有"三证一照"。"三证一照"是检验种子质量的检验合格证、种子经营许可证和调入种子检疫证，以及经销单位的营业执照。经销食盐、香烟要有专卖许可证。

（15）检查商品认证标志

## 挂"洋"头卖国产水果

据了解，目前成都市场的"洋香蕉"中有70%产于广东、海南，所谓的泰国瓦果有90%以上是云南产，"日本的香瓜"产地则在海南，北方的玫瑰红苹果简单包装就成了"美国的蛇果"，而广东香蕉一贴上"菲律宾"产标签，便身价翻倍。

据透露，市面上"洋水果"的来源一般有三个途径：一是国家正常渠道进口，但数量不大；二是走私进来的；三是以"土"充"洋"，由于很多洋水果品种已在中国落地生根，一些经销商便通过对国产优质水果进行打蜡再精美包装后，打上外文，摇身一变成了"洋水果"。

当前假冒洋水果在品质上与真品洋水果极其相似，有的足能以假乱真，一般消费者不易分辨。由于"洋水果"价格高出国产水果几倍甚至更多，因此一些商家或商贩乘机钻空子，将国产改良的水果分级挑拣后，贴上"洋水果"标签，成为欺世盗名的假"洋水果"，以假乱真，牟取暴利。

第 3 章　园艺商品质量

鉴别假冒伪劣"洋水果",要掌握几个鉴别要点:
① 购买"洋水果",首先看产地,如果是进口水果,应有中文标志和产地。
② 掌握一定的洋水果知识,在购买时,通过看、捏、闻来判断。
③ 必要时,可询问经销商或要求经销商提供有关进口报检材料,无相关资料或是非法进口未曾检疫的假"洋水果"不要购买,以免花了冤枉钱或损害了自身的健康。
④ 树立科学的消费观,不要一味地认为包装精美、价格昂贵就是好货,国产的一些水果品质并不逊色于进口水果,而且新鲜。

 本章小结

本章重点介绍了商品质量的概念、园艺商品质量的概念,提出了我国对园艺商品的基本要求,对影响商品质量因素作了简单分析,阐述了全面质量管理的概念和基本方法,同时对我国假冒伪劣商品的危害作了较为深入地分析,为提高消费者识假辩假的能力,介绍了识别假冒伪劣商品的鉴别要点。

 复习思考

1. 什么是商品质量?
2. 试述我国园艺商品质量的基本要求。
3. 影响商品质量的因素有哪些?
4. 假冒伪劣商品有何危害？你认为怎样才能杜绝假冒伪劣商品?

# 第4章 园艺商品检验

**本章导读**

园艺商品的检验是农业标准化的重要环节,是推动标准实施的重要手段,农业标准化工作的主要内容就是制定标准、实施标准和对标准实施的监督管理。这三项内容不断循环,推动标准化工作向更深、更广的领域扩展和更高的水平发展。其中对农业标准实施的监督和检验,既是保证标准实施的各项内容落到实处的重要措施,又是对标准实施行为的总结和归纳,为进一步制定出更科学、合理、更切合实际的标准打下基础。

## 4.1 商品检验的概念与作用

商品检验是商品生产和流通的重要基础工作,也是一项技术性很强的重要工作,在商品生产、商品流通和消费过程中起着很重要的基础作用。本章介绍商品检验的基本原理,园艺商品的检验原理和方法也是相通的。

### 4.1.1 商品检验的概念

商品检验是指依据有关规定和标准对商品的一种或多种特性,进行测量、检查、试验、计量,并将其结果与规定的要求相比较,以确定每一特性是否达到合格的一种活动。此种活动存在于商品生产、流通的各个环节。如:生产企业内部的产品验证;商业部门的验收检查;市场商品质量监督部门的监督检查;进出口商品检验部门的公正鉴定和法定检验等。

### 4.1.2 商品检验的作用

在社会主义市场经济中,商品检验工作发挥着重要作用:
① 商品检验工作是商品贸易中不可缺少的重要环节,商品检验的结果是判定商品质量

等级的依据。

② 流通和消费领域的商品质量检验与监督,是防止假冒伪劣商品进入市场,切实维护消费者权益的重要手段。

③ 对仓储商品进行质量检验是使仓储管理科学化的基础。

④ 对进出口商品实施检验,在直接维护国家的经济利益和国家声誉方面发挥着积极而重要作用。

⑤ 商品检验是有关部门(质量监督、卫生防疫、海关口岸)加强质量管理工作的保证。

## 4.2 园艺商品检验

园艺商品检验是为提高园艺商品、农用生产资料和农业生态环境的质量,由各类具备专业技术和监测能力的检验、测试机构对园艺商品的检验。

### 4.2.1 园艺商品检验内容

园艺商品检验的内容包括：

① 园艺产品的检验。对园艺商品质量监督及各类农业标准的实施进行监测,确保人身安全健康。

② 农用生产资料的检验。这直接关系到园艺商品的质量,主要对象为农药、化肥、种子、种苗、各类机具等。

③ 农业生态环境的监测。主要对象为农业环境、病虫害、疫情、土壤地力、水质、大气污染等。

### 4.2.2 园艺商品检验分类

现有的园艺商品的检验技术按其原理可分为感官检验法、生物法和理化法三大类。按其检测的速度可分为常规法和快速法两大类。

### 4.2.3 园艺商品检验方法

按照检验原理、条件、设备等的不同特点,园艺商品检验的方法可分为：感官检验技术、生物测定技术、理化分析技术。

1. 感官检验技术

（1）感官检验的内容

果品、蔬菜不同品种的感官质量指标不尽相同,主要包括产品的大小、形状、颜色、光泽、汁液、硬度（脆度、质地）、新鲜度、缺陷等。

大小可用果蔬最大横切面的直径来表示,或者用单个个体的质量来表示。直径的大小可用游标卡尺测量。通常同一品种的产品中,个体体积过大者,往往会组织松疏,风味较淡,呼吸作用旺盛,不耐贮藏;体积过小者,则由于个体发育不良,品质差,也不耐贮藏。只有中等大小的个体,品质好,耐贮藏,在市场上也较受欢迎。但是,目前在同一种类不同品种之中,个体小的品种反而有走俏的趋势,如微型西瓜每千克的价格是大个品种的几倍。究竟多大的个体质量好,要看不同品种标准的要求。如苹果的国家标准《GB10651 鲜苹果》中,将苹果分为大型果品种、中型果品种和小型果品种,大型果中优等品的果径要大于或等于 70 mm,一等品的果径要大于或等于 65 mm,二等品的果径要大于或等于 60 mm,而对中型苹果品种相应等次的果径要求都减少了 5 mm。

① 形状:要求果实蔬菜发育到应有的较正常的形状。果实的形状一般用果形指数即果实纵径与横径的比值来表示。不同种类、品种的不同等次都有相应的规定。

② 颜色:颜色是重要的外观品质。可用肉眼对比评价果蔬的颜色,也可通过测定果实表面反射光的情况来确定果实表面颜色的深浅和均匀性,还可用光透射仪测定透光量来确定果实内部果肉的颜色和有无生理失调,可用化学方法、比色法等来测定不同的色素含量。

③ 光泽:光泽也是重要的外观指标之一。光泽的强弱一般用眼睛直接观察,光泽好的产品,市场竞争力强些。

④ 汁液:可用压榨法测定产品的出汁率,也可用物理、化学法测定果蔬的含水量,汁液多或含水量高,表明果蔬新鲜度好。

⑤ 硬度:果实的硬度是指果肉抗压力的强弱,抗压力越强,果实的硬度就越大。一般随着果实的成熟度的提高,硬度会逐渐下降,因此,根据果实的硬度可判断果实的成熟度。果实硬度的测定,通常用手持硬度压力测定计在果实阴面中部去皮测定,所测得果实硬度以 $kg/cm^2$ 来表示。如红元帅系和金冠苹果适宜采收时期的硬度为 $7.7\ kg/cm^2$,青香蕉为 $8.2\ kg/cm^2$,秦冠、国光为 $9.1\ kg/cm^2$,鸭梨为 $7.2 \sim 7.7\ kg/cm^2$,莱阳梨为 $7.5 \sim 7.9\ kg/cm^2$。此外,桃、李、杏的成熟度与硬度的关系也十分密切。

⑥ 感官质地:感官质地是指通过品尝来评价果实肉质的粗细、松脆程度、化渣与否的感官指标。

⑦ 缺陷:缺陷是指果蔬表面与内部的某些不足,如刺伤、碰压伤、磨伤、水锈、日灼、药害、雹伤、裂果、畸形、病虫果、小疵点等。一般将果蔬产品的缺陷分为五个等级,数字越大,表明缺陷越严重。

⑧ 新鲜度:新鲜度是反映果蔬是否新鲜、饱满的重要品质指标。果蔬组织中的含水量很高,大部分品种的含水量在 90% 以上。如此多的水分,除了维持果蔬正常的代谢以外,还赋予果蔬新鲜、饱满的外观品质和良好的口感。如果果蔬严重失水,则可能导致重量减轻、腐烂变质、生理失调、风味变差、不耐贮藏等。新鲜度的评价,一般是用眼睛观察对比的方法进行,也可用蒸馏法、干燥法测量果品蔬菜的含水量,还可将产品称重,以其失重率来衡量。

花卉产品还包括茎长、花朵颜色、质量等。

(2) 感官检验的方法

感官检验的方法很多,常用的方法有差别法、标度和类别法、分析或描述法、敏感性检验法。在选择适宜的检验方法时,首先要明确检验的目的:一类主要是描述商品;另一类主要是区分两种或多种商品,包括确定差别以及差别的大小、方向和影响。其次,还要考虑到信度、样品的性质以及评价员等因素。

(3) 感官检验的一般要求

① 检验条件。感官检验应在专门的检验室内进行,检验室要与样品制备室分开。重要的是,应给评价员创造一个安静、舒适的、尽可能排除外界干扰的检验环境。因此,检验室空间不宜太小,座位要舒适;室内温、湿度和气流速度应符合要求,为避免评价员彼此影响,需设置隔板,要避免无关的气味污染检验环境,应控制光的色彩与强度,颜色检验不能在一般光下进行,也不能在照明不良处进行外观检验;应限制音响,特别是要尽可能避免引起评价员分心的谈话和其他干扰;专门的音响效果检验必须在有隔音设备处进行。

② 对检验评价员的要求。实验室内感官分析的评价员与消费者偏爱检验的评价员不同;前者需要专门的选择和培训,后者只要求评价员的代表性。通常所说的评价员主要指前者。实验室内感官分析的评价员有初级评价员、优选评价员、专家评价员三级。

检验目的的不同对评价员的要求也不相同,其基本条件是:身体健康,不能有任何感觉方面的缺陷;各评价员之间及评价员本人要有一致的和正常的敏感性;具有从事感官分析的兴趣;个人卫生条件较好,无明显个人气味;具有所检验商品的专业知识并对所检验的商品无偏见。为保证检验工作质量,要求评价员在感官分析期间保持正常的生理状态,为此在检验前一小时内不抽烟、不吃东西,但可喝水;评价员身体不适时不能参加检验,也不能使用有气味的化妆品。

感官检验所需要评价员的数量与所要求的结果精度、检验方法、评价员水平等因素有关。一般要求的精度越高,方法的功效越低,评价员水平越低,需要的评价员的数量越多。考虑到实际检验中评价员可能缺席的情况,评价员数量应超过所要求的数量的50%。用于选择和培训评价员的检验方法和样品应与评价员将要实际使用的检验方法和样品一致。应该让评价员使用同一方法进行多次检验,根据正确回答的比例判断其水平,对评价员还应定期考核。

③ 对被检样品的要求。按有关标准或合同规定抽样,要使被抽检样品具有代表性。

样品的制备方法应视样品本身性质及所关心的问题而定,对同种样品的制备方法应一致。样品与盛装容器要适应,且容器应对检验结果无影响。样品应编码,并随机地分发给评价员,避免因分发次序的不同影响评价员的判断。为防止产生感觉疲劳相适应性,每次评价样品的数目不宜过多,具体数目决定于检验的性质和样品的类型。

④ 检验时间。评价样品时要有一定时间间隔,应根据具体情况选择适宜的检验时间。一般选择上午或下午的中间时间为宜,因为此时评价员敏感性较高。

2. 生物测定技术

利用生物的生理生化反应来判断农药残留及其污染情况。采用生物测定技术检测农药残留,无需对样品进行前处理,或前处理比较简单快速,但对供试生物要求较高,测定结果不能确定农药品种,并且可能出现假阳性或假阴性情况。因此,生物测定技术有时被作为快速检验方法在农产品中毒或在现场使用。

(1) 生物化学法

利用某种酶受影响的程度来检测农产品中的农药残留量。该方法具有快速方便、前处理简单、无需仪器或所需仪器简单等优点,适用于现场的定性和半定量分析,但只能测定有机磷和氨基甲酸酯类杀虫剂,其灵敏度与所使用的酶、显色反应时间和温度密切相关。经生物测定法检测出阳性后,需按国家标准检验方法进一步检测,以鉴定残留农药品种及其准确残留量。

（2）免疫分析法

利用化学物质在动物体内能产生免疫抗体的原理,将小分子农药化合物与大分子生物物质结合成大分子,并使之在动物体内产生抗体,对抗体筛选制成试剂盒,通过抗原与抗体之间发生的酶联免疫反应,依靠比色来确定农药残留。免疫分析法具有特异性强、灵敏度高、方法快捷、无前处理或前处理简单、分析容量大、成本低、一般不需贵重仪器等优点;但抗体制备困难,对未知样品具有一定盲目性,可能出现假阳性或假阴性现象,试剂或仪器及环境条件对定量分析结果影响较大。

3. 理化分析技术

（1）物理检验法

物理检验法是指以商品的各种物理性质及其变化为检验对象的一系列方法。它包括光学、力学、电学、热学及各种物理量和性能等。

商品的一般物理量是指商品的重量、质量、比重、长度、厚度、面积、熔点、凝固点、沸点等,通过测定可以了解商品的有关质量情况。进行这些物理量的测定时往往需要使用各种仪器与工具,如秤、天平、比重计、长尺、米尺、厚度计、温度计等。

商品在不发生化学变化的情况下表现出来的性能,就是商品的物理性能,如透气性、透湿性、透水性、吸水性与伸缩性等。通过对商品物理性能的测定,可以了解商品的质量是否达到规定标准的要求。如对塑料薄膜、皮革、纸张等商品的透气性的测定就是衡量细微缝隙或多孔结构商品的一个重要指标。

（2）化学检验法

化学检验法是指利用农药本身的化学性质或结构特点进行农药残留检测,分仪器检测、常规化学分析及快速检测。

① 仪器检测

根据农药理化性质,利用仪器进行农药残留的精确分析,如气相色谱和液相色谱是农药残留分析的最常用的方法。

a. 色谱法

利用不同物质在固定相和流动相中分布的差异,使固定相对各组分的保留作用不同,产生差速迁移而使混合物得到分离,是农药残留分析最常用的方法。

b. 质谱法

质谱仪与气相或液相色谱仪或临界液体色谱仪联用,更适合于园艺商品的农药残留检测,不仅可以精确定量测定,而且可以对未知样品进行定性检测,确定残留农药品种。

c. 毛细管电泳法

适合于一些难以用传统色谱法分离的离子化样品的分离和分析,具有高效、快速、微量、自动化等特点。

② 常规化学分析

采用常规化学分析方法也可开展农药残留检测。这类方法不需要特殊的分析仪器、操作简单、费用少,但准确性和精确度低,灵敏度差,因此较适用于大样本的筛选、定性分析或粗略定量测定。

a. 分光光度法

根据物质对光的吸收特征和吸收强度,对物质进行定性和定量分析。只适用于一些能在某些条件下产生或转变成有色物质的农药检测。

b. 薄层层析法

采用硅胶、氧化铝、聚酰胺等吸附剂和常用展开剂,进行薄层层析,根据样品和标准相互对照的比移值 RF 来定性测定农药残留。目前已应用于蔬菜中某些有机磷农药残留检出与定量测定。

c. 纸色谱法

以纤维纸作载体,以吸附水分为固定相的一种液相色谱法。需要样品少,能同时分离分析多种组分,但操作费时,谱带不够清晰,展开条件难以再现,且只能进行定性或半定量分析。

 **案例分析**

目前全球大豆的产量约 1.65 亿吨,主要分布在美国、阿根廷、巴西、中国四个主产国,其中美国大豆总产已达世界大豆的一半左右。我国大豆的种植面积居第三位,总产居第四位。近年来,我国大豆呈现大量积压与大量进口并存的局面。1998 年全国大豆种植面积 800 万公顷,总产 1 350 万吨,而当年进口近 1 000 万吨,占当年自产大豆总量的 72.2%,其中豆粕 440 万吨、大豆 360 万吨、大豆油 175 万吨,成为世界上最大的进口国,同时北方主产区大豆大幅跌价、大量积压。出现该现象主要是因为:一是我国大豆单产低、价格高。1999 年美国大豆单产 170 千克、阿根廷 160 千克、巴西 158 千克,我国仅 111 千克,在世界四大大豆主产国中最低;二是品质差。国外大豆含油量一般比国产大豆高 1~2 个百分点,且含水量低、杂质少、纯度高。国产大豆混种混收后,商品大豆变得既不高油,也不高蛋白,纯度也低。美国对其国内大豆、豆粕、豆油都制定了最低的质量规格。就商品大豆而言,列了六项等级限定指标,它们包括容量(散装密度)、破裂粒、总损坏大豆粒、热损坏粒、杂质和其他颜色大豆,每一批货都测定水分、油分、蛋白质。美国商品大豆的收购是按质论价的,在 13% 湿度条件下,要求大豆最低油分 18.5%,蛋白质含量 35.5%,相当于东北大豆在 15% 含水量条件下商品大豆的脂肪含量 21.76%、蛋白质含量 41.89% 的水平或在 16% 含水量条件下商品大豆的脂肪含量 22.02%、蛋白质含量 42.25% 这样一个标准。由此可以看出,一个商品大豆的收购标准,促进了美国大豆品种的选育,并发展了优质品种。

目前,大豆加工已由传统的加工方向向更高、更深层次的加工方向延伸,不同的加工层次对原料品质的要求不同。传统豆制品加工:主要加工成豆腐、豆浆、豆酱等传统食品,要求质量达到食用大豆级水平,没有特殊要求。油脂及饲料加工:用于提取油脂和制取饼粕,原料要求达到国家三级以上大豆标准,即水分 <14%,不完善粒 <10%,杂质 <4%,容质量 >650 kg/m³。大豆蛋白加工:大豆蛋白主要有大豆分离蛋白、脱脂蛋白、浓缩蛋白。国内外大豆蛋白行业的生产实践和科学实验的结论证明,原料对大豆分离蛋白的影响至关重要,不同大豆品种所生产的大豆分离蛋白产品性能不同；不同地域种植的大豆质量不同，以及大豆的成熟度、病虫害、含水量、碎瓣豆等都直接影响着生产过程的工艺参数和最终产品质量。因此，大豆蛋白制取对原料质量要求较高，一般要求达到国家二级以上大豆标准，即水分<13%，不完善粒<3%（热残粒<0.5%），杂质<2%，杂色豆<2%，容质量694>$kg/m^3$。另外，还有一些特殊的功能要求，大豆蛋白的品质主要由2S、7S、11S、15S等四种不同分子含量的球蛋白的指标来衡量，而7S和11S最为重要，因为它们是大豆分离蛋白最主要的成分并决定产品功能性的关键要素。因此，要采用7S和11S含量较高的大豆品种，这样才能稳定大豆蛋白的提取率和功能性。

 **本章小结**

  园艺商品质量检验是商品质量管理的重要环节，是商品质量监督和认证的基础，是商品质量保证工作的重要内容。本章主要介绍了园艺商品的概念和内容。详细介绍了园艺商品质量检验的方法：感官检验法、生物法和理化法等。目前农产品的质量安全是广大人民群众关注的热点，农产品农药残留检测和监控，能够确保农产品质量安全。将农药残留分析技术作简单介绍，目的是让读者对农业检测体系的建设有个感性认识。目前农药残留分析技术正向快速自动化、简便通用化、精确化方向发展，以适应大样本、低含量农药残留分析的要求。

 **复习思考**

1. 什么是商品检验？商品检验的作用是什么？
2. 商品检验的方法有哪几类？
3. 园艺商品检验的内容是什么？

# 第 5 章 园艺商品标准与标准化

## 本章导读

随着科学技术的进步和生产水平的不断提高,商品标准化的应用在不断拓宽。农业的发展需要标准化的支撑,农业的各个领域也都需要标准规范。随着我国人民生活水平的不断提高,人们普遍要求农产品的质量安全,能保障人身安全与健康。因此,加强农业标准化工作,确保农产品质量安全,已成为当前农业生产与管理的突出问题。本章主要介绍商品标准、园艺商品的标准、农业标准的体系。

## 5.1 商品标准概述

自有人类文明史以来,勤劳智慧的中国农民在同大自然的斗争中,就积累了丰富的经验,创造了伟大的中华农业文明,堪称世界农业史上的瑰宝。中国自古以农立国,传统农业科学技术内容丰富、体系完备。在过去的两千多年中,中国农业曾经长达 13 个世纪处于世界领先地位。

标准化随着人类生产活动的开始而开始,随着生产力的发展而发展。因而,在农业发展的同时,园艺标准化也有发展。作为农业科学技术和生产经验的结晶之一,园艺标准化的产生和发展简史研究,对于了解园艺标准化的概念、对象、性质、原理与标准化体系及其发展的基本规律显得尤为重要,并对指导当前园艺标准化工作和探知今后园艺标准化的发展趋势也很有必要。园艺标准化正逐步成为园艺、农学等学科与标准化学科交叉渗透的一门新兴学科。

### 5.1.1 商品标准的概念

在标准化的诸多概念中,最基本的概念是标准和标准化。为在一定范围内获得最佳秩序,对活动或其结果规定共同的和重复使用的、具有指导性或特性的原则或文件,即是标准。该文件须经协商一致制定并经一个公认的机构批准。标准应以科学、技术和经验的综合成果为基础,以促进最佳社会效益为目的。这个定义包含如下几层含义。

(1) 制定标准的基本出发点

"为在一定的范围内获得最佳秩序"、"以促进最佳社会效益为目的",是制定标准的基本出发点。这里所说的秩序包括工作秩序、技术秩序和管理秩序。所谓社会效益,就是指给全社会带来的效果和利益。这一点集中概括了标准的作用和制定标准的目的,同时它又是衡量标准化活动和评价标准的重要依据。所谓范围,包括企业、区域或国家。

(2) 标准产生的基础

"标准应以科学、技术和经验的综合成果为基础"、"经协商一致制定"而产生。这里所说的综合成果,一是指科学研究的新成就、技术进步的新成果同实践中取得的先进经验相互结合,并纳入标准;二是指这些方面的成果和经验,不是不加分析地纳入标准,而是要经过分析、比较和选择以后加以综合的过程。这里说的协商一致,体现了标准的科学性和民主性。

(3) 标准产生的依据

"共同的和重复使用的"是标准产生的依据。这里所说的"共同的"是指事物的共同性和普遍性。"重复使用的"是指同一事物反复多次出现的性质。事物只有具有共同性和重复性才有制定标准的必要,但具有共同性和重复性的事物不一定必须制定标准。因此,在制定标准时,还应注意标准化对象的选择。

(4) 标准的本质属性

本质属性是对活动或其结果规定共同遵循的准则,是统一的规定。"统一"应是必要的、合理的,客观事物不需要统一,就不必制定标准。

(5) 标准的对象

对象是实现某种目的所进行的活动。如一项服务、一个生产过程、一项活动结果(产品)、一项设计等(均具有重复性)。

(6) 标准的形式

标准有固定的格式和制定、发布程序。标准以文件形式发布,表明了标准包括标准文件、技术规范、规程和法规等多种形式,体现了标准形式的灵活性和多样性,改变了过去标准"以特定形式发布"的局限性。

## 5.1.2 商品标准的种类与分级

商品标准是标准化系统的最基本要素。为了对商品标准进行更深入地了解,有必要对整个商品标准体系中所包含的商品标准予以分门别类。为了不同的目的和用途,可以从各种不同的角度,对商品标准采用不同的分类方法进行分类。目前,人们常用的一些分类方法有以下四种:

1. 层次分类法

按照标准化层级标准作用和有效的范围,可将现有的商品标准分为不同层次和级别的标准,即国际标准、区域标准、国家标准、行业标准、地方标准和企业标准。

(1) 国际标准

国际标准是"由国际标准化或标准组织制定,并公开发布的标准"(ISO/IEC 指南 2)。国际标准化组织(ISO)批准、发布的商品标准是目前主要的国际标准。如 ISO2168:1974《餐用葡萄——冷藏指南》、ISO7563:1998《新鲜水果和蔬菜——词汇》等。

ISO 认可的即列入《国际标准题内关键词索引》的一些国际组织制定、发布的标准也是国际标准。其他国际组织规定的标准,如国际羊毛局(IWS)、联合国粮农组织(UNFAO)、国际植物保护联盟(IPPC)、国际种子贸易协会(FIS)、经济合作和发展组织(OECD)等制定的标准也是国际标准。

(2) 区域标准

区域标准是"由某一区域标准化或标准组织制定,并公开发布的标准"。目前,随着区域标准工作的开展,产生了一系列区域标准化机构,即"只向某一地理、政治或经济范围内各国中一个有关的国家团体提供成员资格的标准化组织"。如欧洲标准化委员会(CEN)、非洲地区标准化组织(ARSO)、阿拉伯标准化与计量组织(ASMO)等区域标准化机构发布的标准就是区域标准。

(3) 国家标准

国家标准是"由国家标准团体制定并公开发布的标准",如 GB、ANSI、BS 就分别是中国、美国、英国的国家标准的代号。

对需要在全国范围内统一的农业、林业技术要求,应当制定园艺国家标准。国家标准由国务院标准化行政主管部门编制计划、组织制定、统一审核、编号、发布。如 GB1353—1999《玉米》就属于国家标准。

国家标准的标准号由标准代号和编号组合而成,表示标准的符号。我国标准代号由大写汉语拼音字母组合而成,如国家标准的代号为"GB",即国标(Guo Biao)首个字母组合而成。标准编号一般为数字或数字加字母,表示标准的顺序号和发布时间的代码。如 GB7716—1995,表示 1995 年发布的第 7716 号国家标准。强制性国家标准的代号为"GB",推荐性国家标准的代号为"GB/T"。

国家标准的编号由国家标准的代号、国家标准发布的顺序号和国家标准发布的年号构成。

示例:GB××××—××××　　　　GB/T××××—××××

(4) 行业标准

行业标准是指在没有国家标准的情况下,由专业标准化主管机构或专业标准化组织批准发布的在某个行业范围内统一使用的标准。在没有国家标准,而又需要在全国某个行业范围内统一的技术要求的情况下,可以制定行业标准。对于一项具体的标准而言,在公布国家标准之后,该项行业标准即行废止。

行业标准代号由国务院标准化行政主管部门规定。行业标准的编号由行业标准代号、标准顺序号及标准批准年号组成,如 NY 5010—2001《无公害食品　蔬菜产地环境条件》。

表 5-1 为我国与园艺有关的行业标准化主管部门一览表。

表 5-1　我国与园艺有关的行业标准化主管部门一览表

| 序号 | 行业名称 | 行业标准代号 | 行业主管部门 | 行业标准工作范围 |
|---|---|---|---|---|
| 1 | 农业 | NY | 农业部 | 种子、种苗、植保、土壤分析、农业生产技术、种植等 |
| 2 | 林业 | LY | 林业部 | 林木种子、花卉、木材、林业机械等 |
| 3 | 化工 | HG | 化学工业部 | 农药 |

（5）地方标准

我国地方标准化工作一般由省、自治区、直辖市标准化行政主管部门统一管理，并报国务院标准化行政主管部门和国务院有关行政主管部门备案，在公布国家标准或行业标准之后，该项地方标准即行废止。例如，由浙江省质量技术监督局发布的 DB33/228.1—1998《大佛龙井茶　第一部分　茶树良种繁育》、北京市质量技术监督局发布的 DB11/T 119—2000《板栗栽培生产技术综合标准》等都属于地方标准。

地方标准的代号、编号。汉语拼音字母"DB"加上省、自治区、直辖市行政区划代码前两位数再加斜线，组成强制性地方标准代号；再加"T"，组成推荐性地方标准代号。

示例：江苏省强制性地方标准代号：DB32/
　　　江苏省推荐性地方标准代号：DB32/T

地方标准的编号，由地方标准代号、标准顺序号和标准批准年号三个部分组成。

（6）企业标准

企业标准化是国家标准化、行业标准化和地方标准化工作的源泉和落脚点，是企业科学管理的基础，也是企业质量体系建设的客观需要。已有国家标准、行业标准和地方标准的产品，原则上企业不必再制定企业标准，一般只要贯彻上级标准即可。在下列情况下，应制定企业标准：上级标准的适用面广，企业应针对具体产品制定企业标准，其指标不得低于上级标准，也不得与上级标准相抵触；为保证上级标准的贯彻，提高产品质量和产品竞争力，可以制定各项指标优于上级标准的企业标准。企业制定产品标准应确立"以消费者的要求为主"的基本原则。企业标准不能直接引用国家标准、行业标准和地方标准草案。

企业标准的代号、编号。企业标准的代号可用汉语拼音字母或阿拉伯数字，或两者兼用组成。企业标准的编号，按中央所属企业和地方企业分别由国务院有关行政主管部门和省、自治区、直辖市标准化行政主管部门会同同级有关行政主管部门规定。

2. 对象分类法

对象分类法，又叫内容分类法，是按照标准化的对象或内容而采用的分类方法。对象分类法可将标准化对象划分为术语标准、基础标准、品种标准、产品标准、质量标准、分级标准、包装标准、试验标准、方法标准、安全标准、卫生标准等。

（1）术语标准

以各种专业术语为对象制定的标准，称为术语标准。对专用于园艺标准化工作方面的术语标准，既是园艺标准化工作者相互沟通的通用语言，又是理解和指导园艺标准化工作的基础依据。与术语有关的标准,通常有定义,有时还附有注释、图表、示例等。

(2) 基础标准

基础标准是指具有广泛的普及范围或包含一个特定领域的通用规定的标准。基础标准可作为直接应用的标准或作为其他标准的基础。

对园艺技术中所涉及的通用技术、术语、符号、代号和制图方法等所作的统一规定就是基础标准。

(3) 品种标准

在一定的生态和经济条件下,人们根据需要选择、培育、创造的某种栽培植物或农用微生物的一种群体就是品种。它具有以下特点:

① 具有相对遗传稳定性;
② 经济上具有直接利用的价值,在一定的自然或栽培条件下才能表现;
③ 具有区域性,在一定生态条件下形成,也要求一定的生态条件;
④ 具有时间性,品种利用是有年限的;
⑤ 是人工创造的重要的生产资料。

(4) 产品标准

产品标准是规定一种产品或一类产品应符合的要求以保证其适用性的标准。产品标准有别于品种标准,品种经过栽培后形成产品,往往有个产后加工的问题。一个产品标准除了包括适用性的要求外,也可以直接包括或以引用的方式诸如术语、抽样、试验、包装和标签等方面的内容,有时还包括农艺或工艺的要求。一个产品标准可以是全面的或部分的,依其所规定的是全部的必要要求或只是其中的一部分必要要求而定。

(5) 质量标准

园艺产品质量包括两方面的含义:对栽培植物来说,它的质量因素主要包括品种的真实性和纯度。优质种应具有品种的典型特征:纯度高、生产能力强、品质好。

园艺产品的质量因素包括:大小、形状、规格、等级、纯度、色泽、气味、口味、含水量及安全卫生要求等。

(6) 分级标准

根据实际测得的质量因素平均值所规定的分等范围就是分级标准,如 GB/T 9659—1988《柑橘嫁接苗分级及检验》、NY/T 439—2001《苹果外观等级标准》。

分级标准是评价园艺产品质量和确定其经济价值的重要依据,也是合理利用资源的前提条件。分级标准是否恰当,不仅影响到分级结果的客观准确性,也关系到农业科学技术水平的提高。

(7) 包装标准

为保障园艺产品及其加工品在储藏、运输和销售过程中的安全和科学管理的需要,以包装的有关事项为对象所制定的标准就是包装标准,如 GB/T 7414—1987《主要农作物种子包装》等。

(8) 试验标准

与试验方法有关的标准,有时补充有跟试验有关的其他规定,如抽样、统计方法的应用、试验顺序等。

(9) 方法标准

方法标准包括两类:一类是以试验、检验、分析、抽样、统计、计算、测定、作业等方法为对象制定的标准,如试验方法、检验方法、分析方法、测定方法、抽样方法、设计规范、计算方法、农艺规程、作业指导书、生产方法、操作方法及包装、运输方法等;另一类是为合理生产优质园艺商品,并在生产、作业、试验、业务处理等方面为提高效率而制定的标准。

(10) 安全标准

以保护人和动植物的安全为目的,对农药、肥料等方面的安全要求而制定的标准与园艺商品安全标准,以及在生产、加工、储运、流通和消费过程中的劳动安全、运输安全的标准,统称安全标准,如 GB16151.9—1996《农业机械运行安全技术条件 播种机》等。

(11) 卫生标准

为保护人和动植物的健康,对园艺商品及其他方面的卫生要求制定的标准,以及产品生产、加工、储运、流通和消费过程中的卫生标准,统称为卫生标准。

3. 性质分类法

按照标准的属性分类,可以把标准划分为基础标准、技术标准和管理标准等。

在一定范围内作为其他标准的基础并普遍使用,具有广泛指导意义的标准被称为基础标准。

对标准化领域中需要协调统一的技术事项所制定的标准被称为技术标准。进一步可以分为:基础技术标准、生产农艺标准、产品加工工艺标准、操作规程、检测试验标准、机械作业标准等。

对标准化领域中需要协调统一的管理事项所制定的标准被称为管理标准,包括管理基础标准、技术管理标准、生产经营管理标准、经济管理标准、行政管理标准等。

4. 效力分类法

根据标准实施的强制程度,可以把标准分为强制性标准、推荐性标准。

(1) 强制性标准

强制性标准是指与安全、卫生有关的技术要求,重要的涉及技术衔接通用技术语言和国家需要控制的检验方法,种子与重要农产品的国家标准、行业标准,以及法律、行政法规规定强制执行的标准。

强制性标准具有法律属性,必须执行。强制性标准是我国的标准化技术法规。

(2) 推荐性标准

推荐性标准是指农业生产、交换、使用等方面,通过经济手段或市场调节而自愿采用的一类标准。这类标准不具有强制性,任何单位均有权决定是否采用。推荐性标准一经接受并采用,或各方商定同意纳入经济合同中,就成为各方必须共同遵守的技术依据,具有法律上的约束性。推荐性标准的对象一般是具有指导意义,推荐采用、自愿执行,但又不宜强制执行的生产技术和管理要求。

## 5.1.3 商品标准的制定

推行农业标准化,首先要有先进合理的商品标准。因此,搞好商品标准的制定、修订工作,满足我国现代化建设和农业、农村经济发展的需要,是农业标准化工作的首要任务。

1. 商品标准制定的对象

对下列需要统一的技术要求,应当制定农业标准(含标准样品的制作):

① 作为商品的农产品及其加工品(统称农产品)、种子(包括种子、种苗等)的品种、规格、质量、等级和安全卫生要求。

农产品是利用植物、动物、微生物的生物功能通过人工培养而取得的产品。因此,农产品应是广义的农产品,即种植业产品、林业产品。

② 农产品、种子的试验、检验、包装、储存、运输、使用方法和生产、储存、运输过程中的安全卫生要求。

③ 农业方面的技术术语、符号、代号。

④ 农业方面的环境、条件、生产技术和管理技术。

2. 商品标准制定对象的特点

制定商品标准的对象一般具有以下四个特点:

(1) 广泛性

这些对象往往被农业领域内许多方面所运用,因而需要制定商品标准,以便在一定范围内大家共同遵守,加以协调。

(2) 多样性

这些对象具有多种形式、多种要求,其多样化趋势源于消费者个性的多样化与商品经济中的竞争,因而需要制定标准科学地加以统一,加以简化,加以选优。

(3) 关联性

这些对象往往与其他事物或一些概念密切联系、相互关联、相互交叉、相互渗透,因而需要通过制定标准形成一种技术纽带,把它们有机地联系起来。

(4) 重复性

这些对象往往多次出现、反复运用,只有这样才能总结经验、提高认识,才有制定标准的必要,制定标准才有实际的意义,才能起到为农业标准化的作用。

3. 标准制定的原则

制定商品标准是商品标准化工作的基础,是衡量商品质量的技术依据。园艺商品标准是农业标准化活动的指标,制定园艺商品标准是将农业科学技术成果纳入到农业标准中去的过程。因而,商品标准制定应遵循的原则是:

① 技术进步原则,即要符合国家有关政策、法规,做到技术先进、经济合理、切实可行,有利于推动技术进步,提高农产品质量和效益。

制定商品标准的出发点是在符合国家有关政策、法规的基础上建立最佳秩序和取得最佳社会经济效益,也是制定商品标准的目的。

② 效益最佳原则,即要密切结合自然条件,有利于合理利用国家资源,保护生态环境、安全卫生,提高社会经济效益。

商品标准是农业经济工作的重要组成部分之一,它是以科学技术为手段,通过纵向、横向管理协调,达到服务于农业生产,提高社会经济效益,保护生态环境和安全卫生的一项基础经济工作。

③ 科学先进原则，即要鼓励采用国际标准和国外先进农业标准。

积极采用国际标准和国外先进农业标准，做到技术先进、经济合理、安全可靠，是提升商品标准体系水平和层次的重要措施。

④ 实事求是原则，即要有利于因地制宜，发展地方名特优农产品生产。

我们制定的商品标准主要是在我国贯彻实施，因此应该从我国的实际情况出发，要结合我国的自然资源条件，适应我国的气候、地理自然环境条件，适合我国农林业生产、加工、储存、流通等方面的实际情况，还要符合我国政治、经济法律法规政策以及我国人民群众的生活消费习惯等。

⑤ 利益兼顾原则，既要充分考虑使用、消费要求，对同类产品的品种、规格、质量等级和安全卫生要求进行选优和合理分档，形成系列，又要利于按质论价，兼顾农、工、商和消费者利益。

制定商品标准是一项涉及面广、相关因素多、技术难度大、协调要求高的工作，关系到国家、农工商各部门、农业企业、生产者和广大消费者的利益，因此必须从全局出发。在做好全面的农业技术经济分析基础上，充分考虑到使用、消费要求，根据不同的需要进行合理的分等分级，按质论价，兼顾各方利益。

⑥ 合作提高原则，即要有利于促进农业对外经济技术合作和对外贸易。

商品标准是进行农业对外经济合作的一个技术纽带，是农业国际贸易的调节工具，能保证合理地引进先进技术设备，增进农业对外经济技术合作和对外贸易往来。

⑦ 和谐一致原则，即要有利于相关商品标准协调配套，标准样品和文字标准一致，有利于建立科学合理的种植业、林业标准体系和开展农业综合标准化工作。

商品标准之间的协调配套，标准样品和文字标准相一致，有利于标准之间建立一个合理、和谐的秩序，使标准之间既相依存又不矛盾，也有利于建立科学、合理的种植业、林业标准体系和开展农业综合标准化工作。

## 5.1.4 商品标准的主要内容

按照我国现在通行的标准，一般分技术标准、管理标准和工作标准三类。三种标准既彼此联系，又各有侧重，执行时常常互相渗透、互相补充。

1. 技术标准

技术标准是对重复性的技术事项在一定范围内所作的统一规定，是对标准化领域中需要协调统一的技术事项所制定的标准。它以科学技术和实践经验的综合成果为基础，经有关方面协商一致，由公认机构批准，以特定形式发布，作为社会生产、建设及商品流通中共同遵守的技术准则和依据。

（1）制定技术标准的必要性

① 保证技术事项符合预期目的。以农产品为例，为了保证其达到预定用途，必须对产品的大小、规格、色泽、气味、含水量、蛋白质含量和坚实度、柔软性以及安全卫生等性能加以规定，以便有效地实现其应有的功能。

② 便于理解和协作。为了便于信息交流，增进相互理解，提高工作效率，促进生产协

作,需要对使用的术语,以及符号和标志等统一加以定义,以保证互相沟通。

③ 保证安全、卫生、保护环境和节省资源。为了保证法律法规的实施,需要将有关规定具体化、规范化,尤其是国际贸易中要防止形成技术壁垒。

④ 保证产品接口和互换性。衔接性、互换性、兼容性和互相配合的要求,是构成产品能否使用的决定因素,必须作出统一规定。

⑤ 实现品种控制。

2. 管理标准

管理标准是管理机构为行使其管理职能而制定的具体特定管理功能的标准。它是关于某项管理工作的业务内容、职责范围、秩序和方法的统一规定,是人们运用标准化原理对在管理活动实践中所出现的各种具有重复性特征的管理问题进行科学地总结,形成的一种指导人们更有效地从事管理活动的规范,主要由四个要素构成。

① 管理业务(任务、职责、权限),即管理活动中重复出现的业务,如计划编制、统计分析、物资采购、劳动力调配等。分类、各级管理标准的业务内容,都要根据该项业务的管理目标,从本部门的实际出发,正确地确定该管理业务的任务、职责和权限,这是制定管理标准的核心。

② 管理程序,即从事某项管理工作应该先干什么,后干什么的具体行动步骤。它的作用是把某项管理工作在空间上的分布和时间上的次序加以明确和固定。管理程序可以用文字,也可以利用绘制流程图的形式说明,例如,用工艺流程图符号制作的管理流程(表 5-2)。

表 5-2 管理流程表

| 主管部门<br>(标准化科) | (厂长)<br>办公室 | 企业管理<br>委员会 | 标准起草<br>单位 | 起草单位<br>主管领导 | 标准化<br>委员会 | 经理<br>(厂长) |
|---|---|---|---|---|---|---|
| ①制定计划 | → | → | → | ②研究 | | |
| | | | ③编写草案 | ↵ | | |
| | ⑤受理草案 | ← | ← | ④确认 | | |
| | ↳ | ⑥审议 | → | → | ⑦审议 | →批准 |
| 保管副本←↓ | ⑨颁布↓ | ← | ⑧通知 | ← | ← | ↓ |
| ⑩教育 | 存档 | | | | | |

③ 管理方法,管理要实现其特定目标,必须有一定的科学方法。管理方法就是完成管理业务,行使管理职能所运用的方法。管理的具体方法可划分为行政方法、经济方法、法律方法、数学方法和思想教育方法等。

④ 管理成果的评价与考核,管理成果的评价、考核是组成管理标准的一个要素,同时也是管理标准与管理制度的重要区别之一。因此,对大部分管理标准来说,都应包括对贯彻执行该标准所取得的管理成果进行的评价和考核,而且尽量使考核指标定量化,具有可度量性,从而才能使管理标准从制定到贯彻形成一个闭环管理。

管理标准就是以上这四个相互联系、相互制约的要素组成的有机整体。这四个要素各有各自的功能：管理业务主要解决管什么的问题；管理程序主要解决管理的步骤和谁来管的问题；管理方法解决怎么管的问题；管理成果的评价与考核则是检查该项管理标准的成效，促进管理标准的贯彻落实。

3. 工作标准

为实现整个工作过程的协调，提高工作质量和工作效率，对各个岗位的工作制定的标准叫工作标准。工作标准就其属性来说是管理标准的一种类型，它同管理标准是相辅相成的，是对每项具体的工作岗位作出规定，从而形成一个完整的网络。

按岗位制度的工作标准，一般包括下述几方面内容：岗位目标；工作程序和工作方法；业务分工与业务联系方式；职责、权限；质量要求与定额；对岗位人员的基本技能要求；检查、考核办法。

① 岗位目标。企业是以管理目标为核心形成的多层次的管理系统。企业的方针目标，通过制定各部门各分系统的管理标准，尤其是通过制定各工作岗位的工作标准，才能最后落到实处，工作标准是实现企业目标管理的有效措施。

② 工作程序和工作方法。任何一个工作岗位上的工作，只要是具有重复性的特征，就可以通过总结经验或试验，优选出较为理想的工作程序和工作方法，以达到提高效率，减少差错，并使工作不断熟练的目的。

③ 业务分工与业务联系(信息传递)方式。现代企业以分工为特征，岗位是劳动分工的产物。分工必须明确，互相扯皮是分工不明确的必然结果。任何岗位都不能孤立发挥作用，都要依赖其他岗位的协作。

④ 职责、权限。每个工作岗位都有与其承担的任务相应的职责和权限。这是行使其业务职能的必要前提。

⑤ 质量要求与定额。对岗位的工作必须规定明确的质量要求，有时还包括数量和时间方面的要求。能做定量规定的应尽量将要求定量化，不能定量时也要考虑对执行情况进行考核的可能性。凡能规定定额的岗位，均应制定定额标准，这样做既有利于考核、评比，也有利于正确贯彻按劳分配原则。

⑥ 对岗位人员的基本技能要求。岗位的任务是靠该岗位的工作人员去完成的。工作人员的素质能否适应该岗位工作的要求，对能否完成岗位任务起决定作用。企业的技术改进了，设备改造了，人员的素质也必须相应提高，不同水平的设备要求不同等级的操作者，达不到要求的不能上岗工作。

⑦ 检查、考核办法。工作标准中有时还规定对各项要求执行情况如何进行检查评价的办法(如经营科长工作标准，表5-3 所示)。

表 5-3  经营科长工作标准

| 工作标准 | 评价基准 |
|---|---|
| 1. 满足用户对产品质量、数量、交货期的要求<br>2. 把用户的要求传达给有关部门<br>3. 充分发挥工厂的生产能力<br>4. 回收卖货款<br>5. 提高企业利润率 | 1. 索赔件数<br>2. 延迟交货期件数<br>3. 年度目标完成率 |
| 权 限 | 1. 提出产品销售价格（或向上级报告）<br>2. 确定产品品种和产出量<br>3. 发出产品出厂指令<br>4. 召开生产计划会议<br>5. 发出指令变更交货期 |
| 责 任 | 1. 预见品种、产量计划的失误<br>2. 管理外企业的索赔，与企业内部各部门联系<br>3. 与各方面协商改变产品方向的方法<br>4. 收回拖欠货款 |
| 计划事项 | 1. 年度生产计划<br>2. 月生产计划<br>3. 销售计划 |
| 报告事项 | 按周、按月报告下述事项：品种，接受定货数，销售量，订货余量 |

## 5.2  园艺商品标准

园艺商品标准是对园艺商品质量和与质量有关因子方面提出的准则。园艺商品生产标准化的主要目的是提高商品质量，促进园艺产品商品化。

### 5.2.1  果品商品标准

果品的分级标准表明果品的质量等级，为使用性和价值提供参数。果品的等级标准在销售中是一个重要的工具，它给生产者、收购者和流通渠道中的各环节提供贸易语言；是生产和流通中评定果品质量的技术准则和客观依据；有助于生产者和果品经营管理者在果品上市前作准备工作和标价。等级标准还能够为优质优价提供依据，能够以同一标准对不同市场上销售的产品进行比较，有利于报道市场信息。当产销双方对产品质量发生争议时，可根据果品标准作出裁决，能够为果品的期货贸易奠定基础。

由于果实在生长发育过程中受外界多种因素的影响，同一植株上的果实也不可能完全一致,只有通过分级才能按级定价,便于收购、包装和销售,果品分级还能推动果树栽培管理技术的发展和进步。总之,果品标准化是生产、贸易和消费者之间互相促进、互相监督的纽带,是商品化生产的必然产物。

果品商品标准的基本内容一般由三部分组成,即适用范围、技术部分和补充说明,有的还编有附录。下面以苹果和葡萄为例,列举出口鲜苹果和绿色食品葡萄的标准。

(1) 出口鲜苹果的国家标准。

① 适用范围。本标准适用于元帅系(包括红星、金冠等)、富士、国光等出口鲜苹果的分级、包装和检验。

② 等级。本标准分为 AAA 级、AA 级和 A 级三个出口等级。

a. AAA 级:系指经精心手采、新鲜、洁净的同一品种的苹果,并符合下列条件:

果形:必须具有本品种的特征果形,果梗完整。

色泽:必须具有本品种成熟时应有的色泽;各品种的最低着色度应符合相关规定。

果实横径:大型果不低于 65 mm;中型果不低于 60 mm。

成熟度:果实成熟,但不过熟。

缺陷与损伤:红色品种允许轻微碰压伤,其总面积不超过 1.0 cm$^2$,其中,最大面积不超过 0.5 cm$^2$。黄、绿品种允许轻微压伤总面积不超过 0.5 cm$^2$。不允许其他缺陷损伤。

b. AA 级:系指经精心手采、新鲜、洁净的同一品种的苹果。

果形:必须具有本品种的特征果形,带有果梗。

色泽:必须具有本品种成熟时应有的色泽;各品种的最低着色度应符合相关规定。

果实横径:大型果不低于 65 mm;中型果不低于 60 mm。

成熟度:果实成熟,但不过熟。

缺陷与损伤:允许下列损伤不超过两项:

碰压伤:允许轻微碰压伤总面积不超过 1.0 cm$^2$,最大处不超过 0.5 cm$^2$;

磨伤:允许轻微枝、叶磨伤,其面积不超过 1.0 cm$^2$;

锈斑:金冠品种的网状果锈面积不超过 3 cm$^2$;超过果肩的梗锈面积不超过 1.0 cm$^2$;

水锈或蝇点病:允许水锈轻微薄层或不明显蝇点面积不超过 1.0 cm$^2$;

雹伤:允许未破皮的雹伤两处,其总面积不超过 0.5 cm$^2$;

日灼:红色品种允许白色灼伤面积不超过 1.0 cm$^2$;黄、绿品种允许白色灼伤面积不超过 1.0 cm$^2$。

本等级鲜苹果不得带有超过上述程度的缺陷损伤以及下列各项损伤:

刺伤及其他破皮伤;食心虫伤和已愈合的其他虫伤;病害;萎缩;冻伤;瘤子和黑枝磨。

c. A 级:系指经精心手采、新鲜、洁净的同一品种的苹果。

果形:具有本品种的果形特征,带有果梗,无畸形。

色泽:具有本品种应有的色泽;各品种的最低着色度应符合相关规定。

果实横径:大型果不低于 65 mm;中型果不低于 60 mm。

成熟度:果实成熟,但不过熟。

缺陷与损伤:允许下列损伤不超过三项:

碰压伤:允许轻微碰压伤总面积不超过 1.0 cm$^2$,最大处不超过 0.5 cm$^2$;

磨伤：允许轻微枝、叶磨伤，其面积不超过 $1.0\ cm^2$；

锈斑：金冠品种的网状果锈面积不超过 $3\ cm^2$；超过果肩的梗锈面积不超过 $1.0\ cm^2$；

水锈或蝇点病：允许水锈轻微薄层或不明显蝇点面积不超过 $1.0\ cm^2$；

药害：允许轻微的药害面积不超过果面的 1/10；

雹伤：允许轻微的雹伤总面积不超过 $1.0\ cm^2$；

日灼：红色品种允许白色灼伤面积不超过 $1.0\ cm^2$。黄、绿品种允许白色灼伤面积不超过 $1.0\ cm^2$；

其他虫伤：允许干枯的虫伤三处，每处面积不超过 $0.03\ cm^2$。

小疵点：允许不超过五个斑点。

本等级鲜苹果不得带有超过上述程度的缺陷损伤以及下列各项损伤：

刺伤及其他破皮伤；食心虫伤和已愈合的面积大于 $0.03\ cm^2$ 的其他虫伤；病害；萎缩；冻伤。

③ 分组包装

瓦楞纸箱：包装箱必须符合 GB 5034—85《出口产品包装用瓦楞纸箱》的规定。

分组：按果实横径划分组别，以每 3~5 mm 为一个组段，定个数装箱。

包装：每个果实使用柔软、洁净、有韧性、大小适宜的包果纸包严；分层装箱，每层果实用纸格逐个隔开；纸格坚硬抗压，大小适中，使果实在纸格内只能轻微移动；每层果实用纸板隔开。同一箱内只准装入同一品种、等级、组别的果实。

封箱：装满后，纸箱合缝处，使用胶带或黏合剂封牢。

标志：箱外印有品名、等级、组别、产地和发货人等标志；字迹应清晰端正，颜色不易脱落。

④ 容许量

鉴于鲜苹果在分级、采后处理和储存运输过程中可能发生的品质变化，特规定以检验批为单位的如下最高容许量：

色差果：AAA 级容许不超过 5%；AA 级容许不超过 7%；A 级容许不超过 10%。

邻组果：AAA 级容许不超过 5%，不得有隔组果。

缺陷与损伤果：AAA 级、AA 级、A 级均容许不超过 5%，其中食心虫伤果不超过 1%。

总不合格果：AAA 级容许不超过 5%，AA 级和 A 级容许不超过 10%。

腐烂果：AAA 级、AA 级和 A 级均容许不超过 1%。

包装：不允许有破损、水湿、污染、粘封不牢、标记不清以及包装不严等。

⑤ 检验方法

按 ZB B31 007—88《出口鲜苹果检验方法》进行。

表 5-4 和 5-5 分别列出了出口鲜苹果各品种、等级的最低着色度和果实硬度，表 5-6 列出了绿色食品葡萄的检测标准。

表5-4  出口鲜苹果各品种、等级的最低着色度(%)

| 着色度\等级\品种 | AAA | AA | A |
|---|---|---|---|
| 元帅类 | 90 | 70 | — |
| 富士 | 70 | 50 | 40 |
| 国光 | 70 | 50 | 40 |
| 其他同类品种 | 70 | 50 | 40 |
| 金冠 | 黄或金黄色 | 黄或绿黄色 | 黄、绿黄或黄绿色 |
| 青香蕉 | 绿色不带红晕 | 绿色,红晕不超过果面1/4 | 绿色,红晕不限 |

表5-5  出口鲜苹果各品种、等级的果实硬度(kgf/cm$^2$)

| 果实硬度\级别\品种 | AAA | AA | A |
|---|---|---|---|
| 元帅类 | 6.0 | 5.5 | 5.5 |
| 富士 | 7.0 | 6.5 | 6.5 |
| 国光 | 7.0 | 6.5 | 6.5 |
| 青香蕉 | 8.0 | 7.5 | 7.5 |

表5-6  绿色食品葡萄的检测标准

| 序号 | 检验项目 | | | 单位 | 标准要求 |
|---|---|---|---|---|---|
| 1 | 感观要求 | 果穗基本要求 | | / | 果穗完整、洁净、无异常气味,不落粒,无水灌,无干缩果,无腐烂,无小青粒,无非正常的外来水分,果梗、果蒂发育良好并健壮、新鲜、无伤害 |
| | | 果粒基本要求 | | / | 充分发育,充分成熟,果形端正,具有本品种固有特征 |
| | | 果穗要求 | 果穗大小 | kg | 0.4~0.8 |
| | | | 果粒着生紧密感 | / | 中等紧密 |
| | | 果粒要求 | 大小 | g | ≥平均值的15% |
| | | | 着色 | / | 好 |
| | | | 果粉 | / | 完整 |
| | | | 果面缺陷 | / | 无 |
| | | | 二氧化硫伤害 | / | 无 |
| | | | 风味 | / | 好 |
| 2 | 可溶性固形物 | | | % | ≥14.0 |
| 3 | 可滴定酸 | | | % | ≤0.70 |

续表

| 序号 | 检验项目 | 单位 | 标准要求 |
|---|---|---|---|
| 4 | 砷(以 As 计) | mg/kg | ≤0.2 |
| 5 | 铅(以 Pb 计) | mg/kg | ≤0.2 |
| 6 | 镉(以 Cd 计) | mg/kg | ≤0.01 |
| 7 | 汞(以 Hg 计) | mg/kg | ≤0.01 |
| 8 | 氟(以 F 计) | mg/kg | ≤0.5 |
| 9 | 铜(以 Cu 计) | mg/kg | ≤10 |
| 10 | 锌(以 Zn 计) | mg/kg | ≤5 |
| 11 | 铬(以 Cr 计) | mg/kg | ≤0.5 |
| 12 | 六六六 | mg/kg | ≤0.05 |
| 13 | 滴滴涕 | mg/kg | ≤0.05 |
| 14 | 乐果 | mg/kg | ≤0.5 |
| 15 | 敌敌畏 | mg/kg | ≤0.2 |
| 16 | 对硫磷 | mg/kg | 不得检出(≤0.001) |
| 17 | 马拉硫磷 | mg/kg | 不得检出(≤0.001) |
| 18 | 甲拌磷 | mg/kg | 不得检出(≤0.001) |
| 19 | 杀螟硫磷 | mg/kg | ≤0.2 |
| 20 | 倍硫磷 | mg/kg | ≤0.02 |
| 21 | 溴氰菊酯 | mg/kg | ≤0.1 |
| 22 | 氰戊菊酯 | mg/kg | ≤0.2 |
| 23 | 敌百虫 | mg/kg | ≤0.1 |
| 24 | 百菌清 | mg/kg | ≤1 |
| 25 | 多菌灵 | mg/kg | ≤0.5 |
| 26 | 粉锈宁 | mg/kg | ≤0.2 |
| 27 | 亚硝酸盐(以 $NaNO_2$ 计) | mg/kg | ≤4 |
| 28 | 二氧化硫 | | ≤50 |
| 检验依据 | NY/T844—2004 | 所用仪器 | 原子荧光光度计、原子吸收分光光度仪、气相色谱仪、紫外分光光度计 |

## 5.2.2 蔬菜商品标准

随着科学技术的进步和经济的发展,人们的生活水平有了很大地提高,特别是进入高科技竞争的年代,食物的质量、结构在智能开发和发挥上的重要性,日益被认识,消费观念也发生了根本性的变化。蔬菜作为每日每餐不可缺少、不能代替的重要食物,人们对蔬菜色、香、味、形、营养等品质特征提出了更高的要求。

1. 蔬菜品质标准的内容

目前所制定的蔬菜品质标准大致包括以下几个方面的内容:

(1) 定义

标准适用的范围和地区,适用的蔬菜种类、类型和品种、产品的消费方式等。

(2) 品质规定

最低的品质要求,按品质特性要求的分级标准。

(3) 大小的分级标准

按长短、直径、重量的分级和分等。

(4) 容许的不符合标准的产品的百分数范围

包括品质、大小和其他缺陷等不同内容。

(5) 产品外观上的要求

外观和内容上的一致性,包装。

(6) 商标

鉴定、种类、原产地、产品特性的简要说明、商品规格、官方检验印章。

2. 蔬菜商品标准实例

蔬菜商品标准对蔬菜产品质量的提高和蔬菜的合理流通起重要作用。日本的蔬菜产品标准化程度很高,以下分别举例说明日本蔬菜的贸易标准(表5-7、5-8)和我国蔬菜绿色食品的标准(表5-9)。

表5-7 日本出售的蔬菜标准规格

| 品种 | 品质级别 ||
|---|---|---|
| | A级 | B级 |
| 黄瓜 | 具有本品种固有的形状,色泽良好;生长天数适度;弯曲度在2 cm以内;长把、大肚现象不明显;无霉烂变质;无病虫害、伤害;干净 | 弯曲度在4 cm以内;长把、大肚现象轻微;无病虫害,伤害轻微;其他各项同A级 |
| 番茄 | 具有本品种固有的形状、色泽;无变形;着色良好;落花痕迹不明显;无裂果;无腐烂变质;无病虫、伤害;无空洞;不过熟;干净 | 变形程度轻微;落花痕迹小;裂果不露果肉;无病虫害,伤害程度轻微;空洞程度轻微;其他同A级 |

表5-8 日本蔬菜大小分级标准(黄瓜)

| 大小级别 | 大2 | 大1 | 中 | 小 |
|---|---|---|---|---|
| 单个长(cm) | 23以上 | 21~23 | 19~21 | 16~19 |
| 单个重(g) | 120以上 | 100~120 | 80~100 | 65~80 |

表 5-9  我国无公害食品(黄瓜)检验标准

| 检验项目 | 单位 | 标准值 | 检验方法 |
|---|---|---|---|
| 感官指标 | / | 同一品种或相似品种,成熟适度,色泽正常,果形正常,大小基本一致,新鲜,果面清洁;无腐烂、畸形、开裂、异味、灼伤、冷害、冻害、病虫害及机械伤等缺陷 | NY 5074—2005 |
| 乙酰甲胺磷 | mg/kg | ≤0.2 | NY/T 761—2004 |
| 乐果 | mg/kg | ≤1 | NY/T 761—2004 |
| 毒死蜱 | mg/kg | ≤1 | NY/T 761—2004 |
| 氯氰菊酯 | mg/kg | ≤1 | NY/T 761—2004 |
| 溴氰菊酯 | mg/kg | ≤0.2 | NY/T 761—2004 |
| 氰戊菊酯 | mg/kg | ≤0.2 | NY/T 761—2004 |
| 百菌清 | mg/kg | ≤1 | NY/T 761—2004 |
| 多菌灵 | mg/kg | ≤0.5 | GB/T 5009 188—2003 |
| 三唑酮 | mg/kg | ≤0.2 | NY/T 761—2004 |
| 铅(以 Pb 计) | mg/kg | ≤0.2 | GB/T 5009.12—2003 |
| 镉(以 Cd 计) | mg/kg | ≤0.05 | GB/T 5009.15—2003 |
| 检验依据 | NY 5074—2005 | 所用主要仪器 | 气相色谱仪<br>紫外分光光度计<br>原子吸收分光光度计 |

## 5.2.3  花卉商品标准

在花卉的国际贸易中商品花卉的标准化分级十分重要,2000 年 11 月 16 日我国国家技术监督局发布了花卉系列的 7 个标准,从 2001 年 4 月 1 日起开始实施。标准的标准号和标准名称如下:GB/T18247.1《主要花卉产品等级第一部分:鲜切花》;GB/T18247.2《主要花卉产品等级第二部分:盆花》;GB/T18247.3《主要花卉产品等级第三部分:盆栽观叶植物》;GB/T18247.4《主要花卉产品等级第四部分:花卉种子》;GB/T18247.5《主要花卉产品等级第五部分:花卉种苗》;GB/T18247.6《主要花卉产品等级第六部分:花卉种球》;GB/T18247.7《主要花卉产品等级第七部分:草坪》。

① GB/T18247.1 规定了月季、唐菖蒲、香石竹、菊花、非洲菊、满天星、亚洲型百合、东方型百合、麝香百合、马蹄莲、火鹤、鹤望兰、肾蕨、银牙柳共 14 种主要鲜切花产品的一级品、二级品和三级品的质量等级指标。

② GB/T18247.2 规定了金鱼草、四季海棠、蒲包花、温室凤仙、矮牵牛、半支莲、四季报春、一串红、瓜叶菊、长春花、国兰、菊花、小菊、仙客来、大岩桐、四季米兰、山茶花、一品红、茉莉花、杜鹃花、大花君子兰共 21 种主要盆花产品的一级品、二级品和三级品的质量等级指标。

③ GB/T18247.3 规定了香龙血树(巴西木,三桩型)、香龙血树(巴西木,单桩型)、香龙血树(巴西木,自根型)、朱蕉、马拉巴栗(发财树,3~5 辫型)、马拉巴栗(发财树,单株型)、

绿巨人、白鹤芋、绿帝王(丛叶喜林芋)、红宝石(红柄蔓绿绒)、花叶芋、绿萝(藤芋)、美叶芋、金皇后、银皇后、大王黛粉叶、洒金榕(变叶木)、袖珍椰子、散尾葵、蒲葵、棕竹、南杉、孔雀竹芋、果子蔓共24种主要盆栽观叶植物产品的一级品、二级品和三级品的质量等级指标。

④ GB/T18247.4规定了48种主要花卉种子产品的一级品、二级品和三级品的质量等级指标,及各级种子含水率的最高限和各级种子的每克粒数。

⑤ GB/T18247.5规定了香石竹、菊花、满天星、紫菀、火鹤、非洲菊、月季、一品红、草原龙胆、补血草等10种主要花卉种苗产品的一级品、二级品和三级品的质量等级指标。

⑥ GB/T18247.6规定了亚洲型百合、东方型百合、铁炮百合、L-A百合、盆栽亚洲型百合、盆栽东方型百合、盆栽铁炮百合、郁金香、鸢尾、唐菖蒲、朱顶红、马蹄莲、小苍兰、花叶芋、喇叭水仙、风信子、番红花、银莲花、虎眼万年青、雄黄兰、立金花、蛇鞭菊、观音兰、细颈葱、花毛茛、夏雪滴花、全能花、中国水仙共28种主要花卉种球产品的一级至五级品的质量等级指标。

⑦ GB/T18247.7分别规定了主要草坪种子等级标准、草坪草营养等级标准、草皮等级标准、草坪植生带等级标准、开放型绿地草坪等级标准、封闭型绿地草坪等级标准、水土保持草坪等级标准、公路草坪等级标准、飞机场跑道区草坪等级标准、足球场草坪等级标准。《花卉》系列国家标准中的每个标准不仅规定了产品的等级划分原则、控制指标,还规定了质量检测方法。

下面举例说明切花通用的分级标准:

收获后的切花因其质量参差不齐,必须按一定的标准分级。依据花柄的长度、花朵质量和大小、开放程度、小花数目、叶片状态等进行分级。一般来说,对切花而言,花茎越粗、越长,则商品的品质越好。

玫瑰

1级:花枝长度45 cm以上,花枝粗壮,花苞满,鲜艳,叶片浓绿,无病虫害。

2级:花枝长度30 cm以上,花枝较粗壮,花苞饱满,鲜艳,叶片绿,无病虫害。

3级:花枝长度30 cm以下,花枝细弱,花苞松软,叶片绿黄,无病虫害。

菊花

1级:茎秆长度在60 cm以上,且茎长颈短,瓣质厚硬,茎秆粗壮挺拔,节间均匀,叶片肉厚平展,鲜绿有光泽,花瓣成熟度一般,无物理损伤,无病虫害,花型外型美观,色泽为正常本色,且花型大。

2级:茎秆长度在50～60 cm,瓣质较好,茎秆粗壮挺拔,节间较均匀,允许存在较小的弯曲现象,叶片平展,有光泽,基本无病虫害,花型较大,外型美。

3级:茎秆长度在50 cm,瓣质一般,新鲜度欠缺,茎秆有弯曲现象,但不严重,叶片略有病害,色泽一般,花型不大,花色基本正常,但无枯瓣。

满天星

1级:枝长在60 cm以上,花色纯白无杂色,花蕾开放超过70%,无枯花,枝叶无腐败现象,枝叶新鲜,无干枯,花朵大小中等,数量多。

2级:枝长在50～60 cm以上,花色洁白,基本无杂色,花蕾开放超过50%,基本无枯花,花朵数量较多,枝杆较新鲜。

3级:枝长在50 cm以下,花色洁白,有杂色存在,但不严重,花蕾开放程度在50%左右,有部分枯花,枝叶有腐败现象,但不严重,花朵数量一般,丰满度不够。

百合

1级:4个花苞以上,枝长70 cm以上,花苞、枝叶无病害、破损,茎秆强健。

2级:3个花苞,枝长60~70 cm,品质略低于一级。

3级:1~2个花苞,枝长60 cm以下,枝秆稍弱,品质不高。

### 5.2.4 其他园艺商品的商品标准

食用及药用菌的分级标准常因加工方法不同、要求不同、各民族的生活习惯不同而有所差异。等级检验以感官检验、物理检验为主,化学和卫生指标主要检测食用菌的内在质量,如营养成分和污染情况。现将常用的食用菌分级标准介绍如下:

1. 蘑菇

(1) 鲜蘑菇

1级:色泽洁白,菇形圆整,肉厚粗壮,菌盖直径1.8~4 cm,菇柄直径1.5 cm,菇柄长度不超过1 cm,菌膜紧包,柄基切削处平整,无泥土,无虫蛀,无锈斑,无机械损伤,新鲜无异味。

2级:色泽洁白,菇形圆整,肉厚,菌盖直径2~6 cm,菇柄长度不超过1.5 cm,切削处平整,无泥土,无虫蛀,无病斑,无锈斑,无严重机械损伤。允许有畸形菇、薄皮菇,菌盖边缘有小裂口,但菌褶不发黑。

3级:一般仅用于制作蘑菇罐头,要求菇大,不开伞。

(2) 干蘑菇

蘑菇品种很多,各地名称不一,大致可分为以下四个等级:

1级:色泽洁白,干净,只形整齐,菌盖完整,无泥沙杂质。

2级:色泽黑白相混,干净,大小不匀,菌盖稍有破损,无泥沙杂质,片蘑占30%~40%。

3级:色泽稍差,干净,大小不匀,无泥沙杂质,片蘑占50%~60%。

混等:凡只形较小的丁蘑,不分色泽都属于混等。

(3) 盐水蘑菇

特级:菌盖直径2 cm,柄长0.5~1 cm;菇形圆整,菌膜紧包,色泽洁白,切削平整;无泥土,无虫蛀,无空根、白心、斑点、死根、病斑、机械损伤,无异味,无薄皮菇、变形菇、次黑菇,菌盖破碎率在2%以内。

1级:菌盖直径1.8~4 cm,柄长1~1.5 cm;菇形圆整,菌膜紧包,色泽洁白,切削平整;允许稍有畸形,无泥污,无虫蛀,无空根、白心、斑点、死根、病斑、机械损伤,无异味,无薄皮菇、变形菇、次黑菇,菌盖破碎率在5%以内。

2级:菌盖直径2~6 cm,柄长1.5 cm;菇形基本完整,菌盖稍展,菌膜未破,色泽洁白;允许有小畸形、未开伞的薄白菇、白心,略有斑点或破碎;无泥土,无虫蛀,无空根、病斑,无次黑菇;菌盖破碎率在5%以内。

3级:菌盖大小不等,菌膜已破,即将开伞,但菇形仍保持完整,无虫蛀,无杂质,无异味;菌盖破碎率在5%以内。一般仅作为片菇罐头原料。

等外菇:菌盖直径大于10 cm,包括畸形菇、薄皮菇、削去斑点的正品菇和次黑菇,允许有小开伞和空心,无菌褶发黑的大开伞。

次品菇:包括开伞菇、脱柄菇、菇柄、次黑菇和特大无菌褶发黑的大开伞。

2. 香菇

干香菇共分四类:

花菇:朵形完整,菇肉肥厚,圆形铜锣边(卷边),表面有菊花状或龟甲状花纹,底纹洁白或黄色;盖色正常,无发霉、变黑、烤焦处,无病虫斑,无机械损伤和畸形菇;菌褶乳白或黄色,足干,香味浓;菌盖直径大于6 cm为1级,4~6 cm为2级,2.5~4.0 cm为3级。

厚菇(冬菇):朵形完整,菇肉厚,圆形铜锣边,表面有小部分龟裂和不明显花纹;盖色正常,为黄褐色或红褐色,无发霉、变黑、烤焦处,无病虫斑,无机械损伤和畸形菇;菌褶乳白或黄色,足干,香味浓;菌盖直径大于6 cm为1级,4~6 cm为2级,2.5~4.0 cm为3级。

薄菇(香信):菌盖扁平形,已开伞,肉稍薄,平边,无花纹;盖色正常,为黄褐色或红褐色,无发霉、变黑、烤焦处,不破,无病虫斑,无机械损伤和畸形菇;菌褶乳白或黄色,足干;菌盖直径大于6 cm为1级,4~6 cm为2级,2.5~4.0 cm为3级。

菇丁:朵形完整,色泽正常,无发黑、变霉,菌盖直径小于2.5 cm。

3. 黑木耳

干木耳共分四级:

1级:以"春耳"为主,面青色,底灰色,有光泽,朵大肉厚,膨胀率大;肉层坚韧有弹性,无泥沙虫蛀,无卷耳、拳耳。

2级:以"伏耳"为主,朵形完整,表面青色,底灰褐色,无泥沙虫蛀。

3级:以"秋耳"为主,色泽暗褐,朵形不一,有部分碎耳、鼠耳,无虫蛀泥沙。

4级:不符合上述规格,不成朵或碎片占多数,但仍新鲜可食者。

## 5.3 商品标准的实施

标准的实施是指有组织、有计划、有措施地贯彻执行标准的活动,是标准的制定部门、使用部门或企业将标准规定的内容贯彻到生产、流通、使用等领域中去的过程。它是标准化工作的任务之一,也是标准化工作的目的。

### 5.3.1 质量监督

1. 质量监督

(1)质量监督的概念

国家标准GB 3935.1对"质量监督"的定义是:"所谓质量监督是指根据政府法令或规定,对产品或服务的质量和企业保证质量所具备的条件进行监督的活动。"

(2)质量监督的形式

我国的质量监督工作常随其目的、要求、方法和内容的不同,可以有以下几种形式:周期监督检验、监督性抽查、商品质量抽查、质量认证、生产许可证、统检和仲裁性质量监督等。

(3) 质量监督的机构

我国质量监督机构主要由技术监督系统和各专业监督系统组成。

质量监督系统：由国家技术监督局和各省市县的技术监督局组成。其中，国家技术监督局统一管理全面标准化、计量、质量监督工作，并对质量管理进行宏观指导；而各省市县的技术监督局只负责本地区的标准化、计量和质量监督工作。

专业监督系统：由卫生、船舶、劳动、商检、农林牧等行业、部门、企业的质量监督部门组成。

① 卫生系统：由国务院卫生行政部门主管全国药品监督管理工作，县以上卫生行政部门行使药品监督职权。

② 船舶系统：由中华人民共和国船舶检验局及其在有关地区设立的船检机构负责船舶设计、建造、初检和定期检验。

③ 劳动系统：由各级劳动部门负责锅炉、压力容器的安全监督工作。

④ 商检系统：国家和地区的进出口商品检验局负责对进出口商品的检验工作。

⑤ 农林牧系统：由县级以上农林牧行政管理机关行使兽药监督管理权。国家和省、自治区、直辖市的兽药监察机构，以及经省自治区、直辖市人民政府批准设立的城市兽药监察机构，协助农林牧行政管理机关，分别负责全面和本辖区的兽药质量监督、检验工作。

除上述专门的质量监督系统外，还有各行业、部门、企业的质量监控活动，但由于他们要受本企业、本部门的具体政策的约束，受企业、部门的责任、权利、利益和荣誉的影响，所以他们的质量监督活动只属内部监控性质，不能代替国民经济宏观范畴的质量监督。

2. 商品质量监督

商品质量监督是指对进入流通领域的商品实施质量监督，商品质量监督是质量监督的一种形式。商品质量监督的作用主要体现在预防、把关和监控等方面。

(1) 商品质量监督的预防作用

提前排除商品质量问题，防止商品进入市场后给用户或消费者所带来的影响或损失。一般商业企业内部应对商品质量严格把关，把不合格商品堵截在流通渠道的源头，直接起到预防作用。

(2) 商品质量监督的把关作用

通过实行各种商品质量监督制度，直接查处那些失效变质的危及人身安全和健康的、假冒标志、掺杂使假、实物质量与名牌说明书不符的商品，并对它们及时进行处理与销毁，以维护社会主义商品经济秩序，对市场商品质量起到把关作用。

(3) 商品质量监督的监控作用

将市场商品质量监督获得的大量数据和事实进行分析处理，及时反馈给有关部门。向决策部门提供市场商品质量情况，以便制定商品质量抽查目录和商品报检目录。

## 5.3.2 质量认证

质量认证是开展质量监督，实施商品标准的一种形式。

1. 质量认证的概念

质量认证是指借助合格证书或合格标志来证明某项产品或服务项目是否符合规定的标准或技术条件的活动(ISO 定义)。我国定义为，根据产品标准和相应技术要求，经认证机构并通过颁发认证证书和认证标志来证明某一产品符合相应标准和相应技术要求的活动。认证的标准一般为国家标准。

2. 认证制度的种类

按认证制度的作用范围来分，认证制度有三种：

① 国家认证制：是以本国批准颁发的标准为基础和以本国生产力水平为衡量尺度，由本国的产品质量检验机构进行质量认证的制度。

② 地区认证制：以该地区参加国共同制定的标准为基础，由该地区的认证机构进行质量认证的制度。

③ 国际认证制：以国际标准(ISO 标准或 IEC 标准)为基础，由国际上建立的认证机构进行质量认证的制度。

按认证内容与形式分：

① 产品质量认证：分为合格认证与安全认证。

② 质量体系认证。

按强制性分：

① 强制性认证。

② 自愿性认证。

3. 实施质量认证的作用

① 对进一步推动企业的全面质量管理和可靠性工作起到积极作用。

② 有利于标准的贯彻执行，并为制定、修订标准工作提供可靠的数据。

③ 有利于协调生产单位与用户之间的矛盾。

④ 对发展国际贸易、扩大产品出口，提高我国产品在国际市场的竞争力，缩小技术差距，消除贸易壁垒具有十分重要的意义。

⑤ 经过认证的产品可以免检进入市场，可避免生产厂家的质量保证试验和用户的验收试验的重复性，大大节约了人力、物力和试验费用，加速了商品的流通。

⑥ 获准认证的产品，有利于实现优质优价，增强产品在市场上的竞争力，提高市场占有率，提高经济效益。

### 5.3.3 标准化

1. 标准化的概念

（1）标准化的定义

在经济、技术、科学及管理等社会实践中，对重复性事物和概念，通过制定、发布和实施标准达到统一，以获得最佳秩序和社会效益。

（2）标准化的含义

① 标准化不是一个孤立的概念，而是一个活动过程。这个过程包括制定、贯彻、修订标

准,循环往复,不断提高。

② 标准化是一个相对的概念,"化"在程度上是没有止境的。标准化在一定条件下有一个最佳程度。无论是对一项标准还是整个标准系统而言,都在向更高的层次发展,不断提高、不断完善。

③ 标准化概念的相对性还包含标准与非标准的相互转化。

④ 实施标准是标准化活动的中心环节,即标准化的效果只有当标准在社会实践中实施后才能表现出来。

⑤ 标准是标准化活动的产物,即制定、修订、贯彻标准是标准化活动的主要任务。

⑥ 标准化的领域在一切有人类智慧活动的地方都可以开展。

2. 标准化的形式

所谓标准化的形式是指标准化内容的存在方式,即标准化过程的表现形式。标准化有多种形式。每种形式都表现不同的标准内容,针对不同的标准化任务,达到不同的目的。标准化的主要形式有:简化、统一化、系列化、通用化和组合化。

3. 农业标准化

农业标准化是指以农业为对象的标准化活动。农业标准化的实施,必将起到"指导生产、引导消费和规范市场"的作用,也必将促进农产品质量的提高和人们生活水平的改善。可以说,农业标准化是社会主义商品经济发展的必然结果。

(1)农业标准化的主要对象

国家技术监督局颁布的《农业标准化管理办法》第四条规定了农业标准化的对象。第四条对下列需要统一的技术要求,应当制定农业标准:

① 作为商品的农产品及其初加工品、种子的品种、规格、质量、等级和安全、卫生要求;

② 农产品、种子的试验、检验、包装、储存、运输、使用方法和生产、储存、运输过程中的安全、卫生要求;

③ 农业方面的技术术语、符号、代号;

④ 农业方面的生产技术和管理技术。

(2)农业标准化的作用

农业标准化将极大地促进农业产业化的进程,农业标准化的主要作用表现在:

① 农业标准化有利于推动技术进步,增加农产品产量,提高农产品质量。

② 农业标准化有利于合理利用社会资源,保护生态环境和公共卫生,提高社会经济效益。

③ 农业标准化有利于因地制宜,发展地方名、特、优产品生产。

④ 农业标准化有利于按质论价,兼顾农、工、商和消费者的利益。

⑤ 农业标准化有利于促进对外经济技术合作和对外贸易。

⑥ 农业标准化有利于相关标准的协调、配套,有利于标准样品和文字相一致,有利于建立科学、合理的农业、林业、渔业标准体系和开展综合标准化工作。

⑦ 农业标准化有利于农产品的市场监督管理和市场保护。

⑧ 农业标准化有利于减少投资风险和消费风险。

⑨ 农业标准化有利于促进农业产业化。

### 5.3.4 全程质量控制

农业标准化的全程质量控制包括：产品有标准、操作有规范；生产有基地、运作有龙头；质量有检验、认证标识；销售有专柜、市场有监管的工作目标，建立健全的标准体系，实施农业标准化。

下面列举无公害农产品的标准体系来说明农产品的质量控制：

① 建立健全无公害农业标准体系。健全的标准体系是无公害农产品认证的基础依据。制定完善的无公害标准体系，对农产品从生产基地选址，种植过程中农药、化肥的使用，产品中有毒有害含量及包装标志等方面作出严格限定，贯穿于整个农产品产前、产中、产后过程，为优质农产品的生产和销售提供基础性依据。

② 建设无公害农产品生产基地，培育无公害农产品品牌。制定标准的目的是引导农民按标准规范生产，提高农产品的科技含量。在实际生产中，指导农业生产单位严格按照技术标准实行六个统一：统一选择土壤、水质、空气符合标准要求的土地，建设无公害农产品生产基地；统一选择优质品种；统一选用、配制符合无公害农产品生产要求的肥料；统一栽培技术规程；统一按无公害农产品标准确定收购标准；统一包装，加贴相关部门颁发的无公害农产品标识。

③ 建立无公害农产品监测体系，监督管理无公害农产品的销售市场。在全面建立健全无公害农产评估标准体系过程中，充分发挥质量技术监督职能，对无公害农产品的生产基地和市场，宜定期和不定期以检查、抽查两种方式进行严格监督管理，对不合格的生产销售单位予以责令整改、禁止生产销售及没收牌匾等相应处罚，全面建立一个结构完整、井然有序的无公害农产品销售体系。并通过媒体向社会公告检查整顿情况，以达到扶优限劣、引导老百姓正确消费的目的。

（4）通过会议、新闻媒体等形式宣传无公害农产品。为争取相关部门、广大消费者乃至整个社会对无公害农产品的认同，加大无公害农产品的宣传力度。

 案例分析

国际市场特别是发达国家在出口管理上，除了多年以来一直要求的出口卫生许可证制度与美国食品和药品管理局（FDA）的良好操作规范（GMP）等注册认证制度外，近年来又实行了 ISO9000 系列质量认证和水产品危害分析与关键控制点（HACCP）法规的认证等，国际市场的门虽然开着，但门槛却是越来越高。技术壁垒中有些硬指标是以具体的数据来要求的，且大多是精确到小数点后面二三位。我国在许多传统产品（如茶叶、蜂蜜等）上的农药残留问题令许多出口生产经营单位为之犯愁，而在水产品的出口上，也是越来越难做。原因之一就是欧盟、美国、加拿大、日本、韩国等国家和地区提出的要求越来越高，通过实行"技术壁垒"措施，对我国的出口产品进行严格控制。而在新鲜果蔬和果蔬加工产品的出口上，明确规定不得在采收前施以各种生长（催熟）剂，更不得存在农药残留超标。我国兔肉出口 1997 年达到 4.35 万吨，1999 年回落到 1.65 万吨。主要原因是我国兔肉存在药物和重金属残留超标问题,不符合欧盟进口标准。加上欧盟等主要进口国对兔肉需求转向冰鲜兔肉,这就使我国失去了市场优势,在出口上造成了巨大的经济损失。

### 本章小结

标准化是社会化大生产的产物,是生产力发展的必然结果。随着科学技术的进步,专业化生产的发展,产品产量的增加和质量要求的提高,以及产销之间、社会行业之间联系的密切,为了保证产品质量和各种工作的质量,就必须制定和贯彻统一的、明确的标准,从而引起标准化概念和范畴的进一步扩展和深化。

### 复习思考

1. 什么叫商品标准?它的主要内容是什么?
2. 商品标准有几大类?是怎样分级的?
3. 农业标准化的概念是什么?
4. 农业标准化的全程质量控制措施包含哪些内容?

# 第6章 园艺产品的商品化处理

**本章导读**

园艺产品的商品化处理直接影响着园艺产品的价值和使用价值。随着人们生活水平的提高,人们对园艺商品的需求已从传统的数量要求变为质量要求,开展以提高园艺商品质量为中心的采后商品化处理工作,可以有效地提高园艺商品的质量,最大限度地减少损失,保证产品质量,提高食用安全,延长商品寿命增加附加值。园艺产品的商品化处理包括园艺生产获得的产品从采收到销售的各个环节。如园艺产品的采收、田间处理、贮藏、挑选、分级、果品的涂层、产品包装、商品包装装潢、产品商标、运输、销售等内容。通过本章学习,要使同学们明确采收和采后处理是决定园艺商品品质与耐贮性的技术关键;掌握园艺产品采收的基本要求与方法;掌握园艺产品的基本贮藏方法;掌握产品包装的一般原则与方法以及园艺商品的包装及商标的基础知识。

## 6.1 园艺商品的采收

采收工作是保证园艺商品质量的关键一环。要获得优质的园艺产品,首先应了解适当的采收期与园艺产品的质量、品质、耐贮性和抗病性有着密切关系。只有适时采收,才能获得耐贮藏的产品。而采收的一切操作是否适当将直接影响到园艺产品的质量。因此,适时、合理地采收对保持园产品品质至关重要,也是搞好商品化处理的前提。

### 6.1.1 园艺商品成熟度的确定

为了做到适时采收,必须了解园艺产品的适宜成熟度。

果蔬营养丰富,组织脆嫩,在采收、装卸、运输过程中极易损伤,易引起微生物感染而腐烂。适时采收是影响采收质量的关键因素。采收太早,果实未成熟,味道不好;采收太迟,会过熟,并增加纤维含量。

园艺产品的成熟度可分为"生理成熟度"和"商业成熟度",两者有明显的差别。前者是植物生命中的一种特定阶段,后者涉及能够转化为市场需要的采收时机,是市场对植物体所要求的一种状态。各种果蔬采收时的成熟度是以商业成熟度作为依据,也就是以风味品质的优劣作为依据的,长期贮藏的果蔬,还要以贮藏结束时的风味品质及损耗状况为标准。

果蔬的种类很多,品种的生理特性各不相同,采收后的用途也不同,采收成熟度要求很难一致,其商业成熟度的鉴定也就不便定出统一的标准。一般可采用下列方法判断果蔬成熟度。

1. 颜色变化

颜色包括底色和面色。果实成熟过程中,其底色由深变浅,由绿转黄,是判断成熟度的主要依据,其着色状况是质量的重要标志。面色受光照的影响较大,有些果实在成熟前也会显现,有的果实已成熟仍未显现。如番茄在果顶呈奶油色时采收;茄子应在亮而有光泽时采收;黄瓜在深绿色时采收。蜜柑之类在果皮尚有青绿时采收,其味已甜。但如四川红橘果实全部红色,其味仍酸。生长在树冠外围中上部的李子,面色已红,其味仍涩。绿色的苹果如金冠、青香蕉等基本上不着面色,在底色变浅绿色时采收,适宜长期贮藏。目前生产上大多根据颜色变化来决定采收期,此法简单可靠,容易掌握。

2. 果肉硬度

果肉硬度指果肉抗压力的强度。当果实成熟和完熟时,由于细胞壁间果胶的溶解而变软,果实的硬度也逐渐下降,因此可根据硬度判断果实的成熟度。许多水果的成熟度与硬度有着十分密切关系。如莱阳梨采收时为 $7.5 \sim 7.9 \ kg/cm^2$,青香蕉为 $8.2 \ kg/cm^2$,秦冠、国光 $\geq 9.1 \ kg/cm^2$,鸭梨为 $7.2 \sim 7.7 \ kg/cm^2$,红元帅系和金冠苹果,适宜的硬度应在 $7.7 \ kg/cm^2$ 以上。

蔬菜果肉硬度有时称为果肉的坚实度。一方面蔬菜要发育良好,充分成熟;另一方面蔬菜不能过熟变软,需有一定的硬度。如番茄、辣椒、甘蓝叶球、花椰菜花球等都应充实坚硬;莴苣、芥菜、四季豆、甜玉米等都应在幼嫩间采收,硬度不能太高。

3. 果实的形状与大小

某些品种可用果实形状来确定成熟度。如香蕉在成熟期横截面上的棱角逐渐钝圆,黄瓜在身体膨大之前采收。有时果实的大小也可作为成熟的一个标志,但其价值十分有限,如瓜类,大的表示成熟,小的表示未熟。

4. 生长期

根据果蔬生长天数来确定采收期,是当前果蔬生产上常用的简便方法。如苹果一般早熟品种应在盛花后 100 天,中熟品种 100～140 天,晚熟品种 140～175 天采收。应用果实生长期判断成熟度,有一定的地区差异,如国光苹果采收期在山东是 160 天,陕西是盛花后 175 天,而在北京则在 185 天以上。

5. 化学成分

果蔬产品中糖酸含量变化,可以比较准确地判断果实的成熟度,作为判断葡萄、柑橘、甜菜等成熟度的依据。随着果实的成熟,果肉中有机酸的含量迅速下降。糖酸比或可溶性固形物总量与酸之比同果实的可食性的关系,比单一的糖或酸含量更为密切(表 6-1)。如苹果在糖酸比为 30∶1 时采收,风味浓郁;甜橙采收时,糖酸比不低于 10∶1;而美国甜橙将糖酸比为8∶1作为采收成熟度的低限标准。

淀粉含量随果蔬的成熟逐渐减少。豌豆、四季豆、甜玉米等,以食用幼嫩组织为主,应在糖分多、淀粉少的时候采收,否则组织粗硬,品质下降。马铃薯、芋头等应在淀粉含量多时采收,这样产量高、营养丰富、耐贮藏。

表6-1 苹果糖酸比与风味的关系(%)

| 果实风味 | 含糖量 | 含酸量 |
| --- | --- | --- |
| 甜 | 10 | 0.10~0.25 |
| 甜酸 | 10 | 0.25~0.35 |
| 微酸 | 10 | 0.35~0.45 |
| 酸 | 10 | 0.45~0.60 |
| 强酸 | 10 | 0.60~0.85 |

人们在长期的生产实践中,总结了不少判断果蔬成熟度的好方法。如洋葱、芋头、荸荠、生姜等蔬菜,在地上部枯萎后开始采收好,耐藏性强;黄瓜、丝瓜、茄子、菜豆应在种子膨大硬化之前采收,否则组织变硬、纤维化、品质下降;南瓜、冬瓜在果皮硬化、白粉增多时采收,有利于贮藏;西瓜卷须枯萎表示成熟等(表6-2)。

表6-2 蔬菜类作物的成熟指标

| | 作物名称 | 成熟指标 |
| --- | --- | --- |
| 块根类 | 萝卜和胡萝卜 | 个头够大且脆(如果多髓为过熟) |
| | 马铃薯、洋葱和大蒜 | 顶部开始变干,下垂 |
| | 豆薯和生姜 | 个头够大(如果变韧、纤维化则为过熟) |
| 果菜类 | 嫩葱 | 叶子长至最大、最长 |
| | 豇豆、长豇豆、番茄、蚕豆、甜豌豆、香豌豆等 | 豆荚饱满,容易折断 |
| | 利马豆和秋葵 | 豆荚饱满,并逐渐褪去绿色,长至理想大小,末端容易折断 |
| | 蛇瓜及丝瓜 | 长至理想大小,指甲可容易按烂其肉质(如果指甲不能轻易按烂其肉质则为过熟) |
| | 茄子、苦瓜、佛手瓜及切片黄瓜 | 长至理想,但仍脆嫩(如果颜色变淡或改变、种子变硬则为过熟) |
| | 玉米 | 指甲按入其果粒时渗出乳液 |
| | 番茄 | 切开时种子滑脱,或者绿色开始变为粉红色 |
| | 甜椒 | 深绿色变淡或变红 |
| | 香瓜 | 颜色从淡绿白色变成米色,可闻到香味 |
| | 西瓜 | 下部颜色变为米黄,拍时声音较沉 |
| 花菜类 | 菜花 | 花球紧密(如花丛伸长、变松则为过熟) |
| | 青花菜 | 花丛紧密(如松软则为过熟) |
| 茎菜类 | 莴苣 | 个体够大,未开花 |
| | 卷心菜 | 顶部紧密(如顶部裂开则为过熟) |
| | 芹菜 | 个体够大,未成髓 |

在实践中,要结合具体果蔬种类、品种、特性、生长情况、气候条件、栽培情况、市场情况和采后用途等综合考虑,才能确切地决定适当的采收期。采收时间不当,往往会造成不必要的损失。菜豆、青豌豆食用幼嫩组织,若采收期推迟,则纤维素增多;结球甘蓝若不及时采收,裂球率显著增加;番茄采收期推迟,如遇连阴雨则裂果多。

鲜切花的采收也有一定的标准(表6-3)。

表6-3  几种鲜切花的采收标准

| 花卉名称 | 用途 | | | |
|---|---|---|---|---|
|  | 远距离运输 | 近距离运输 | 就近批发出售 | 尽快出售 |
| 亚洲百合 | 基部第一朵花苞已经转色,但未充分显色 | 基部第一朵花苞充分显色,但未充分膨胀 | 基部第一朵花苞充分显色和膨胀,但仍抱紧 | 基部第一朵花苞充分显色和膨胀,花苞顶部已经开绽 |
| 菊花 | 舌状花紧抱,其中一两个外层花瓣开始伸出 | 舌状花外层开始松散 | 舌状花最外两层都展开 | 舌状花大部分展开 |
| 香石竹 | 花瓣伸出花萼不足1 cm呈直立状 | 花瓣伸出花萼不足1 cm,且略有松散 | 花瓣松散,小于水平线 | 花瓣完全松散,接近水平线 |
| 唐菖蒲 | 花序最下部一两朵小花都显色而花瓣仍紧缩 | 花序最下部1~5朵小花显色,小花而花瓣花瓣未开放 | 花序最下部1~5朵小花都显色,小花而花其中基部小花略呈展开状态 | 花序下部7朵以上小花露出,苞片均已显色,其中基部小花已开放 |
| 月季 | 花萼略有松散 | 花萼伸出萼片 | 外层花瓣开始松散 | 内层花瓣开始松散 |
| 郁金香 | 花苞发育到半透色,但未膨胀 | 花苞充分显色,但未充分膨胀 | 花苞充分显色和膨胀,但未开绽 | 花苞充分显色和膨胀,花苞顶部已经开绽 |

## 6.1.2 采收

1. 采收容器与采收工具

采收时用的容器种类繁多,大小、形状各不相同。这些容器可以是缝纫袋,各种织物,篮子、盒子、箱子、运输车等。采果篮是用细柳条编制或钢板制成的无底半圆柱形筐,篮底用帆布做成。采果袋完全是用布做成。果筐是用竹篾或柳条编制,要求轻便牢固,果箱有木箱、纸箱两种,一般以10~15 kg为宜。

采收时常用的工具多种多样,如:各种剪刀、修枝剪等。采收柑橘、柿子、葡萄等都有特制的采果剪,圆头而刀口锋利。采收水果、某些蔬菜及剪花时经常使用修枝剪。手持式、套杆式修枝剪有很多种(图6-1)。使用新工具时应小心检查其性能。

采摘芒果、鳄梨等水果时,如果用手很难够到时,用套上长杆的工具则可采摘(图6-1)。采摘杆和套袋可以手制,或到农艺品供应公司购买。采集袋用的是坚固的粗绳手织或用帆布缝成。用作篮框的箍和刀锋可用金属片、钢管或回收利用的废金属做成。

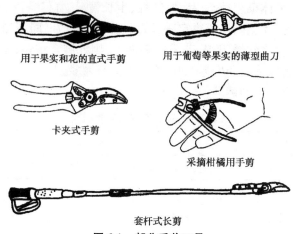

图 6-1 部分采收工具

2. 采收方法

园艺产品种类繁多,性状各异,采收方法多种多样,可概括为人工采收和机械采收两大类。

(1) 人工采收

鲜销和长期贮藏的园艺产品最好采用人工采收,人工采收灵活性很强,机械损伤少,可以针对不同的产品、不同的形状、不同的成熟度,及时进行采收和分类处理,还便于满足一些种类的特殊要求。人工采收通常用手摘、采、拔,用刀剪、割,用锨、镢挖等采收方法进行采收。在采收时,采收用的刀子和卡剪应磨利,应保证采收时的损伤和浪费减少到最低限度,尤其在采收果蔬时,更应小心,尽量减少损伤。

具体的采收方法应根据各类果蔬产品来定。如柑橘、葡萄等果实的果柄与枝条不易分离,需要用采果剪采收。为了使柑橘果蒂不被拉伤,此类产品多用复剪法进行采收,即先将果实从树上剪下,再将果柄齐萼片剪平。苹果和梨成熟时,果柄与果枝间产生离层,采收时以手掌将果实向上一托,果实即可自然脱落,进行带梗采收,黄瓜顶花带刺采收,葡萄、荔枝应带穗采收。桃、杏等果实成熟后果肉特别柔软,容易造成伤害,所以人工采收时应剪平指甲或戴上手套,小心用手掌托住果实,左右轻轻摇动使其脱落。采收香蕉时,应先用刀切断假茎,紧护母株让其轻轻倒下,再按住蕉穗切断果轴,注意不要使其擦伤、碰伤。同一棵树上的果实采收时,应按由外向内、由下向上的顺序进行。有些蔬菜如石刁柏、甘蓝、大白菜、芹菜、西瓜和甜瓜等在采收时,可以用刀割,石刁柏采收应在早晨进行,才能保证品质。依生长情况,可以每天或每两三天收割一次。甘蓝、大白菜收割时留 2~3 片叶作为衬垫,收芹菜时要注意叶柄应当连在基部,南瓜、西瓜和甜瓜采收通常在清早进行,采收时可保留一段茎以保护果实。瓜类目前都为人工采收,菜豆、豌豆、黄瓜和番茄等用手摘。木质茎或带刺茎在采果时应尽量在近果实处剪切以免在运输中误伤其邻近的果物,套袋应相对较小。采摘时切割的角度和套袋的形状会影响到水果的质量,因此,在采收中应予注意。

地下根茎菜类的采收都用锨或锄挖,有时也用犁翻,但要深挖,否则会伤及根部,如胡萝卜、萝卜、马铃薯、芋头、山药、大蒜、洋葱的采收都是挖刨,通常马铃薯采收时希望块茎的水分减少,应在挖掘前将枝叶割去或在挖后堆晾块茎。山药的块根较细长,采收时要小心,以免折断,山药通常长有很多小块根,所以在挖时将大块根在根与藤连接处割断取出,而让小块根继续生长。

采摘者在田间使用的容器应洁净,内表平滑,边缘平展。采收时及采收后应避免将产品置于太阳底下,以免晒伤。如果产品不立即从田里运走,现场使用的大箱子应置于阴凉处,并盖上淡色帆布、有叶的植物、稻草等或将容器倒过来盖上。有时应选择晚上或早晨采摘,因为此时作物内部温度相对较低,从而减少预冷所需的能量。芒果和柑橘等作物的乳液量接近中午时通常要比拂晓时少,所以,如果上午尽量迟些采收,可在包装前省去不少清洁产品的功夫。对成熟期早晚有差异的黄瓜、番茄、菜豆等应进行分期采收。

目前国内的人工采收仍然存在很多问题。主要表现为缺乏可操作的果蔬采收标准,工具原始,采收粗放。应对新上岗的工人需进行培训,使他们了解产品的质量要求,尽快达到应有的水平和采收速度。

(2) 机械采收

机械采收的主要优点是采收效率高,节省劳动力,降低采收成本,可以改善采收工人的工作条件以及减少因大量雇佣工人所带来的一系列问题。目前机械采收主要用于加工的果蔬产品或能一次性采收且对机械损伤不敏感的产品。地下根茎类菜,如马铃薯、萝卜、胡萝卜等,多用挖掘机采收,也用犁翻。如美国使用机械采收番茄、樱桃、葡萄、苹果、柑橘、坚果类等。根茎类蔬菜使用大型犁耙等机械采收,可以大大提高采收效率;豌豆、甜玉米、马铃薯均可采用机械采收,但要求成熟度一致;加工用果蔬产品也可以采用机械采收。机械采收前也常喷洒果实脱落剂如放线菌酮、维生素C、萘乙酸等以提高采收效果。此外,采后及时进行预处理可将机械损伤减小到最低限度。有效地进行机械采收需要许多与人工采收不同的技术。美国李子的采收常用一个器械夹住树干并振动,使果实落到收集帐上,再通过运输带装入果箱。

不恰当的操作将带来严重的设备损坏和大量的机械损伤。机械设备必须进行定期的保养维修。采收时产品必须达到机械采收的标准,挖得要够深,否则会伤及根部。蔬菜采收时必须达到最大的坚实度,结构紧实。同时配有收集器、运输带,边收边运,及时送至加工车间。同时,目前各国的科技人员正在努力培育适于机械采收的新品种,并已有少数品种开始用于生产。此外,采收机械设备价格昂贵,投资较大,所以必须达到相当的规模才能具有较好的经济性。与人工采收相比,机械采收效率高,速度快,适于那些果梗与果枝间易形成离层的果实,以及成熟期一致、机械作业方便的果蔬。对于一些产品,机械常辅助人工采收以提高采收效率。如在莴苣、甜瓜等一些蔬菜的采收上,常用皮带传送装置传送已采收的产品到中央装载容器或田间处理容器。在番木瓜或香蕉采收时,采收梯旁常安置有可升降的工作平台用于装载产品。有时果树很高,采收时,应两人合作,一人从树上剪采水果,另一个则用麻袋接着,接果者用双手或一只腿撑着袋子,将掉下来的水果接着,然后将袋子的另一端放低,使水果安全地滑到地上。大多数新鲜果蔬的采收,目前还不能完全采用机械采收。

采收时间一般应选择在晴天上午晨露消失后进行,避免在雨天和正午采收。抽蒜薹宜在中午进行,经太阳曝晒,蒜薹细胞膨压降低,质地柔软,抽拉时不易折断。而苹果、梨宜在太阳升起之前或落山以后采收。

进行"预冷"处理,即园艺产品在运输和贮藏之前进行适当降温处理,以除去产品田间热,迅速降低温度,以延长产品的采后寿命。目前预冷处理的主要方法有:自然冷却、水冷却、真空冷却、强制冷风冷却及冷库冷却。

## 6.2 园艺产品的田间处理

### 6.2.1 包装场处理

包装场处理可以像把园艺产品从田间采收筐直接移进运输箱那么简单,也可以包括清洗、涂蜡、大小与品质分级以及果色的分级等各种处理过程。

在最简单的包装场中,采收后的产品直接装在采收筐中送到包装者处,然后由包装者选别、分级,并将产品直接装入运输箱。在这种情况下,每个包装者必须对有关产品的缺陷、品质与大小分级的要求以及包装方法等有清楚地了解。

包装过程应确保在阴凉处进行。可用塑料网或打有孔眼的帆布上盖上棕榈树叶来遮阳,也可建造长期性的带有屋顶的建筑来遮阳。在选择建立包装场的地址时,必须考虑到田间及到市场的通路,为车辆进出包装场留下足够的空间以及便于工人的进入等问题。

随着包装场的规模和复杂性的增加,需要增补更多的工序和经特别培训的工人。

包装场典型的操作流程如图 6-2。根据所处理产品种类的不同,可采用干法或加水法卸果。清洗可用加氯水洗或单用干刷。如果需要,清洗后的产品经除去表面的水分后进行涂蜡。分选机将产品分为加工用和鲜销用两种。大小分级机再将产品分级,最小的用于当地销售或者用于加工。一般根据地方或国家标准,最好的产品用于包装和销售。

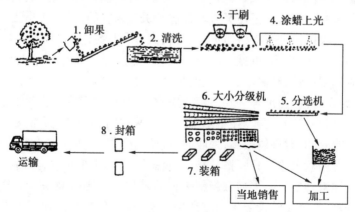

图 6-2 包装场典型的操作流程

图 6-3 是包装场的操作流程图,包装流水线的号码和规格可根据每天要处理产品的种类和数量而定。

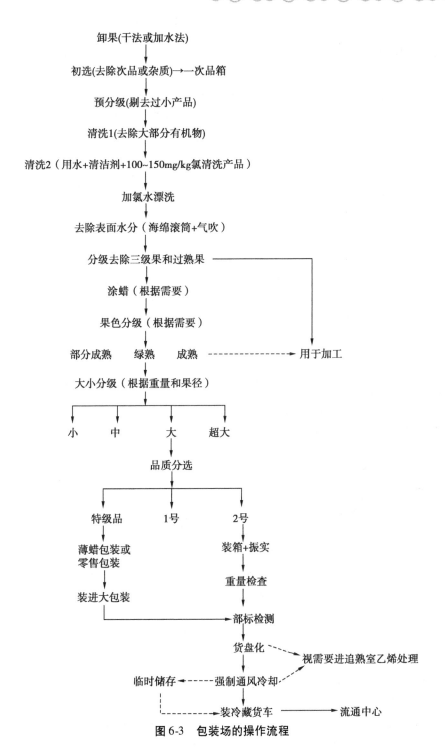

图 6-3 包装场的操作流程

### 6.2.2 卸果

产品以某种方法从田间采收筐（箱）移出，送到包装场，这第一步称为卸果。无论用流水法或干式法卸果都必须小心地倒出。湿法卸果可利用流动的加氯水（100～150 mg/kg）来移送娇嫩的产品而减少碰伤和擦伤。使用干式卸果时用加衬垫的斜面或传送带可减少对产品的损害。

任何时候，果品从一个容器倒入另一个容器时，都须小心操作，注意减少果品的机械损伤。从田间采果筐或从货车往包装场卸果时，可采用干法或湿法倾倒方法。用干法卸果时，须小心、缓慢地将果品倒入带有衬垫边框的斜面，然后由传送带将干法卸货的果品送进包装场。

倒进水中与倒到干的斜面上相比，无论是在水中的浸没或是漂浮，湿法卸货都可减少果品的机械损伤。像苹果等比重比水轻的果品会浮在水上，而像处理梨等果品时要在水中加入盐类（如木素磺酸钠、硅酸钠或硫酸钠），以增加水的比重，确保果品能浮起来。

### 6.2.3 预选

园艺产品的预选通常指在冷却或其他处理前，剔除受操作的、腐败或其他有缺陷的产品。预选比未经预选的损伤节省能源。尤其是在未使用采后杀虫剂的情况下，剔除腐败或即将腐败的产品，以防传染扩散到别的个体上。

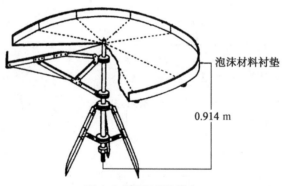

图 6-4　轻便式选果台

分选的目的是剔除太小的、腐烂或受损的次果。最简单的是传送带。选果者必须用手来挑选，以便看到果实的各个方面，剔出坏果。分选时，选果台要设定到对选果者操作适宜的高度。设置垫脚的矮凳或结实的橡皮垫，可减轻疲劳。选果台与选果箱的摆放位置要尽量减少手的移动幅度。选果时，操作者伸向工作台手臂的角度建议为 45 度，并且工作台的宽度应小于 0.5 m，以避免过度伸展。良好的光线将会提高选果者发现次果的能力，深暗色的输送带或台面可减轻眼睛的过度疲劳。传送系统在运转时，产品通过选果者的速度不能太快，推杆或滚筒传送的旋转速度应调整至产品在选果者的正常视野内旋转两圈。

运到的产品放在选果台上，由一个工人选进包装台，然后由第二个工人包装。如果操作工人必须站着选果,可在地板上放一厚的橡皮垫以减轻疲劳。图6-4所示轻便式选果台的表面为帆布构成,并且台并径约为1 m。其边缘用薄的泡沫层围住,以防止选果时碰伤果实。从选果台中心到选果者的坡度设为10度。果实可以从采果筐卸到台上,然后按大小、果色或等级选别,并直接装进运输箱。一圈最多可站4人。

### 6.2.4 分级

分级是使果品商品化、标准化的重要手段,是根据果品的大小、重量、色泽、形状、成熟度、新鲜度和病虫害、机械伤等商品性状,按照一定的标准进行严格挑选、分级,除去不满意的部分。通过分级,使园艺产品等级分明,规格一致,便于包装、贮藏、运输和销售,由于分级后的果品在外观品质上基本一致,可以做到优级优价。产品的大小分级是非强制性的,但是,在很多情况下,分级可以提高产品的价格。目前,手工分级仍然占很大比重。操作工人将分级后的产品直接装箱或将选好的产品小心装入果箱待由下道工序进行包装。

1. 重量分级机

它是靠重量这一物理量进行单指标判定,对各种形状不规范的产品都能分级,另外它通常是一个一个产品装在料斗上计量,产品在分级时不滚动,不通过狭缝,因此较适于易伤产品的分选。现在使用的机械按其衡重的原理分为摆杆秤式及弹簧秤式两种。一般运用于梨、柠檬、芒果、苹果等果形不正的果品上。

2. 大小分级机

在小型包装场也常常使用大小分级机进行分级,它主要用于开发和运用于表皮较结实或用于加工用产品的分级。首先分出小果径果,最后把最大的果实分出来。蜜柑分级用的选果机,根据旋转摇动的类别分为滚动式、传动带式及链条传送带式(图6-5)三种。果实大小分级机有构造简单、提高效率等优点,但缺点是对于果皮不耐磨的果实容易产生机械伤。

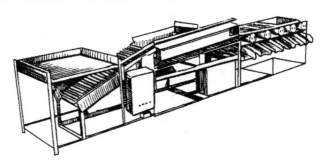

图6-5　果实大小分级机(JFL-3000型,浙江临海)

大小分级机有很多种,但也有适用于易伤产品的。其中有打孔带和带孔滚筒分级机、料斗孔径自动扩大分级机、叉式分级机、可调高度分级机、横行和纵行滚轴分级机和可调底边狭缝分级机等六种大小分级机。分别可用于圆形产品、长形产品和不规则形产品的分级。圆形的产品可用分级环来分级,分级环可以用木板制作,也可购买已做成各种尺寸的多用分级环。圆形果品的分级常采用旋转式圆筒选果机,它由5个中空的圆筒组成,马达启动时圆筒进行逆时针方向旋转,每个圆筒上开了足以让果实掉进去大小的孔,第一个圆筒上的孔直径最小,而第五个圆筒上的孔直径最大。当果实落下时,由一倾斜的托盘(滑槽)接住,然后滚进所示的容器。需要注意的是果实下落的距离要尽可能短以防止摔坏。过大的果实则在流水线的末端堆积。此设备最适用于圆形果品的分级(图6-6)。

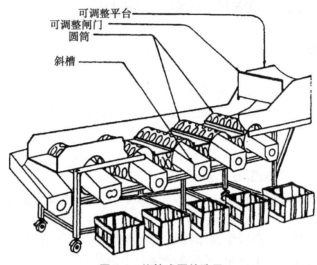

图6-6　旋转式圆筒选果

如果包装场用传送系统,可利用多种分级链和分级带来给产品分选大小等级。购买分级链有多种宽度和各种大小开孔的可供选择。方形孔通常用于像苹果、番茄和洋葱一类的产品,而长方形孔用于桃和胡椒及柚子的分级,六角形孔经常用于马铃薯和洋葱的分级(图6-7)。

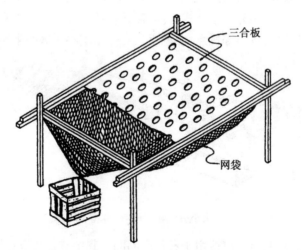

图6-7　洋葱分级机

3. 光电分级机

光电分级机又叫光线式分级机,不仅可对产品进行大小分级,还可对产品进行外观品质和颜色及内部品质和颜色的分级,这是目前最先进的分级设备,世界先进的产果国家往往用此分级。它可对柑橘、苹果等果实进行分级(图6-8)。光线式大小分级机根据光束遮断法分为两元件同时遮光式光学分级机、脉冲计数式光线分级机、屏障式光线分级机和复合式光线分级机等四种光学大小分级机。外观品质分级机其原理是用光束照射果实,通过光束反射率来判断果实的着色程度和伤痕等,用工业电视摄像机拍照,通过画像处理判断伤痕和形状。内部品质分级机是用一定波长的光照射产品,在不破坏产品的情况下,通过测定透过光的强度来判断产品中的糖和酸及其成分的含量,可用光反射和投射方法判断番茄外部和内部着色程度。

**图6-8 苹果柑橘光电分级机(日本)**

不同的国家和地区都有各自不同的苹果果实分级标准。如美国主要按色泽和大小将果品分成超级、特级、商业级、商业烹饪级和等外级。我们国家鲜苹果一般是按果形、色泽、硬度、果梗、果锈、果面缺陷等方面进行分级。按果实最大横切面直径(即果径)大小将果实分为优等品、一等品、二等品三个等级。其中,优等品的果径为:大型果≥70 mm,中形果≥65 mm,小形果≥60 mm,各类果每级级差5 mm(标准号为GB10651—89)。我国出口鲜苹果主要是按果形、色泽、果实横径、成熟度、缺陷与损伤等方面分为AAA级、AA级和A级三个等级,各等级对果实大小的要求是:大型果不低于65 mm,中型果不低于60 mm(标准号为ZBB31006—88)。此外,部分省区(如山东、陕西)也制定了鲜苹果地方标准。见表6-4列出了鲜切花的分级标准。

现场包装可大大减少产品上市前所必要的处理步骤,减少处理产品的时间,降低损失。进行现场包装时,采摘员将产品采收之后马上进行包装,尽量减少触摸。草莓一般都是进行现场包装的,因为即使触摸很少也会损伤这类脆弱水果。现场包装莴苣时,头部的几片叶子可留着,便于运输时能垫好莴苣。进行现场包装时可设计小型的移动现场包装站,随包装员移动,这样可在包装时遮阴。

**表6-4 鲜切花的分级标准**

| 等 级 | 分级质量标准 |
|---|---|
| 特 级 | 花朵品质最好、无杂物、发育正常、茎秆粗壮、坚挺充实、具备该品种特征、允许3%的品质略差者 |
| 1 级 | 花朵品质良好、发育正常、茎秆坚挺、具备该品种特征、允许5%的品质略差者 |
| 2 级 | 花朵品质较佳、发育正常、能够满足装饰最低要求、允许10%的品质略差者 |

在日本,蔬菜产品的标准化程度很高,标准对蔬菜产品质量的提高和蔬菜的合理流通都起到了很重要的作用。蔬菜生产者生产的蔬菜除很少一部分直销外,大部分要通过中央批发市场进行流通,而进中央批发市场的蔬菜必须符合统一的标准。日本出售的蔬菜除大小、品质标准之外,对包装的大小、规格、材料、包装方法、标识等都有统一的要求。

我国也有一些蔬菜方面的标准,如蔬菜名称国家标准,绿色食品蔬菜生产技术规程标准等,但随着生产和经济的发展,制定我国相应统一的蔬菜出售规格标准,显得越来越有必要。一方面,真正完善、规范的蔬菜批发市场要求必须要有统一的出售规格标准,制定统一的蔬菜出售标准,可以促进蔬菜市场规范化发展,从而促进蔬菜的流通;另一方面,制定统一的蔬菜出售标准,可以促进蔬菜产品质量的提高,满足人们生活水平提高的需要。我国蔬菜出售标准的制定,要根据我国现实情况而制定,开始不能要求过高,以后再逐步修订提高,使之不断完善。

## 6.2.5 清洗

香蕉和胡萝卜等果实需要水洗。环境卫生无论对于控制产品个体间病害的传播,还是限制洗果水中或包装场空气中孢子的集结都是基本的要求。在洗果水中进行加氯处理(100~150 mg/kg),有助于控制包装损伤中的病原体的生长。在不同的国家,商业上所允许用的漂白强度有所不同,但大体上每升清水用1~2ml氯漂白剂。墙、地板和包装设备也可用注明对食品加工设备安全的4价铵化合物来清洗。对于某些产品,例如,猕猴桃和鳄梨,干刷可能更利于清洗。选择干刷还是水洗应同时取决于产品的种类和被污染的类型。

用来作为清洗的容器,在洗果前,必须清洗干净。很多时候,大铁桶可用来制作简易洗果台,但由于铁桶经常用于装汽油和其他化学产品等,所以用于洗果前必须彻底清洗干。

## 6.2.6 涂蜡

在果品表面上涂上一层果蜡的方法称为涂蜡、打蜡或上蜡。产品打蜡后,表面变得非常光滑整洁,同时,由于涂蜡阻隔了果品与环境的接触,还可降低呼吸作用,减少水分蒸发,减少腐烂,延长保鲜时间,延长园艺产品寿命周期。用涂料处理果蔬,在一定时间内可以减少果蔬的水分损失,保持其新鲜,增加光泽,改善、提高果蔬的商品价值。打蜡是目前园艺商品营销中不可缺少的一项技术,美国从1924年起就对涂蜡进行了研究和应用,在柑橘上取得成功。国外果品涂蜡在20世纪三四十年代之间发展速度很快,作为果品销售的一个重要竞争手段,在商业上普遍得到使用。美国、日本、意大利、以色列、澳大利亚等国生产的柑橘、苹果、梨等在上市以前都进行涂蜡处理。涂蜡技术在我国应用还不十分广泛。近年来在外销的柑橘、苹果上也进行涂蜡,使出口果品的面貌大为改观,深受国际市场的欢迎。中国农林科学院林产化工研究所自20世纪70年代以来积极开展研究,制成了多种型号的涂料,并加入防腐保鲜剂等,增加了涂料的防腐和保鲜作用。

1. 果品涂料种类

果品涂料种类繁多,早期使用的有石蜡、蜂蜡等,近年来研制使用的有虫胶、淀粉膜、蔗糖脂、复方卵磷脂、SM涂膜剂、京2B涂膜剂、森柏尔保鲜剂、魔芋甘露聚糖保鲜剂、壳聚糖、细菌胞外多糖等。如果在涂料里混入防腐剂和激素,防腐保鲜效果会更加显著。

可涂膜的果蔬有梨、苹果、柑橘、香蕉、杏、油桃、柠檬、油梨、芫菁、胡萝卜、甘薯、黄瓜、甘蓝、南瓜、土豆、番茄、辣椒和茄子等。涂布可食性蜡可补偿在清洗操作中失去的自然蜡,有助于减少加工销售过程中的水分损失。如果产品经过涂蜡,那么在进行下道工序前必须使蜡层安全干燥透彻。图6-9所示的涂蜡装置设计成供经流水线上多次干刷后的果实使用。工业用羊毛毡将一个与传送带做成同宽度的槽中渗出的液体蜡涂布到果蔬上。在羊毛毡上覆盖了一层厚的聚乙烯薄蜡以减少蜡的蒸发。

2. 涂膜的方法

涂膜方法分为浸涂法、刷涂法和喷涂法等三种。

浸涂法是将涂料配制成适当浓度的溶液,将果品整体浸入,使之沾上一层薄薄的涂料后,再取出果蔬将其放到一个垫有塑料的倾斜槽内徐徐滚下,装入箱内晾干的一种方法。

刷涂法是用细软毛刷蘸上配制成的涂料液,然后用刷子将果品辗转擦刷,使果品表皮涂上一层薄薄的涂料膜。此法可在机械上完成。

喷涂法的全部工序都在一台机械内完成。目前世界上新型的喷蜡机大多由洗果、擦吸干燥、喷蜡、低温干燥、分级和包装等部分联合组成。美国机械公司制造的打蜡分级机由5部分组成:浸泡槽及提升机;水洗器、干燥器及打蜡器;滚筒输送带及干燥器;滚筒输送带及分级器;柑橘分级机,分拣箱。此机处理能力为每小时用蜡82~112千克,涂果4~5吨。湖南试制成柑橘涂果分组机,由倒果槽、涂果机、干燥器及分组机4部分组成。打蜡机虽然种类较多,但喷蜡的方式主要是通过固定的或活动的单个喷头喷蜡,或机器吹泡(利用能吹泡的蜡液),使果实经过喷雾或液泡沾上蜡层,在滚筒毛刷的作用下使果实表皮上的蜡液均匀,再通过烘干即成。

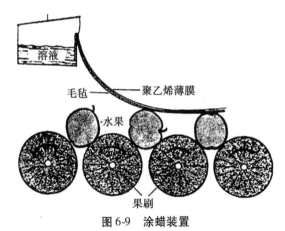

图6-9 涂蜡装置

## 6.3 园艺产品的贮藏

### 6.3.1 贮藏方式

我国园艺产品的贮藏方式很多,习惯上分为简易贮藏、通风库贮藏、机械冷藏、气调贮藏和减压贮藏五大类。而根据贮藏温度的调控方式,又可将其分为自然降温和人工降温贮藏两大类。前者包括各种简易贮藏和通风库贮藏,后者包括机械冷藏和气调贮藏等。各类贮藏方式的贮藏效果由其具备的有利条件程度和水平高低所决定。

简易贮藏包括堆藏、沟藏(埋藏)和窖藏三种基本形式,以及由此衍生的假植贮藏和冻藏,另外,还包括切花的干包装贮藏。简易贮藏简单易行,设施构造简单,建造材料少,修建费用低廉,具有利用当地气候条件、因地制宜的特点。在缓解产品供需上又能起到一定的作用,所以这种简易贮藏方式在我国许多水果和蔬菜产区使用非常普遍,在水果和蔬菜的总贮藏量上占有较大的比重。如堆藏常用于贮藏大白菜、甘蓝、洋葱等,在南方一些产区也用此方法贮藏柑橘类果实。沟藏法在北方冬季普遍用于根菜类蔬菜的贮藏。棚窖(地窖)在北方常用于贮藏苹果、葡萄、大白菜等果蔬产品。冻藏主要适用于耐寒性较强的蔬菜,如菠菜、芫荽、芹菜等绿叶菜。

干包装贮藏常用于贮藏月季等切花,可采用强风预冷,但不需要吸水处理,否则会增加"蓝变"现象发生。又如像金鱼草、唐菖蒲等对重力敏感的花,必须直立贮藏,直立运输。

20世纪80年代以来,随着机械冷藏设备和冷藏技术的发展及普及,机械冷藏已逐步取代冰窖贮藏。迄今为止,发达国家都将机械冷藏看做贮藏新鲜园艺产品的必要手段。

目前采用较多的是现代化的冷藏和气调贮藏保鲜技术。气调贮藏,简称CA贮藏,指在冷藏的基础上,把园艺产品放在特殊的密封库内,通过改变环境中的气体组成,来延缓衰老,减少损失的一种贮藏方法。它是通过调整环境气体来延长食品贮藏寿命和货架寿命的技术。气调保鲜技术的关键在于调节气体组成与浓度,同时还需考虑温度和相对湿度这两个十分重要的控制条件(图6-10)。

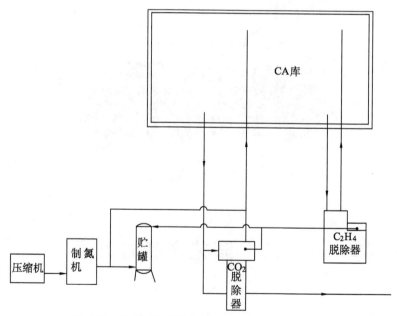

图6-10 气调系统示意图(河南生物研究所,1997)

## 6.3.2 气体成分

正常大气中约含氧21%、二氧化碳0.03%及氮78%,其他成分不足1%。改变空气的组成、适当降低氧的分压或适当增高二氧化碳的分压,都有抑制植物体呼吸强度、延缓后熟老化过程、阻止水分蒸发、抑制微生物活动等作用。同时,控制氧和二氧化碳两者的含量可以获得更好的效果。气调法就是利用控制氧气和二氧化碳等气体浓度来进行贮藏的。

降低氧浓度可使跃变型果实的呼吸高峰延迟出现并降低其强度,甚至不出现呼吸高峰;还可抑制叶绿素的分解,从而达到保绿的目的。大部分果蔬氧的临界浓度为2%,一些热带、亚热带作物可高达5%,甚至9%。反之,也有一些作物对低氧的抵抗力相当强,如蒜薹在0℃及氧含量低于1%的条件下,一个月仍无明显的缺氧病害症状。

二氧化碳浓度也会抑制乙烯对后熟的刺激作用,适量的二氧化碳还有助于保绿。北京宣武区菜站等进行菜花气调贮藏试验,在0℃~8℃及氧含量15%~20%的条件下贮存37天,二氧化碳含量为3%~4%时,菜花叶片中叶绿素的相对含量为0.919,不含二氧化碳时为0.612。据报道,二氧化碳对甘蓝、绿菜花、芹菜、菠菜、豆等也都有防止黄化的效果。二氧化碳浓度过高则引起一系列有害影响,如风味和颜色恶化,有生理病害。如果二氧化碳含量超过13%,苹果褐心病就会产生,苹果品质严重恶化。表6-5列出了部分果蔬的气调冷藏条件。

表6-5 部分果蔬的气调冷藏条件

| 果蔬 | 气体组成(%) | | 温度 | 相对湿 | 果蔬 | 气体组成(%) | | 温度 | 相对湿 |
| | $O_2$ | $CO_2$ | (℃) | 度(%) | | $O_2$ | $CO_2$ | (℃) | 度(%) |
| --- | --- | --- | --- | --- | --- | --- | --- | --- | --- |
| 苹果 | 2~4 | 3~5 | 0~1 | 85~90 | 蒜薹 | 2~5 | 2~5 | 0~1 | 85~90 |
| 梨 | 2~3 | 3~4 | 0~1 | 85~90 | 黄瓜 | 2~5 | 2~5 | 10~13 | 90~95 |
| 柑橘 | 10~12 | 0~2 | 2~5 | 85~90 | 菜花 | 2~4 | 4~6 | 0~1 | 85~90 |
| 甜橙 | 10~15 | 2~3 | 0~2 | 80~85 | 辣椒 | 2~5 | 3~5 | 5~8 | 85~90 |
| 葡萄 | 2~4 | 3 | -1~0 | 90~95 | 青椒 | 3~5 | 4~5 | 7~10 | 85~90 |
| 草莓 | 3 | 3~6 | 0~1 | 85~90 | 菜豆 | 2~7 | 1~2 | 6~9 | 85~90 |
| 桃 | 10 | 5 | 0~0.5 | 85~90 | 洋葱 | 3~6 | 8~1 | 0~3 | 70~80 |
| 李 | 3 | 3 | 0~0.5 | 85~90 | 甘蓝 | 2~3 | 2 | 0~1 | 90~95 |
| 板栗 | 3~5 | 10 | 0~2 | 80~85 | 芹菜 | 0 | 5~7 | 0~1 | 90~95 |
| 柿子 | 3~5 | 8 | 0 | 85~90 | 萝卜 | 2~5 | 1~5 | 1~3 | 85~90 |
| 哈密瓜 | 3~5 | 1~1.5 | 3~4 | 70~80 | 胡萝卜 | 1~2 | 2~4 | 0~1 | 90~95 |
| 熟番茄 | 4~8 | 0~4 | 10~12 | 85~90 | 芦笋 | 10~12 | 2~4 / 5~9 | 0~2 | 90~95 |

### 6.3.3 温度

温度是最重要的贮藏环境条件,在贮藏保鲜中总是首先注意温度的控制,尤其对于那些有呼吸高峰期的果蔬,抑制或推迟高峰期的出现就可控制后熟,延长贮藏期限。一般来说,温度升高,果蔬的呼吸作用、蒸腾作用、水解作用、后熟老化作用等都加强,并且,一些果实的跃变高峰提早出现。对果蔬来说,一般以35℃~40℃为高限温度。

不同的果蔬贮藏的温度是不同的,见表6-6。

表6-6　部分果蔬的最适低温贮藏条件

| 果蔬 | 温度(℃) | 相对湿度(%) | 果蔬 | 温度(℃) | 相对湿度(%) |
| --- | --- | --- | --- | --- | --- |
| 苹果 | -1~0 | 85~90 | 成熟番茄 | 0~0.5 | 85~90 |
| 杏 | -0.5~0 | 85~90 | 甜椒 | 7~9 | 85~90 |
| 樱桃 | 0 | 85~90 | 茄子 | 7~10 | 85~90 |
| 山楂 | -2~2 | 85~90 | 黄瓜 | 10~13 | 85~90 |
| 西瓜 | 3~4 | 85~90 | 南瓜(老) | 3~4 | 70~75 |
| 甜瓜 | 0~1 | 85~90 | 青豌豆 | 0 | 80~90 |
| 椰子 | 0~0.5 | 80~85 | 扁豆 | 1~7.5 | 85~90 |
| 菠萝 | 8~10 | 85~90 | 萝卜 | 1~8 | 90~95 |
| 香蕉 | 11~13 | 85~90 | 胡萝卜 | 0~1 | 90~95 |
| 杧果 | 10 | 85~90 | 洋葱 | -3~0 | 75~80 |
| 蜜柑 | 2~5 | 90~95 | 大蒜 | 0 | 75~80 |
| 柠檬 | 6~7 | 80~85 | 马铃薯 | 1~7.5 | 80~85 |
| 梨 | 0~1 | 85~90 | 姜 | 1~8 | 85~90 |
| 桃 | 0~0.5 | 85~90 | 甜菜 | 0~1.5 | 88~92 |
| 葡萄 | 0~1 | 85~90 | 芋头 | 10~15 | 85~90 |
| 橘 | 2~3 | 80~85 | 山药 | 15.5 | 85~90 |
| 甜橙 | 4~5 | 80~85 | 白薯 | 0 | 85~90 |
| 花椰菜 | 0~0.5 | 85~90 | 甘蓝 | -1~0 | 90~95 |
| 生菜 | 0~1 | 95~100 | 菠菜 | 0 | 95 |
| 莴苣 | 0~1 | 85~90 | 芹菜 | -0.5~0 | 90~95 |
| 蒜薹 | -1~0 | 90~95 | 芦笋 | 0~2 | 95 |
| 绿熟番茄 | 10~13 | 80~85 | | | |

### 6.3.4 湿度

果蔬的贮藏与种子不同。果蔬贮藏一方面要降低呼吸,另一方面又必须保持一定的水分,必须兼顾两方面的影响,将湿度维持在一个适当的水平。对那些贮藏温度要求较高的蔬菜,如绿熟番茄、黄瓜等,应该维持的相对湿度比那些温度要求较低的蔬菜(如芹菜、菜花)还要低些。在这种环境中,蔬菜的蒸腾脱水虽然要重些,但比起在高湿度下微生物的快速增殖,综合的影响还是要小些。夏秋高温季节贮藏蔬菜,特别是在常温下采用薄膜封闭贮藏法,容易出现高温、高湿的情况,应该特别注意,此时应设法降低湿度。若空气湿度过大、温度骤高骤低以及堆放果蔬场所温差变化过大就会产生出汗现象,出汗易使果蔬表面凝结水滴,为微生物的侵袭创造有利条件,特别是在果蔬的伤口部位,极易造成腐烂,因此在任何情况下果蔬出汗对贮藏都是不利的。为防止出汗,必须减小或消除温差,控制较为稳定的贮藏温度。在0℃附近,低温对微生物已起到有效的抑制作用,空气湿度就可以高些,以便更好地防止果蔬蒸腾萎蔫。这种低温、高湿的综合条件,适于很多果蔬的贮藏。如果用有效的杀菌剂控制微生物的活动,贮藏湿度可以提高到接近于饱和。

## 6.3.5 贮藏保鲜新方法

1. 涂料贮藏

涂料贮藏是在果皮上涂上一层薄膜,用来遮盖果皮上的气孔,在一定时期内可减少水分损失,阻抑气体交换,是一种简易贮藏方法。有时也在涂蜡内加入防腐剂(保鲜剂)用来防止病菌侵染,同时有增加果面光泽、提高商品价值的作用。这种方法一般配合适当降温效果才明显。在高温高湿、病虫害严重的果区,效果不佳。目前国内各种保鲜剂大多是农药中的杀菌剂。因此,生产使用时务必谨慎从事,以免污染果蔬或造成经济损失。

2. 微生物保鲜

乙烯具有促进果蔬老化和成熟的作用,所以要使果蔬能达到保鲜的目的就必须去掉乙烯。科学家经过筛选研究,分离出一种"NH10菌株",这种菌株能够制成除去乙烯的"乙烯去除剂",可防止果蔬贮存中发生的变褐、松软、失水,有明显的保鲜作用。

3. 烃类混合物保鲜

这是英国一家塞姆培生物工艺公司研制出的一种使果蔬贮藏寿命延长1倍的"天然可食保鲜剂",它采用的是一种复杂的烃类混合物,在使用时,将其溶于水中成溶液状态,然后将需保鲜的果蔬浸泡在溶液中,使果蔬表面很均匀地涂上一层液剂,降低了氧的吸收量,也降低果蔬贮藏中所产生的二氧化碳。该保鲜剂的作用,酷似给果蔬施了"麻醉剂",使其处于休眠状态。

4. 电子技术保鲜法

微波电子果蔬保鲜机,是运用高压放电,在贮存果品、蔬菜等食品的空间生成一定浓度的负离子、臭氧和一种全新物质$H_2O$,直接作用于果蔬的基本组成单元聚分子,从而达到果蔬防腐保鲜的一种设备。

微波电子果蔬保鲜机主要作用特点:一是可以降低果蔬的呼吸强度,有机物消耗也相对减少;二是可以彻底分解贮藏环境中的乙烯,干净彻底地杀灭果蔬产品上的病原体,防止病害的发展;三是可以分解农药残留,有利于开发绿色无公害果蔬产品;四是可抑制叶绿素和芳香物质的分解,护色、保持果蔬固有风味。主要用于苹果、梨、桃子、樱桃、猕猴桃、冬枣、葡萄、柿子、柑橘等北方果蔬和荔枝、香蕉、杧果、龙眼、柑橘等南方果品的长期贮藏保鲜。

## 6.4 园艺产品的包装

我国《包装通用术语》国家标准(GB4122—83)中,对包装下了明确定义为"为在流通中保护产品,方便储运,促进销售,按一定技术方法,而采用的容器、材料及辅助物等的总体名称"。包装概念较好地反映了包装的物质形态、操作技术和包装的作用,显示出了商品包装所具有的商品性、工具性、手段性和方便性。包装是增加商品价值和实现商品价值的一种重要手段,是有形商品进入流通领域的必备条件,它反映出国家和企业的生产水平和竞争意识,也直接影响商品的价格、销售和产品的声誉。我国的果品及其他园艺商品因包装不良造成的直接损失十分惊人。每年因为包装不良造成的瘪听、烂罐、生锈等保险公司赔付额为1 400万美元左右。国内贸易园艺商品的包装更是低劣,许多根本就无包装可言。因此,研究园艺商品的包装技术和包装方法,推广园艺商品包装技术有十分重要的意义。

商品包装是增强商品竞争力的主要手段之一,因此要求商品的包装应符合科学、经济、牢固、美观、适销的原则。

### 6.4.1 商品包装的作用

1. 保护商品质量安全和数量完整

随着园艺商品市场的拓展,园艺商品要送往全国各地乃至世界各地,因此必须经过运输、储存、销售等环节。为防止商品在运输过程中受到震动、冲击而使其质量变坏或数量散失,必须进行科学地包装,同时包装有利于避免商品在这些过程中受阳光、空气中的氧气、有害气体及温湿度、生物的影响,以保证商品数量和质量的安全。

2. 方便商品的运输和储存

将商品按一定的数量、形状、尺寸规格进行包装,便于商品的清点、计数与盘查,可以提高运输工具和仓库的利用率。另外,在商品的外包装上印刷有明显的储运标志,如"小心轻放"、"谨防受潮"等文字及图形说明,以及运输目的地等,为各类商品的运输和储存工作带来极大的方便。这样加速了商品的流转,从而取得较大的经济效益。

3. 促进和扩大商品的销售

设计新颖、造型美观、色彩鲜艳的现代商品包装可以极大地美化商品,吸引消费者,在消费者心中留下美好的印象,从而激发消费者的购买欲望。因此,商品包装能起到赢得和占领市场、扩大和促进商品销售的作用。

4. 方便与指导消费

商品的销售包装是随同商品一起出售给消费者的。适宜的包装便于消费者携带、保存与使用。同时,销售包装上还有图画、文字介绍商品的性能、用途和使用方法,便于消费者掌握商品的特性、使用和保养,能起到正确指导消费的作用。

5. 提高商品身价

商品包装是商品的外衣,在市场竞争中往往可以起到"掩蔽"或"放大商品价值"的作用,商品包装可以增加商品价值。例如:过去相当长时间我国出口商品普遍存在着"一等商品、二等包装、三等价格"的不正常现象,而许多出口商品由粗糙低档大包装改为精致高档小包装后可换回更多的外汇。随着我国对外开放的不断发展,商品包装已逐渐被重视。尤其是出口商品,面临着激烈的国际贸易竞争,在改进商品的包装方面大有发展的余地。如日本的梨用剪柄+托盘+泡沫网套包装后的售价为我国天津鸭梨的3~5倍。

## 6.4.2 商品包装分类

商品包装的类型很多,按包装在流通领域中的作用可将包装分为销售包装和运输包装。前者是直接盛装一定数量零售商品的包装,它与商品配装成一个整体,随同商品一起出售,因此又称商品的内包装。运输包装通常是指商品最外层的包装,因此又称商品的外包装。它在商品流通过程中,起着保护商品、方便运输、装卸和储存的作用。常用的运输包装有木箱、纸箱、铁桶、竹篓、柳条筐、集装箱、集装袋及托盘等。

按包装使用次数,又可将包装分为一次使用包装和多次使用包装。前者是在商品售出后,随着商品的使用而消耗、毁坏的包装。而后者是可以重复使用的包装。这类包装比较坚固耐用,可回收再次作为包装使用,或改作其他用途。

按包装的适用性可将包装分为专用包装和通用包装。前者是指具有特定使用范围的或为特定商品设计制造的包装,如硝酸、硫酸专用陶瓷罐包装,鸡蛋专用纸格箱包装等。后者是指适应性强,使用范围广的商品包装,如木箱、麻袋等。按包装耐压程度,也可将包装分为硬质包装、半硬质包装和软质包装;硬质包装如木箱、木桶、铁箱、铁桶,半硬质包装如纸板箱、竹篓、柳条筐等,软质包装如麻袋、布袋、纸袋。

## 6.4.3 商品包装材料与包装容器

包装材料是指制作包装容器和满足商品包装要求所使用的材料。包装容器是为了方便储存、运输、销售而使用的任何容纳、限制或封闭物品的器具。根据商品的性能,选择适当的包装材料,设计结构科学合理的包装容器,是做好商品包装工作的重要环节。常用的包装材料及容器有:纸制品包装、纺织制品包装、化纤纺织制品包装、木制品包装、金属制品包装、塑料制品包装、玻璃、陶瓷制品包装、天然植物材料制品包装(竹、藤、荆、柳、苇、草编制成筐、篓、箱、笼、包)等。

纸制品包装是园艺商品最常用的包装物,塑料、金属压延成各种规格的薄板以及天然植物材料制品包装(竹、藤、荆、柳、苇、草编制成筐、篓、箱、笼、包)等也是园艺产品常用的包装材料。

### 6.4.4 商品包装技术与方法

所谓包装技术是指为实现商品包装目的和包装要求而采用的包装方法,它直接影响包装的质量与效果。园艺商品常用的包装方法有:

1. 罐头式包装

罐头式包装是将包装内装物完全密闭,灭菌包装的技术。最早应用的材料是金属和玻璃,金属易腐蚀污染,玻璃不易保存食品固有色泽,但至今玻璃仍是果品罐头和酒类的主要包装材料。近年来,由于杀菌技术的改进以及塑料薄膜或复合膜的出现,软罐头包装大量应用,它具有重量轻(比重只有铝的 $1/3 \sim 1/2$)、化学稳定性好、耐腐蚀、易成型、易着色等特点。

2. 无菌包装

将已杀菌的食品加工品在无菌状态下装入已经杀菌的容器中,并加以密封的包装方法。这种包装的优点是包装前已杀菌,可采取超高温短时间灭菌、超声波灭菌等技术,以减轻食品风味、组织、色泽的不良变化,减少养分和蛋白质损失或变性。牛奶、啤酒等大多采用这种包装技术。

3. 塑料收缩成型包装

(1) 热收缩包装

这种方法适合于一般包装方法难以包装的异形物品,如新鲜果品托盘加上薄膜罩盖进行收缩包装。它是利用塑料热涨冷缩的特性,把被包装品和塑料薄膜都放在高温条件下进行包装,冷却后薄膜收缩而紧贴在被包装物品上的一种方法。它具有紧裹商品,使内装物形体突出、形象鲜明、质感性强的特点,有利于商品的销售。由于收缩包装拆封后不可还原,因此也常作为防伪措施和鉴别真伪的一种方法。

(2) 拉伸包装

拉伸包装是依靠机械装置在常温下将弹性膜围绕待包装件拉伸、紧裹,并在其末端进行封口的一种包装方法。拉伸包装不需加热,它既适合于单件物品,又可用于集合包装。拉伸包装是由收缩包装发展起来的。

(3) 泡罩包装

泡罩包装是先将透明的热塑性塑料薄膜或薄片加热预成型(通常采用抽真空成型或预压成型法),使其成为与待装物品外形相适应的泡罩,再将待装物品装填其中,开口部分用底板(如纸、纸板、塑料薄膜、铝箔或其他复合材料等)覆上,再加热封合或黏合其底板四周即成。泡罩包装通常用于药品、日用品、小五金等商品的销售包装,也用于食品包装。

(4) 贴体包装

贴体包装是将产品放在能透气的、用纸板或塑料制成的底板上,上面覆盖加热软化的塑料膜(片),通过底板抽真空,使薄片(膜)紧密地贴产品,其四周封合在底板上的一种包装方法。

(5) 气调包装

① 常压气调包装可以控制包装内环境的湿度和氧气、二氧化碳的浓度,其原理是利用薄膜对不同分子量的气体透气性不同的原理来实现的。

气调包装所用的包装材料主要是聚乙烯、聚氯乙烯、硅橡胶膜和乙烯-醋酸乙烯共聚物。聚乙烯和聚氯乙烯透性好,化学性能稳定,耐低温,有一定强度,价格便宜,被广泛采用。薄膜的厚度一般为 0.025～0.035 mm。乙烯-醋酸乙烯共聚物薄膜比聚乙烯具有更好的透气性和韧性,抗老化和抗霉性更强,是气调包装的理想材料。

② 真空与充气包装。真空包装是将物品装入气密性容器后,在容器封口前用小型真空泵将包装抽成真空,使密封后的包装内达到一定真空度的一种包装技术。一般肉类商品、谷物加工品、果脯、果干等易氧化变质的食品均可采用真空包装。采用真空包装,不但可以避免或减少脂肪氧化,而且还可以抑制包装中好气性微生物活动。在加热杀菌时,因为包装内是真空,可以加速热的辐射,提高杀菌效率。

为了减缓商品在储运过程中受到挤压、碰撞、冲击和震动,在园艺商品的包装上也常常采用衬垫、现场发泡、弹簧吊装、机械固定等缓冲包装技术,并采用涂防潮剂、添加衬垫与裹包密封放干燥剂等防水防潮包装技术。

## 6.4.5 果品蔬菜包装

果品蔬菜是有生命的个体,果蔬产品包装首先必须满足果品蔬菜的生命需求,为产品提供一个清洁安全的储藏环境,同时要维持果蔬产品所需要的温度、湿度、气体条件环境,还应注意防锈、防霉、防尘、防虫、防辐射等。在选择包装材料与制定包装计划时既要注意其通风透气性,又要防止水分过度散失,并能及时排除有害气体。外包装的材料还必须具有一定的机械强度,使其在搬运时不致于变形、损坏。目前,发达国家的果蔬外包装常采用瓦楞纸箱,其重量轻,可折叠平放,便于返空运输;且能印刷各种图案,外形美观,便于宣传与竞争;纸箱通过上蜡,可提高其防水防潮性能,受湿受潮后仍有较好的强度而较少变形。常用的瓦楞纸箱有单面、双面及双层瓦楞纸板三种。单面纸板多用作箱内的缓冲材料,双面及双层瓦楞板是构成纸箱的主要纸板,纸箱一般呈长方形,大小按不同产品要求、堆垛方式及箱子的抗力而定。瓦楞纸箱从制造设计上看分为两种,一种是折叠式的,它的盖、壁、底是由一块纸板经切割、压制而成的。这种形式的纸箱的箱壁是单层纸板,机械强度小。在我国,包装果品蔬菜的纸箱几乎都是这种样式。另一种是套筒式,纸箱是由底与盖两部分组成的。由于这种形式的箱壁是由底和盖两层重合而成的,抗压强度自然比折叠式的好。进口的苹果、梨等就是用套筒式纸箱包装的。一般是在纸板上涂一层隔水剂,如用石蜡与石油树脂为主要成分。瓦楞纸箱使用后变型、受损一般比较严重,很难重复利用。

此外,筐类(竹筐、柳条筐、荆条筐)、木箱、塑料箱及泡沫塑料箱等也用于果蔬的包装。在包装名贵的果蔬时,也有应用钙塑箱的,但成本太高。在我国冬天南菜北运时,青椒、菠菜、黄瓜等都以方形带支柱的竹筐包装;洋葱、马铃薯等耐挤压的蔬菜用麻袋或网状编织袋包装,效果也不错。

通常可对果蔬产品及容器作一些辅助性的处理,如衬垫蒲包、纸张、塑料薄膜、塑料或纸质的浅盘等。进口水果中,苹果、新奇士橙都是用内部衬垫方法进行包装的;用柔软、干燥、不吸水、无异味、无病虫的稻壳、锯木屑、刨花、干草、纸条、泡沫塑料条粒等填充物;也可采用单包或小包装用纸、塑料薄膜、泡沫塑料网袋单独包装果实和蔬菜,然后放入包装箱中。国产的苹果、鸭梨的出口包装就是用消毒的纸进行单果包装的,而进口的梨、网纹甜瓜则是用泡沫塑料网袋进行单果包装,进口的西芹菜是用塑料薄膜单株包装。体积较小的果蔬可用小塑料盒或泡沫塑料托盘盛装,再大的可用包装箱,如草莓、樱桃、樱桃番茄、甜脆豌豆、甜玉米粒等。

聚乙烯薄膜袋或聚乙烯包裹、聚乙烯盒作为果蔬产品的内包装,可以保持湿度,防止水分损失。但是要注意,这类包装往往不利于气体交换,从而使产品受到生理伤害。所以,通常的作法是用透气性比较好的超薄塑料膜包装,或者在膜上打孔来解决气体交换问题。蔬菜常用聚乙烯收缩膜来包装,这不仅美观,也可以防止菜体失水而皱缩,如超市上切成一半的大白菜、甘蓝、单条的黄瓜、丝瓜等。运用聚乙烯薄膜密封包装新鲜的果蔬产品,不仅可以防止产品蒸腾失水,还能由于果蔬自身的呼吸作用,在包装内形成高二氧化碳浓度、低氧气浓度的自发气调环境,从而抑制产品正常的呼吸代谢,延缓成熟和衰老的进程,达到产品延长储藏寿命和货架寿命的目的。用防腐纸、防腐液处理的棉纸或其他防腐、防虫材料裹包果蔬产品也是常采用的一项技术。

当果蔬被包装后,由于薄膜的透气性差,果蔬自身的呼吸作用消耗的氧气,释放的二氧化碳在一定时间后,就形成了有利于储藏的气体环境,达到了气调效果。如香蕉在运输中,先将蕉梳装入放有薄膜袋的纸箱中,再将薄膜袋口扎紧,还可以在袋中加入乙烯吸收剂以去除果体释放的乙烯,这样即使在高温的条件下,也能安全储运 15~20 天。一般储运香蕉选择的塑料薄膜厚度为 0.03~0.05 mm。北京市农林科学院蔬菜研究中心的一项专利技术——青花菜储藏技术就是利用薄膜袋单球包装,结合低温储藏,使产品保持鲜度 60~70 天,打破了美国农业部推荐的青花菜储藏期只有 10~14 天的纪录。

对于一些需要特殊处理的果蔬产品,如葡萄,需用 $SO_2$ 熏蒸处理,在包装时可将 $Na_2SO_3$ 加到内部衬垫中,使 S 慢慢释放。包装中的产品如果释放乙烯,并形成积累对果蔬是十分有害的,须考虑在包装中放入乙烯吸附剂或进行通气处理来消除乙烯危害。

有些内包装在设计上除了顾及上述几个问题外,还兼顾了零售。价值比较高的浆果类果品如葡萄、草莓、乌莓、树莓、樱桃及各种袖珍型蔬菜等用精致的小篮或漂亮的小盒包装,外观上极具吸引力;苹果、梨、柑橘、洋葱、胡萝卜等则按重量标准(1 kg 或 2 kg)装袋,或装在浅盘中上覆盖保鲜膜,在超级市场上越来越受消费者的欢迎。

方便零售的内包装,其外表设计印刷显得十分重要。通常在包装盒或包装袋上印有漂亮的图案、产品的商标、品种、重量、出厂期。产地或生产厂家及有关部门的批准文号、执行标准、条形码等。普遍受欢迎的是小单位的包装,因为作为消费者,对某种果蔬一次性采购的数量不大,对于零售商,如发现果蔬在货架上已经超过规定的货架寿命,或在包装中发现个别产品出现了变质、腐烂,就要马上更换或重新包装。除了印刷和包装的大小外,新奇的方便开启设计也很重要。新颖的包装设计能体现果蔬产品诱人的外观,增加对消费者的吸引力。内包装材料选择与环境保护的矛盾只能期待可降解的塑料大量应用后才能彻底解决。而目前在国外使用纸包装正在形成风气。今后果品蔬菜包装的总趋势是瓦楞纸箱代替木料包装,机械化的充填包装代替手工操作,托盘化大单位的包装代替单一的小包装等。

包装成本与果蔬产品的本身价值应有一定的比例,比例选择得当才会收到较好的包装效果。进口水果蔬菜,包装物成本约占产品总价格的7%~10%,而国产水果却为10%~20%。这并非说明进口产品的包装不如国产产品的,而是恰恰相反,由于进口产品的本身价格高于国产产品的数倍或十几倍,使其包装成本比例下降。对于果蔬产品来说,由于品种和季节的不同,价值差异往往很大。如6~7月份,在广东地区的香蕉与荔枝的价格比是1:(15~30),因荔枝的价格高,更适于用一些小型精美的包装。同是青花菜(也称西兰花),在广东地区1~2月份的价格与7~8月份比较要低0.39~3.13元,这是由于7~8月份该地区青花菜不能生长,产品全部是进口的或北方地区生产的,自然此时的包装应十分讲究了。

### 6.4.6 花卉商品包装

我国在花卉包装方面进行的研究还较少。美国在花卉包装上常用的包装材料有纤维板箱、木箱、板条箱、纸箱、塑料袋、塑料盘、泡沫箱、加固胶合板箱等。纤维板箱是目前运输中使用最广泛的包装材料。它们的类型和尺寸多种多样,常用的纤维板箱式样有:一件式箱、二件带盖箱、二件双层套箱(箱壁和四角强度高)、三件布利斯氏箱(四角强度高)、一件双层套箱、一件单盖折八箱、自锁托盘和互锁箱。用于出口包装箱的纤维板破裂强度至少应达到1 896 kPa(19.35 kg/cm$^2$)。只有达到这一强度,纤维板箱才能经受住装卸操作、受压及产品高湿度的影响。包装箱尺寸的标准化很重要,使用统一规格的箱子可降低生产成本,减少使用的包装准的托盘(1 016 mm×1 219 mm),提高工作效率,并方便装入标准的冷藏车内。

常见切花可以成束包装或单枝散装。成束包装是按惯例上的单位尺寸包装或根据切花大小或购买者的要求,通常以10、12、15枝或更多枝捆扎成一束。在美国,月季和康乃馨通常25枝一束,而标准菊、金鱼草、唐菖蒲、郁金香、水仙、鸢尾以及大多数切花10枝一束。大丽花一束包装是按重量确定的,一般4盎司(225 g)为一束,通常每束花茎的长度为30英寸(76 cm),茎数不少于5枝。花束捆扎不能太紧,以防受伤和滋生霉菌。切花束可用耐湿纸、湿报纸或塑料套等材料包裹。包裹后置于包装箱内。一般来讲,鲜切花的包装方式主要有:干包装、湿包装、加冰包装和加涤气瓶包装四种。干包装一般为10、12、15一束;湿包装(底部加冰袋、放置保鲜液容器)月季、百合、石竹,主要用于公路运输;加冰包装为袋内加冰,主要用于切叶类;加涤气瓶包装则用于对乙烯敏感的切花(兰花),包装时可放入含高锰酸钾的涤气瓶,以清除箱内乙烯。

鲜切花的包装中,可使用各种类型的膜,以保护切花免于失水,最常用的为聚乙烯膜。但应尽量减少因切花呼吸造成氧气减少,二氧化碳浓度增高。因此,最好采用超薄聚乙烯膜(厚度为0.04~0.06 mm),这样的膜可让部分气体透过。也可采用打孔膜包裹切花。

有时,鲜切花在运输过程中,需进行空却气冷。包装箱应在两端留有通气道(为箱子一侧面积的4%~5%),要注意勿使箱内包装切花的材料阻碍箱内空气流通。

在美国运输已生根的插条可带土壤基质包装,但从其他国家出口到美国的已生根插条,在运输前必须把原来的土壤基质洗掉,再包潮湿的苔藓、泥炭屑或珍珠岩粉,以防根系被风吹干。

大部分盆栽植物在运输过程中可用牛皮纸或塑料套来保护,也可使用编织袋。各种套袋应在顶部设计把手,便于迅速搬运植株。盆径大于43 cm的大型植物用塑料膜或纸包裹。盆栽植物包装的方法有两种,即带盆、带土包装(一般带轻质培养土)和不带土带苔藓包装。

小型盆栽植物先用纸、塑料膜或纤维膜制成的套子包好,再放入纤维板箱中,箱底放有抗湿性托盘,盆间有隔板。也可把盆直接放在用塑料或聚苯乙烯泡沫特制的模型中,盆可以紧密嵌入大模子中。如植物运往极冷或极热的地区,箱内应衬上聚苯乙烯泡沫。箱外应标明原产地、目的地、植物种类品种以及"易碎"、"易腐"、"请勿倒置"等标记。通过包装可防止机械损伤、水分丢失和温度波动等负作用。

## 6.4.7 商品包装标志

商品包装的标志,是指按规定在包装上印刷、粘贴、书写的文字和数字、图形,以及特定记号和说明事项等。它是为了便于识别商品,便于运输、仓储等部门工作和收货人收货。对保证安全储运,减少运转差错,加速商品流通,起着重要作用。

1. 商品包装标志的种类

商品包装的标志包括识别标志、指示标志、警告标志三类。

(1) 识别标志

识别标志又称唛(Ma)头,它不仅是运输过程中辨认货物的根据,而且是一般贸易合同,发货单据和运输、保险文件中,记载有关标志的基本部分。通常是由一个简单的几何图形和一些字母、数字及简单的文字组成。内容主要包括:目的地名称或代号,收货人和发货人的代用简称或代号,商品的合同号、件号、体积、重量、原产国等。

识别标志还包括商品特性,如商品的货号、品名、规格、色别、计量单位、数量、等级等。

外贸出口商品要用中、外文对照印刷相应的标志并标明原产国别。收发货标志的具体要求在国家标准《运输包装收发货标志》(GM6388—86)中均有明确规定。

(2) 指示标志

指示标志也称为包装储运图示标志,根据商品的特性,用简单醒目、清晰的图形或文字对一些易破、残损、变质的商品,提出一些装卸、搬运操作过程中以及储存保管条件方面的要求和应注意的问题,称为指示标志。此类标志分为12种(见图6-11),其图形、颜色、尺寸、使用方法等在国家标准(GB6944—86M包装储运图示标志)中均有明确规定。图中标志均用白纸印黑色。

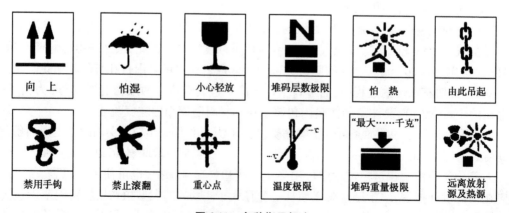

图6-11 各种指示标志

(3）警告标志

警告标志又称危险品标志，用于表示危险品的化学、物理性能及危险程度的图案和文字记号。它清楚而明显地刷写在运输包装上，主要用以在运输、保管过程中，警告有关人员加强防护措施，以保护人身、设备、物资的安全。

根据我国的规定，危险品的标志主要有：爆炸品、易燃物品、自燃品、遇水燃烧物品、有毒物品、腐蚀性物品、氧化剂、无毒不燃压缩气体、易燃压缩气体、有毒压缩气体（一级、二级、三级）四级放射性物品等（部分见图6-12）。危险品包装标志的图形、适用范围、颜色、尺寸、使用方法等，在国家标准《危险货物包装标志》（GB13690—92）中均有明确规定。危险货物包装标志共分为27个，主标志16种。

图6-12 危险货物包装标志

2．商品包装标志的要求

所有商品包装标志，要严格按照有关规定执行。

（1）要简明清晰，易于辨认

商品包装标志选用文字要少，图案要清楚，易于制作，使人看了一目了然，方便查对。标志的文字、字母及数字号码的大小要适当，并与货件的大小相协调。对出口货件的标志，除了用中文表示外，还需用进口国家所通用的文字表示。不可使用非通用的图案、符号，不要写难以识别或容易混淆的草字、别字。包装上不应加上任何广告性质的宣传文字或图案，以免同标志混杂，难以辨认。

（2）要适当选择涂刷、拴挂、粘贴标志的部位

所有商品包装标志，都应位于容易看见的地方。如箱状包装，其标志应位于箱子的四周；桶形包装，其标志应位于桶身或桶盖上；袋、捆包装，其标志应位于明显的一面，或拴以吊牌。同一货物应具有两个相同的标志，以便一个丢失或模糊不清时，还有一个可以辨认。

(3) 要选用合适的制标颜料

凡制作商品包装标志的颜料，都应具有耐水、耐晒、耐摩擦等性能，不致发生褪色、脱落。有的包装标志使用的颜料还要求具有不因包装内商品侵蚀而褪色的性能。

## 6.5 商品包装装潢

商品包装装潢是指一种专业技术，专门研究设计商品的包装，根据商品的性质和形状研究设计适合的包装物和包装物的外部装饰。它包括设计包装容器的造型结构、外表画面及文字说明，具体包括包装装潢的表面设计、图案设计、文字设计和色彩运用等内容。各部分设计应综合考虑商标、图案、文字、色彩、防伪标志等总体布局、结构和协调性。

就销售包装而言，其造型结构基本上可以分为两大类：一类是便于陈列识别的；一类是便于携带使用的。适合于陈列、便于识别商品的包装造型有堆叠式包装、可挂式包装、展开式包装、透明包装和开窗包装等；适合于携带和使用的包装造型有携带式包装、易开式包装、喷雾包装、复用包装、配套包装、礼品包装等。

包装装潢是商品的重要组成部分，也是商品质量的一个方面。一个好的包装装潢，能够给人以美的享受，使人增加对商品的了解和对商品的购买兴趣。包装装潢的造型结构设计要求设计者从力学、美学的角度出发，设计出科学的结构，既保证容器的强度，又合理地利用包装材料，降低包装成本。

## 6.6 园艺商品的商标

商标，作为区别商品的标记，在商品经济高度发达的当代，已越来越引起人们的重视。商标有利于人们对商品的记忆、辨别、比较和鉴定，因而，商标的设计和宣传就成了当代企业经营管理中的一项十分重要的策略。

商标的起源可以追溯到中世纪以前甚至更古老的时代。在古代文化遗迹中，我们发现砖瓦制造者，皮革、陶器和其他产品的制造者在其产品上打上标记和一些象征性符号，以标明产地和制造者。这些标记虽然与现代商标不尽相同，但也起到了区别生产者的作用。在欧洲，商品标记据说来源于西班牙游牧部落打在他们所有的牲畜身上的烙印，以便在交换时与别人的牲畜相区别。

我国是世界文明古国之一，商品标记的历史也十分悠久。我国的商标起源可以追溯到公元前两三千年的远古时代。从它的原始雏形到现代的商标形式，经过了一段漫长的历史。从陕西半坡遗址出土的彩陶上发现的类似标记的记号，或从标志家族、部落的图腾，都可以追溯到商标产生的萌芽。现代商标的出现是在19世纪末。由于商品经济的高度发展，商标在世界各国企业界引起了极大的重视，商标已经成为获得利润、占领市场、展开竞争的重要工具,在国民经济中占有重要的地位。

### 6.6.1 商标的概念

所谓商标就是商品生产者或经营者为了使自己销售的商品,在市场上同其他商品生产者或经营者的商品相区别而使用的一种标记。商标是用来区别某一工业或商业企业或这种企业集团商品的标志。商标俗称商品的"牌子"、"品牌",这种标记通常由文字、图形或文字图形的组合而构成。从商标的定义可以看出,商标的使用者是商品生产者、经营者或劳务的提供者,而不是消费者;标志物是商品或劳务,而不是物品;标志的目的是为了区别自己的商品,而不是为了赠予、储备、铭志,也不是为了国家调配、管理物质而标志;商标的组成要素,《商标法》第八条规定:任何能够将自然人、法人或者其他组织的商品与他人的商品区别开的可视性标志,包括文字、图形、字母、数字、三维标志和颜色组合,以及上述要素的组合,均可以作为商标申请注册。由于使用商标的最终目的是为了销售自己的商品,所以,商标必须具有能够与他人的商品相区别的显著特征,使不同厂商的商品能够区别、比较和鉴定。

### 6.6.2 商标的特征

1. 商标是商品的象征和标记

商标是商品的象征,是商品的标记。商品通过商标这种标记反映出本身的特征,人们看到某种商标,就能够立即联想到某种商品。商标一般由文字、图形构成,或者由二者组合而成,具有可识别性,是具有显著性特征的一种独特标记。

2. 商标具有专用性、排他性

商标是生产者或者经营者为了使自己的商品在市场上有一定的竞争能力,并与他人的商品相区别,而在自己的商品上所使用的一种独特的标记。商标是"专用"的,不是通常或一般性的标记。商标这种标记的"专用",就是指注册商标只能用在特定的商品上,同时,专用又成为商标(指注册商标)最本质的含义,不允许别人侵犯或损害,不允许出现混淆和误认,有排他性。

3. 商标具有产权标志

商标对企业来说,是一种产权标志。企业为提高产品质量、降低生产成本、提供优质服务、提高产品效益和进行广告宣传所做的一切努力以及在积极参与公益活动,建立良好的公共关系等方面付出的劳动都凝结在商标上。

4. 商标具有从属于商品经济的属性

商标是商品经济的产物,有商品生产、商品交换才有商标。随着社会生产力的提高和商品经济的不断发展,商标也由诞生到成长、成熟不断演进,使这种标记本身在内容、形式等方面不断发展和完善。

在社会现实生活中,各种以文字、图形或者以文字、图形组成的标志,种类之多、数量之大,难以用数字统计。标志不是商标,标志的目的又不是为了销售,标志物的所有权人更不是商人。另外,有一些图形,虽然出现在商品上,但这些符号并不是商标,而是某种公用的符号。

### 6.6.3 商标的作用

商标在商品交换过程中是便利商品购销的交易工具。商标是代表商品生产经营者信誉的,是消费者在购买商品过程中可信赖的象征。一个企业要使其商品占领更大的市场,就需要有一个能够压倒竞争对手的商标。商业竞争在很大程度上表现在商标的竞争上。其作用主要有:

1. 区别不同商品生产者和商品

商标可以区别不同的生产者或经营者所生产、加工、拣选、经销的商品,表示这些商品的不同来源。市场上的同一类商品,往往来源于很多企业,各企业在自己的商品上使用自己的商标。商标代表商品的出处,同时又可区别不同的生产企业。它代表了企业的信誉。

2. 保证商品质量、促进企业进步

商品质量和商标信誉是紧密相联的,商品质量是商标信誉的物质基础,商标也代表了商品的可靠程度。有了商标,也表明了生产者或经营者在商品质量方面的责任。商标对保证和提高商品质量,维护消费者的利益,有着重要意义。

3. 便于消费者选购商品

消费者在选购商品时,一般是认牌购货。有了商标,人们对商品的记忆、区别就容易得多。只要一提到'喜之郎'、'农夫山泉'、'健力宝',人们就知道这些名牌商品的特点和价值。当某一品牌商标在人们心目中留下了深刻印象后,消费者就还会认定这个品牌。

### 6.6.4 商标的分类

商标的分类,尚无统一划分标准,我们往往从不同的角度去划分商标的种类,通常是以商标的外观结构、用途、商标的使用者和商标管理等方面来加以划分。按商标的结构和构成要素分,商标可分为文字、图形、记号、组合商标和立体商标;按商标用途分,可把商标分为营业商标、等级商标、保证商标、驰名商标等;按商标使用者划分,可以把商标划分为制造商标、销售商标、集体商标、服务商标、双重商标等。

此外,按商品的特殊性质可将商标归为防御商标、联合商标、备用商标等。

### 6.6.5 商标注册与专用权保护

我国对商标专用权的确认,采取的是"注册原则"。我国《商标法》第三条明文规定:经商标局核准注册的商标为注册商标,包括商品商标、服务商标和集体商标、证明商标;商标注册人享有商标专用权,受法律保护。我国的商标注册采用自愿申请与强制注册相结合;分级核转与集中注册相统一;商标注册不准违背禁用条款;以申请在先确立商标专用权的原则。向国家商标管理机关提出商标注册申请,是受《商标法》和《商标法实施细则》保护的。

商标注册人享有商标专用权,受法律保护。商标专用权规定了商标的使用权、禁止权、转让权、许可权等。

## 案例分析

### 喜之郎的创意包装为产品赢得更大声誉

我国最早出现果冻生产厂家是在1985年,广东喜之郎公司是1993年开始进入整个果冻生产行业的。然而,央视调查咨询中心"全国城市消费者调查"的结果显示,喜之郎公司占领了我国果冻市场83%的市场份额。是什么让喜之郎公司在短短的十几年时间内就迅速成长为国内果冻企业的老大呢?除了产品本身的质量以外,喜之郎的创意包装和独特的营销战略使得喜之郎公司的市场占有率年年提升。

1996年,喜之郎公司虽然在市场上已小有名气,但是仍然是地方性的小品牌,市场份额有限。1997年喜之郎公司为了扩大自身的发展,委托广东平成广告公司对自己的产品进行重新定位和包装。1998年,喜之郎的新型产品"水晶之恋"系列正式上市,并迅速得到了市场的认可。在消费定位上,"水晶之恋"系列产品缩小目标市场,聚焦于年轻情侣,但果冻与"水晶之恋"原本是两个意义完全不同的符号,为了建立消费者的认知,平成公司为"水晶之恋"创造性地设计了"爱的造型"与"爱的语言",将果冻的造型由传统的小碗样式改造为心形,封盖上两个漫画人物相拥而望,更为这种心形果冻平添了几分魅力,迅速得到了市场的认可。"水晶之恋"的推出,使喜之郎公司在短短的一年时间内从一个地方性品牌一下子跃升为行业第二大品牌。

### 黄岩蜜橘获国家原产地产品保护

作为中国蜜橘之乡,黄岩是世界柑橘始祖地之一,黄岩蜜橘有着2 300多年的种植历史。柑橘面积达0.58万公顷,180多个柑橘品种,是全国柑橘品种最多的产地,也是全国鲜橘果出口最多的产地。黄岩蜜橘品种繁多,品质优良,风味独特。据《嘉定赤城志》、《橘录》、《柑子记》等古籍记载,有楮橘、绿橘、乳橘、朱橘、青橙、乳柑、绐橙、香锦橙、朱栾、香栾、蜜罩等数十个橘种。到了清代中晚期,黄岩柑橘逐步形成本地早、温州蜜柑、椪柑、槾橘、早橘等五大传统品种。随着现代科学技术的发展,如今已发展到180多个品种(品系)。

黄岩蜜橘以其优良品质,在全国历次鲜果评比中屡获殊荣。1993年,本地早获浙江省"最畅销水果"称号;本地早、宫内伊予连获1995年、1997年两届全国农博会金奖,1999年、2001年连获中国国际农博会名牌产品称号。1999年,黄岩被农业部列为全国优质柑橘生产基地。在全国第四届名特优果品展销会上,黄岩的本地早被评定为"中华名果"。2001年、2002年又分别被认定为浙江名牌产品和浙江农业名牌产品称号。2003年6月,黄岩蜜橘通过了全国首批无公害农产品认证。2004年,黄岩蜜橘获得国家原产地产品保护。品牌和商标的确定,为黄岩蜜橘换来了更大的经济利益,且引起了更多人对它的关注,不少国外专家也对黄岩蜜橘进行研究,并发现了其抗癌效果,日本京都医科大学的西野辅翼教授说,从黄岩蜜橘的动物试验来看,蜜橘的抗癌效果已很清楚。

**本章小结**

园艺产品的商品化处理,是实现园艺商品价值和使用价值提升的重要内容。随着经济的发展,随着人们观念的变化以及科学技术、方法、手段的进步,我国的园艺商品的商品化技术,越来越被重视,园艺产品的生产、加工、贮藏、流通、质量检验与控制、销售等各个环节逐步规范,使园艺产品价值、使用价值也得到了提升,园艺商品的国内市场得到了明显的改善,出口量也逐步增加。商品化处理的内容包括了园艺产品从采收到田间处理、包装、贮藏、保险、运输、定价、流通、销售以及在此过程中所有环节中的质量保证以及为实现园艺产品价值与使用价值提升进行的一系列活动。

 **复习思考**

1. 如何进行园艺产品的采收？采收时应注意哪些问题？
2. 园艺产品的产后处理包括哪些环节？
3. 园艺产品的贮藏应如何进行？
4. 园艺商品进行包装的作用是什么？鲜切花应如何进行包装？
5. 什么是条形码？条形码在商品中有何作用？

# 第7章 园艺商品的定价与流通

**本章导读**

园艺商品的定价与流通是园艺产品商品化的重要环节。本章通过对园艺商品流通的规律和特点的研究,让学生领会良好的流通渠道是园艺商品流通成败的关键,在市场经济环境诸多因素的作用下,如何利用园艺商品的生物学特性及市场的相关影响因素对园艺商品进行合理科学定价及有效地开展促销活动,实现园艺商品在流通过程中经济效益最大化。

## 7.1 园艺商品的定价

商品价格是商品价值的货币体现,市场商品价格一直围绕着商品的价值做上下波动,企业的价格决策对企业的利润、能否战胜竞争对手、扩大市场占有率产生直接的影响,所以制定合理的定价目标,对作出正确的价格决策是非常必要的。

### 7.1.1 园艺产品定价目标

定价目标是企业的每一产品的价格在实现后应达到的目的,是为实现企业的战略目标服务的。市场环境是企业定价不可忽视的因素,相同的市场环境存在着不同的竞争强度,园艺企业应该认真分析自己所处的市场环境,比较竞争者投放市场的产品质量和价格,从而制定出对自己最为有利的价格。

为使企业营销产品的价格既能使消费者乐于接受,又能使企业获得长期的最大效益、取得竞争优势,通常是企业确定科学的定价目标。具体讲,有以下几种:

1. 取得最大利润目标

这一目标即企业期望通过制定较高价格,迅速获取最大利润。采取这种定价目标的园艺企业,其产品多处于绝对有利的地位。一般而言,必须具备两个条件:一是企业的个别产品成本低于部门平均产品成本,二是该产品的市场需求大于供应。这种情况下,企业可以把价格定得高于按平均利润率计算的价格,以求实现最大利润目标。

2. 维持和提高市场占有率目标

这一目标着眼于追求企业的长远利益,是多数园艺企业追求的定价目标。企业要发展,其产品只有保持稳定的销量和稳定的市场,方能获得长期的有利地位。这一点比短期内获取最大利润目标更重要。市场占有率的高低反映企业的经营状况和竞争能力,也关系到企业的发展前景。因为从长期来看,园艺企业的赢利状况是同其市场占有率正相关的。为了扩大市场占有率,园艺企业必须相对降低产品的价格水平和利润水平。

3. 应付和防止竞争目标

所谓用价格去防止竞争,就是以对市场价格有决定影响的竞争者价格为基础,去制定本企业的园艺产品价格,或与其保持一致,或稍有变化,并不企图与之竞争,而是希望在竞争不太激烈的条件下,求得企业的生存和发展。企业对于竞争者的价格十分敏感。有意识地通过园艺产品的恰当定价去应付竞争或避免竞争的冲击,是企业定价的重要目标之一。

4. 稳定市场价格目标

这种定价目标是园艺企业为了保护自己,避免不必要的价格竞争,从而牢固地占有市场,在市场竞争和供求关系比较正常的情况下,从稳定的价格中取得合理的利润而制定的园艺产品价格。这一策略往往被园艺行业中实力雄厚、处于领先地位的大企业所采用。这样确定价格目标的优点在于,市场需求一时发生急剧变化,价格也不致发生大的波动,有利于大企业稳固地占领目标市场。

## 7.1.2 影响园艺商品定价的因素

科学合理地确定园艺商品营销价格,要从实现企业战略目标出发,在选择合适的定价目标,运用科学、灵活的定价策略的同时,综合企业内部和外部影响因素,合理制定园艺产品价格。

1. 影响定价决策的内部因素

影响定价的内部因素包括企业的市场营销目标、营销产品成本等。

(1) 营销目标因素

① 利润最大化目标。如果企业以当期最大利润为目标,估算不同价格下的需求和成本,选择能够创造最大利润和投资回收的价格来制定确保利润最大化的价格,以这种指导思想下的价格通常较同类产品价格要高。

② 扩大市场占有率目标。有一些园艺企业想要获得在市场上占统治地位的市场占有率,往往把价格尽可能定得最低,以便把竞争者的顾客吸引到自己这边来,使自己产品的市场占有率提高。因为拥有最大市场占有率的企业可把成本降到最低,并获得最大的长期利润。

③ 阻止竞争者进入市场。企业为了阻止新的竞争力量进入同一市场往往采取低定价的办法,使竞争者意识到如果进入市场其利润微薄,会骑虎难下,这样就能尽可能地减少竞争者。

(2) 营销产品成本因素

定价中首先考虑的是产品成本,它是园艺产品定价的基础,也是企业核算赢亏的临界点。定价高于成本,企业方能获得利润,反之则亏本。所以,产品定价必须考虑补偿成本,这是保证企业生存和发展的最基本条件。

2. 影响园艺产品定价决策的外部因素

(1) 市场与需求状况

园艺产品定价,除了产品成本这个基础因素之外,还要充分考虑影响产品价格的另一个重要而又最难把握的因素——市场状况,它决定着产品价格的最高临界点。市场状况主要包括商品的市场供应状况、需求状况、市场竞争等。

① 园艺产品市场供求状况。商品价格与市场供应成反比,与需求成正比关系。在其他因素不变的情况下,商品供应量随价格上升而增加,随价格的下降而减少;而商品需求量随价格上升而减少,随价格的下降而增加。当商品供不应求时,商品价格就会上涨;当商品供过于求时,商品价格就会下跌。供求影响价格,价格调节供求。这是价格的运动形式,是商品价值规律、供求规律的必然要求。因此,园艺企业定价必须认真考虑价值规律的客观要求,根据市场供求状况,及时制定或调整园艺产品价格,以实现供给与需求的平衡。

② 园艺产品市场竞争状况。价格竞争是营销竞争的重要内容和手段。现实的和潜在的竞争对手的多少及竞争的强度对园艺产品定价的影响很大。竞争越激烈,对价格的影响就越大,园艺企业应把定价策略作为与竞争者互相竞争的一个特别重要的因素来考虑。一般来说,如产品在竞争中处于优势,可以适当采取高价策略;反之,则应采取低价策略。同时,企业还要用动态的观点随时关注竞争对手的价格调整措施,并及时做出反应。

(2) 消费者心理因素

消费者的价格心理直接影响到购买行为和消费行为,园艺产品定价必须考虑到消费者心理因素。

① 预期心理。消费者预期心理是反映消费者对未来一段时间内市场商品供求及价格变化趋势的一种预测。当预测商品有涨价趋势,消费者会争相购买;相反,持币待购。

② 认知价值和其他消费心理。认知价值指消费者心理上对商品价值的一种估计和认同,它以消费者的商品知识、后天学习和积累的购物经验及对市场行情的了解为基础,也取决于消费者个人的兴趣和爱好。消费者在购买商品时常常把商品的价格与内心形成的认知价值相比较,将一种商品的价值同另一种商品的认知价值相比较以后,当确认价格合理,物有所值时才会做出购买决策,产生购买行为。同时,消费者还存在求新、求异、求名、求便等消费心理,这些心理又影响到对产品的认知价值。因此,企业定价时必须把握消费者认知价值和其他心理,据此制定价格,促进销售。

(3) 国家政策法规因素

价格是关系到国家、企业和个人三者之间物质利益的大事,与人民生活和国家的安定息息相关。因此,国家在自觉运用价值规律的基础上,通过制定物价工作方针和各项政策、法规,对价格进行管理、调控或干预,利用税收、金融、海关等杠杆间接地控制价格。因而,国家的方针政策对市场价格的形成有着重要的影响。

(4) 需求价格弹性

需求价格弹性它是商品的价格变动百分比而引起需求量变动的百分比,是反映需求变动对价格变动的敏感程度。通常需求价格弹性大于1时,这类园艺产品定价时采取低价、薄利多销往往会刺激购买量,增加盈利;反之,提价则务求谨慎。需求弹性小于 1 时,这类园艺产品低价不能增加销售,而较高的价格往往会增加利润。

园艺产品定价,除了受以上所述的几项因素影响之外,还受产销时空差异、本国货币价值和货币流通量、国际市场竞争和国际市场价格变动等因素的影响。园艺企业在制定价格时,必须综合、充分地研究影响价格的多种因素,以便定出最恰当的园艺产品价格。

## 7.1.3 园艺产品定价策略

1. 高价、低价与温和定价策略

① 高价策略也叫撇脂定价法。它是以获取最大的利润为目标,将价格定得较高的一种定价策略。采用这种定价法的前提是该园艺商品供应紧张,或是刚刚引进,或是培育的新、奇、特品种,其价格要高出其价值的几倍或十几倍。

② 低价策略也叫渗透定价法。它是以追求市场占有率为目标,将价格定得较低,薄利多销,让产品迅速占领市场的策略。这种方法适用于需求弹性较大的园艺商品,价格低了,人们购买的就多。价格高了,购买量就显著下降。一般在购买力较低的目标市场或是反季的高档、名贵的园艺产品考虑采取此价格策略较为合适。例如,反季节蔬菜、名果、名贵的花卉、盆景等。

③ 温和定价策略又叫适宜定价法。它是参照竞争对手价格和充分考虑市场购买力情况来定价,价格高低适当,企业既能获得利润回报,购买者也较易接受。这种定价策略适宜于普通园艺产品。

2. 折扣折让定价策略

这种策略通过将园艺商品按原价的几成降价销售,或购买量超过一定数量后附赠一定量的商品来吸引顾客。例如,我们常见到在大型超市里蔬菜、水果按购买数量实行差价销售。我们知道,下午蔬菜的鲜度远不如早晨,为了减少因腐败变质而带来的损失,要在当天把全部商品卖掉,商家可运用价格折扣折让策略来促进销售。但是,这种折扣让价销售必须建立在诚信的基础上,而不是先提价,再打折,欺骗消费者。

3. 心理定价策略

心理定价策略是针对消费者的不同消费心理,制定相应的商品价格,以满足不同类型消费者的需求的策略。心理营销定价策略一般包括尾数定价、整数定价、声望定价、招徕定价和最小单位定价等具体形式。

心理学家的研究表明,价格尾数的微小差别,能够明显影响消费者的购买行为。一般认为,5 元以下的商品,末位数为 9 最受欢迎;5 元以上的商品末位数为 95 效果最佳;百元以上的商品,末位数为 98 和 99 最为畅销。尾数定价法会给消费者一种经过精确计算的、最低价格的心理感觉,有时也可以给消费者一种是原价打了折扣,商品便宜的感觉。

整数定价与尾数定价相反,针对的是消费者的求名、求方便的心理,将商品价格有意定为整数,由于同类产品,生产者众多,花色品种各异,在许多交易中,消费者往往只能将价格作为判别产品质量的依据。同时,在众多尾数定价的商品中,整数能给人一种方便、简洁的印象。

声望定价是整数定价策略的进一步发展。消费者一般都有求名望的心理,根据这种心理行为,企业给有声望的商品制定比市场同类商品价高的价格,即为声望定价策略。它能有效地消除购买心理障碍,使顾客对商品或零售商形成信任感和安全感,顾客也从中得到荣誉感。

招徕定价又称特价商品定价,是一种有意将少数商品降价以招徕吸引顾客的定价方式。商品的价格低于市场价格,一般都能引起消费者的注意,这是适应消费者"求廉"心理的策略。

最小单位定价是指企业把同种商品按不同的数量包装,按最小包装单位量制定基数价格,销售时,参考最小包装单位的基数价格与所购数量收取款项。一般情况下,包装越小,实际的单位数量商品的价格越高;包装越大,实际的单位数量商品的价格越低。

心理定价方法多用在商品零售环节,而且一般是价格较贵的园艺商品零售采用。

## 7.1.4 园艺商品的定价程序和定价方法

**1. 园艺商品的定价程序**

所谓定价程序是根据企业的营销目标,确定适当的定价目标,综合考虑各种定价因素,选择适当的定价方法,具体确定园艺产品价格的过程。一般来说,企业定价程序可分为以下几个步骤:

(1) 选择定价目标

园艺企业的定价目标不是一成不变的,在不同时期、不同条件下有不同的定价目标,企业应权衡利弊兼顾多种因素,慎重地选择和确定定价目标。

(2) 估算成本

园艺企业根据各自营销能力,计算成本费用,产品价格高于成本,企业才能赢利,因此,企业定价必须估算成本。按成本与销售量的关系,总成本可分为变动成本和固定成本两种。总成本等于全部变动成本和固定成本之和。变动成本是指在一定范围内随产品销量变化而成比例变化的成本,如产品进货费用、储存费用、销售费用等。固定成本是指在一定范围内不随销量变化而变化的成本,如固定资产折旧费等。

(3) 进行目标市场调研

无论是国内目标市场还是国际目标市场,都会因政治、经济、文化、价值观念、宗教信仰的不同而形成不同的消费观念和消费习惯,这些对园艺产品定价不无关系。同时,国家法律、政策也是影响价格的因素。

(4) 测定产品的需求弹性

营销价格与商品供求关系十分密切,如某些特色水果和花卉并不是人们的生活必需品,其需求弹性较大,当价格水平过高的时候,需求量就会因为价格的上升而减少;相反,价格下降会增加需求量。这是供求规律的客观反映。因此,应通过测定需求弹性实现正确定价的目的。

(5) 选择定价方法和定价策略

在分析测定以上因素之后,就要选择适当的定价方法和定价策略以实现企业的定价目标。

（6）确定产品最后价格

最后价格是产品的市场销售价格。需要说明的是，某种园艺产品投放市场以后，价格不是一成不变的，价格会因客观情况的变化而调整。

2. 园艺商品的定价方法

（1）成本导向定价法

该方法是以产品成本为基础制定园艺商品价格的方法。定价时，在销量一定的情况下，首先要考虑收回企业在生产经营中的全部成本，然后再考虑取得一定的利润。其中常用的有成本加成定价法和销售加成定价法。

① 成本加成定价法

成本加成定价法是指单位园艺产品成本加上预期的利润所制定的价格。其计算公式为：

单位产品价格 = 单位产品总成本 × (1 + 加成率)

一般来说，名特优园艺商品其加成比例可以高一点，大众园艺商品加成比例应该低一些。

例如，某蔬菜批发公司购进大蒜 1 000 kg，固定成本总额 500 元，变动成本 100 元，预期加成率为 15%。

单位商品价格计算如下：单位商品固定成本 500 ÷ 1000 = 0.5(元/kg)

单位商品平均变动成本：100 ÷ 1000 = 0.01(元/kg)

单位商品总成本：0.5 + 0.01 = 0.51(元)

单位商品售价：0.51 + 0.51 × 15% = 0.58(元)

这种方法的优点在于能满足利润要求，容易计算，可以保证园艺产品经营企业获得正常的利润率；缺点是没有考虑市场上需求一方能否接受，可能会因商品售价高而影响销售量。

② 售价加成定价法。此方法以售价为基础，加成率为预测利润占售价的百分比，其具体公式为：

单位商品售价 = 单位商品总成本/(1 - 加成率)

此方法的优点在于企业更容易计算商品销售的毛利率，而对消费者来说，在售价相同的情况下，用这种方法计算出来的加成率较低，也就容易被接受。

（2）目标收益定价法

目标收益定价法是企业首先确定一个预期收益目标，在收益目标基础上制定产品价格。目标收益定价法常用的有收支平衡定价法和投资收益率定价法。

① 收支平衡定价法。收支平衡定价法是根据企业的生产（销售）数量，并能保证取得一定利润的前提下制定价格的方法。该方法是根据盈亏平衡点公式计算出平衡点的价格，这是企业经营产品不亏损的最低价格，即保本价格。不同预期的销售量，对应着不同的收支平衡价格。企业可以根据这一标准，结合预期的产品赢利，选择适当的定价。

② 投资收益率定价法。投资收益率定价法是先按照企业的投资总额确定一个资金利润率，然后按照资金利润率计算目标利润额，再根据总成本和计划销售量及目标利润算出产品的价格。这种方法有利于保证实现既定的资金利润率，但是这种方法一般是市场占有率

比较高的企业才可以采用,因为是先保证企业一定的收益,然后才确定销价,所以产品价格有时会偏高。

目标收益定价法与成本导向定价法的主要区别在于:第一,前者是根据预计的销售量倒推出成本,后者却不管销售量如何,先确定成本;第二,前者的收益率是企业按照需要和可能自行制定的,后者是按照行业的习惯标准制定的。

(3) 需求导向定价法

需求导向定价法,是以市场为导向、以消费者对园艺商品价值的理解和认识程度为依据的定价方法。同一种商品对不同市场和不同类型的消费者制定不同的价格。常用的方法有理解价值定价法和区别需求定价法。

① 理解价值定价法。该方法是根据消费者对园艺商品的心理价值尺度来确定价格。消费者的这种价值尺度实际上是消费者对商品质量、用途以及服务质量的评估。例如,当一个消费者欲购买某款盆景时,他便根据对这款盆景的感官印象自我评估它的价格,只有在这个价格范围内时,消费者才愿意购买,市场营销学上把它称为消费者对价格的理解价值。理解价值定价法是一种先估计和测定商品在顾客心中的价值水平,再以其为依据制定出商品价格的方法。这种方法的具体做法是:首先将某种园艺商品投放市场,然后通过市场调查,了解掌握消费者对商品价值的理解,以此作为定价标准。如果在这个定价水平下,企业所获的利润同其经营目标相符合,就可以经营此商品;如果在这个价格水平下利润很低,甚至会亏损,企业就应该考虑放弃经营。这种方法的关键和难点是如何分析和测定产品的理解价值水平。

② 区别需求定价法。又叫差别定价法,是指某一种园艺产品,在特定的条件下,可以按照不同的价格出售。差别定价的主要形式有:以顾客群的差异为基础的差别定价,以等级差异为基础的差别定价,以地域差异为基础的差别定价,以时间差异为基础的差别定价,以购买数量为基础的差别定价等。

(4) 竞争导向定价法

竞争导向定价法是一种以竞争者的价格为基础,根据竞争双方的力量等情况,企业制定比竞争者的价格或高或低或相同的价格,以达到增加利润,扩大销售量或提高市场占有率目标的定价方法。竞争导向定价常用的方法有以下几种:

① 随行就市定价法。随行就市定价法是指园艺企业使自己的产品价格跟上同行业同类产品的平均水平。在竞争激烈而产品需求弹性较小或供需基本平衡的市场上,这是一种比较稳妥的定价方法。这样做,既减少了风险,又获得了平均利润。不耐储园艺产品可以采用此定价法。

② 追随领导企业定价法。即有些拥有较丰富的后备资源的园艺企业,为了应付或者避免竞争,或是为了稳定市场以利于长期经营,以同行业中影响最大的企业的价格为标准,来制定本企业的产品价格。这是园艺企业经常采用的定价方法。

③ 边际贡献定价法。边际贡献定价法也称边际成本定价法,仅计算变动成本,不计算固定成本,在变动成本的基础上加上预期的边际贡献。边际贡献是指企业增加一个产品的销售,所获得的收入减去边际成本的数目。边际贡献定价法实际上是一种可变成本加成定价法,它暂时不考虑固定成本的分摊,只考虑可变成本,算出贡献利润(即商品价格与可变

成本之差)后,再把分摊的固定成本扣除,得出企业的净利润。特别是在企业的生产能力尚有多余的情况下,只要有边际贡献率,就意味着有利可图。当园艺产品的营销市场发生变化,企业的商品按照原价出售有困难,或者企业为了竞争的需要,压低价格以利于竞争时,企业可以采用这种方法来确定产品的价格。其基本公式为:

单位产品的价格 = 单位产品的变动成本 + 边际贡献

例如,某果品销售企业年固定成本消耗是2 000元,每千克果品的变动成本是1.35元,计划总贡献是40 000元,当销量可达8 000 kg时,其价格应为:

40 000 ÷ 8000 + 1.35 = 6.35(元)

(5)拍卖定价法

拍卖定价法是市场经济中常用的一种定价法,一般是指拍卖行受出售者委托在特定场所公开叫卖,引导买方报价,利用买方竞争求购的心理,从中选择最高价格的一种定价方法。利用多家买方竞争,比一对一交易获得更合适的卖价或卖得更快捷。荷兰、日本、德国等发达国家拍卖定价已成为一种常用形式。例如,荷兰有95%的鲜花、82%的水果、80%的蔬菜都是通过拍卖市场和电子出价成交的。拍卖定价法在我国起步较晚,昆明、广州等花卉主产地拍卖市场已投入使用。广州花卉交易(拍卖)中心采用荷兰式拍卖,又叫降价式拍卖,即每种花卉拍品具有一个起拍价格,随着拍卖进行,该价格会随时间变动按一定的幅度向下浮动,如果浮动到某个价格时有竞拍者愿意出价,依照价高者得的惯例,则该次拍卖立即成交。

# 7.2 园艺商品流通

## 7.2.1 园艺商品流通概述

商品流通是现代经济的重要组成部分,研究商品流通的规律和特点,对于指导园艺商品流通实践,提高园艺商品流通速度和流通效率具有十分重要的指导意义。

商品流通是指以货币为媒介,把商品从生产者转移到消费者手中的过程。它是市场经济发达与否的重要标志。在现代社会,商品的生产和消费是在生产者与消费者之间呈现一种相互对应关系,具体为在空间、时间及人这三个要素,它们之间既互相分离,又互相联系。在空间上商品的生产和消费不在同一地点,有一定距离,它们靠商品的运输来联系;在时间上商品的生产和消费时间不同步,它们靠商品的储存来达到生产与消费的同步;在主导商品的生产和消费的人也是相互独立的,他们之间通过商品的买卖与交换联系起来。商品在这三个要素间以货币为媒介进行的流转就形成了商品流通。可见,商品的流通要具备三个条件:一是要有以买卖双方的交易主体;二是以货币为媒介进行交换;三是要有大量的、纵横交错、健全的交易体系。

园艺商品流通是指通过一定的交易媒介,把园艺产品所有权以一定的价值形态,在不同的市场主体之间流转的过程。现代经济社会中,园艺商品流通已不仅仅限于传统经济模式

中的生产、销售、消费这几个环节,还具有新的内涵,主要体现在四个方面:

首先,是园艺生产的新技术、新管理、新方式等在流通领域的应用。

其次,园艺商品流通是伴随着社会经济发展而逐步变化的动态过程。伴随着工业化社会和信息化社会形成,园艺商品流通不断地发生着革新,主要有8个特征:包含着人类思想和行为的变化,是一个复杂的过程;是一个系统工程;是全球的过程;是长期的过程;是有阶段的过程;是一个趋同的过程,相似的因素比传统社会多得多;是一个不可逆转的过程;是一个进步的过程,它会增加人类在文化和物质方面的幸福。

第三,园艺商品流通经历着不同的发展过程。园艺商品流通存在的社会经济发展的基础不同,大体经历了从以机器生产力为基础的阶段到以信息生产力为基础的过程。但在每一过程中,都包含有不同的发展阶段,诸如起步期、发展期、成熟期等。

第四,园艺商品流通由纵横两方面构成。从横的方面来看,物流又由若干方面组成。如从园艺商品流通环节(或行业)方面看,有批发、零售以及运输等。现代园艺商品流通是上述各方面绞合在一起的,缺少任何一个方面,流通就不能实现。从纵的方面来看,物流又包括物质、制度与观念三个层面。园艺商品流通的物质层面,是指市场、商店、仓库、道路、车辆、流通量等金钱物质要素的增长,它在物流中的起着重要作用或基础作用。流通的制度层面,是指市场法制秩序、流通体制与政策环境等内容,包括企业制度、市场制度与政府对流通领域的宏观调控与规章制度等。流通的观念层面,是指对市场经济的社会认同和符合市场经济的日常伦理,主要表现为私有财产权受到保护,私有财产制度内化在人们的思想观念中以及在市场经济下表现的真诚、信用、勤劳、节俭、道义等方面。

商品流通的内容一般包括两个方面。一是商流,又称商品价值形式的流通,是通过商品购销活动而发生的商品价值形态的变化和所有权的转移。主要是在生产者和消费者之间起衔接作用,使产需双方达到各自目的。园艺商品的商流内容有园艺商品交易活动和园艺商业情报活动,包括业务洽谈、交易条件协商、订货签约、成交、结算、计价、付款、服务、市场调查和预测以及广告宣传等。二是物流,又称为商品实物形式的流通。园艺商品物流是在流通过程中,通过对园艺商品实体的运输、储藏、分级和包装等活动,使园艺商品实体实现空间转移,是园艺生产过程在流通领域的继续。园艺商品物流包括园艺物资流通和园艺商品的储藏活动。园艺商品大多数是鲜活易腐商品,而且时间性很强,必须切实加强商流活动,同时在物流过程中应根据其流通特性给予特殊的环境条件和处理。商流与物流是园艺产品在流通过程中既有联系、又有区别的两个方面。商流是物流的前提,物流是商流的基础,两者所通过的流通渠道可以一致,也可以不一致。如园艺产品由生产者直接出售给消费者,则商流与物流同时进行,而在现实市场中,商流与物流并不一致,商流活动多半经过中间商,物流活动可以由生产者直接调拨到销售地,甚至可直接到达消费者手中,这样可降低流通费用,加快流通速度,最终采用何种方式视具体情况而定。

### 7.2.2 园艺商品流通的形式和渠道

从园艺商品商流的形式看,主要流通机构有:批发商和零售商。我国具体参与园艺商品流通的有外贸部门和供销公司、各种合作和联营贩运集团、个体贩运和个体户。

园艺商品物流的形式多种多样,小到肩扛手提,大到火车、汽车、轮船、飞机都可应用,这些主要根据园艺产品特性、数量和销售市场的要求选择。园艺商品商流是园艺商品所有权转移问题,简单的过程是生产者与消费者之间流通,多数情况下要经过几个中间环节才能到达消费者手中。

按照流通过程中的不同环节,可以把流通划分成不同的渠道。合理的流通渠道可以加速商品流通,节省流通费用,减少流通损耗,提高园艺商品的商品价值。目前我国园艺商品的流通渠道分类方法很多,主要有以下三种:

1. 直接和间接渠道

利用中间商的销售渠道称间接渠道,产销直接见面称直接渠道。直接渠道可以及时销售,降低成本,便于服务,控制价格,但销量十分有限,市场空间小。而中间商对于市场信息更为灵通,便于大量储运。一般中间商在市场上主要有以下几种存在形式:

(1) 园艺商品批发市场

这是一种大批量购销商品的环节,可以称为商品流通的枢纽,对商品适时集散、引导生产、稳定价格和调节余缺都有极大作用。我国果品蔬菜批发市场主要有两类,一类是产地批发市场,如山东栖霞县、临沂市的果品蔬菜批发市场,山东寿光的蔬菜交易市场;另一类是中心城市的批发市场,如贵阳市东山水果批发市场。2007 年底我国各类批发市场有 1 500 多个,其中果品蔬菜批发市场 500 多个,如北京的大钟寺、成都的荷花池、哈尔滨果品蔬菜批发市场等都是较有名的水果蔬菜批发市场。园艺商品批发市场的主要功能有:收购和集中;商品性加工;调配与平衡;分担市场风险;便于政府管理和监督。

(2) 零售商

零售商是把货物直接提供给消费者的最后一级经销商,它直接把果品、蔬菜、花卉卖给消费者,在时间和空间上都能为消费者提供更好的服务。我国的园艺商品零售商绝大部分是摊贩与个体户,而在经济发达国家主要是超级市场和零售店,也有少量摊贩和集市。

(3) 拍卖市场

这是流行于欧洲和中东一些国家的水果批发主要环节。例如,比利时在 1990 年时就有 67% 的水果通过拍卖市场销售。拍卖市场是农民的合作组织,整个比利时有十几个大的拍卖市场,制定统一质量标准,拍卖时买主先买号进入拍卖厅,将号卡插入自己的卡孔中,卡孔与价格"挂钟"相连接。工作人员将拍卖样品推到展示台前,工作人员在屏幕上显示果实品种、规格、数量、产地等有关数据之后,"挂钟"上的指针逆时针运转表示拍卖商品的价格由高到低的变化,当某一买主认为价格合适时,即按动电钮,指针停止,双方成交。由于这种拍卖是全国统一大市场,有利于供销平衡,质量标准统一,体现了平等竞争和稳定物价的作用,而且效率极高,全国每天只在上午进行 2~3 小时交易就可结束,是高效率的批发市场。蔬菜、花卉拍卖也是很好的一种销售方式,我国于 1999 年 12 月在北京举行了中国首次花卉拍卖活动。

(4) 自采销售

主要流行于美国、加拿大和西欧各国。由于那里每个劳动力经营的果园、菜园面积大,机械化程度极高和劳动力昂贵,而机械采收比较困难,所以采收成本高,特别是一些浆果和蔬菜,如草莓、葡萄、树莓等,尤其需要付出采收成本。农场主就在公路两旁竖起了广告牌招揽顾客。购买者利用业余时间开车到果园、菜园自己采摘,这样购买价格大大低于市场价,园主也节省了采收费用,一举两得。在此基础上还兴起了观光农业,吸引城市居民周末到果园菜园采买各种新鲜农产品,品尝鲜果汁、家酿果酒、新鲜菜蔬和欣赏田园风光。观光农业(旅游农业)商品销售量是有限的,但却同时销售了旅游、服务和休闲。

(5) 连锁商店

若干零售商或超级市场组建一个供货公司,直接从农民或生产联合体进货,实行"联购联销,风险共担",减少中间环节,降低成本,提高竞争力。

(6) 期货市场

期货市场是人类从事商品生产与交换过程中创造的一种稳定农产品市场的方法。起源于美国芝加哥,主要进行谷物套头交易。期货市场就是一个交易大厅,这里交易的只是合同,实际上是进行未来商品的买卖,可以起到套期保值、分担风险的作用,所以是"买空卖空"。期货交易逐步向畜产品、水果蔬菜方面发展。同时,政府部门还可以对期货市场进行监督。

2. 长渠道与短渠道

只利用一次中间商称短渠道,凡是通过两个以上的中间商叫长渠道,采用何种路线应根据具体情况而定。一是商品积散环节多少,二是商品的自身属性,三是流通距离。

3. 宽渠道与窄渠道

流通渠道的宽度由每一层次中间商数量的多少而定,中间商数量多的叫宽渠道,反之叫窄渠道。一般水果蔬菜多采用宽渠道,花卉多采用窄渠道,因为水果蔬菜顾客量大,要求方便购买,而花卉要求快捷迅速。窄渠道可考虑在目标市场上选用少量经销商,便于双方合作,利益共享。

园艺商品流通最重要的依据是准确可靠的信息,根据信息再进行反复比较,才能较好地选择流通渠道,选择流通渠道主要涉及以下几个方面。

(1) 交易条件的选择

园艺商品交易的条件主要包括时间、地点和时机。它们的选择十分重要。时间主要指采购和出售时间,一般果实蔬菜采收集中期价格较低,储藏时间越长售价越高,但储藏需要占用大量的资金,储藏过程中也需要一定的费用,而且储藏量超过消费量反而会引起销售困难。蔬菜淡季反季节生产价高,但高价同时又抑制消费,所以要找一个适合点。地点主要指找一个适宜的采购地和目标市场。时机,则要求在流通过程中捕捉短期时机。由于是多渠道流通,常常出现某一种园艺商品在一些地区积压,而另一些地区缺货,有时还会出现人们难以预料的天灾人祸,因此要当机立断,及时补救。

(2) 价格因素

园艺商品流通的方向、数量在很大程度上受价格影响,价格的涨落又受到货源、目标市场的经济状况、市场供求、同类商品竞争和整个国民经济状况的影响。通常应从零售市场价格倒推决定收购价格,特别是大宗批发和国际贸易更要精打细算。例如,在我国产地单价为10元的商品,在巴黎零售市场则至少卖20元才有利可图,因为要扣除运输费、装卸费、保险费、进口税、地方税、合理损耗、进口商以及批发商、零售商的利润和其他风险费用。

除了以上两个条件外,还涉及其他的一些因素。但要对总的供货形势有较为透彻地了解,防止生产者"惜售"、"扳价",同时也要对目标市场的主要消费者习惯嗜好的变化、经济状况等有所了解。

### 7.2.3 园艺商品运输

园艺商品多数属鲜活的商品,对这类商品的运输除了要使用专门运输工具外,还有特殊的发运和装卸要求,以保持规定的温、湿度条件,从而保持园艺商品的质量。

1. 园艺商品运输发运要求
① 填写易腐、易损货物名称及热状态。
② 注明易腐、易损货物的运输期限、时间。
③ 说明运输的方法,如"途中加冰"、"途中加水"、"途中加温"、"途中不加冰运输"等。
④ 有各种要求的植物检疫检验证明。

2. 园艺商品运输装卸要求
① 检查运输的商品质量是否适合运输的要求。
② 检查包装及运输工具是否符合运输要求,是否完好。
③ 采用相应的装卸、堆码方法。
a. 密实堆码法适用于冻结商品的堆码,易保持低温。
b. 留空隙堆码法适用于有热量散失或尚未预冷的园艺商品的堆码。
④ 在货场期间做好隔热工作,最好能做到车车直过,货不落地。
⑤ 冬季注意保温防寒,需要时还要加温防寒。
⑥ 温度高的季节注意加水、加冰或进行机械化制冷降温。

## 7.3 园艺商品促销

### 7.3.1 市场营销概述

所谓市场营销,就是在变化的市场环境中,企业或其他组织以满足消费者需要为中心进行的一系列营销活动,包括市场调研、选择目标市场、产品开发、产品定价、产品促销、产品存储和运输、产品销售、提供服务等一系列与市场有关的经营活动。

市场营销观念是企业从事市场营销活动的指导思想,其核心是企业以什么为中心。企业的市场营销指导思想不是一成不变的,它随着生产力和科学技术的不断发展,市场供求变化和市场竞争的激烈程度而相应地发展及演变。市场营销观念已经历了两个不同质的发展阶段,即传统市场营销观念和现代市场营销观念。

1. 传统市场营销观念

传统市场营销主要经历三种观念的演变:一是生产观念,它主要强调企业以生产为中心,企业生产什么就是卖什么。二是产品观念,随着生产力的发展,市场产品供应好转,顾客开始喜欢质量优、性能好、特点多的产品,愿意为最优产品多付钱。企业以提高产品的质量为企业经营的中心。"酒香不怕巷子深"、"一招鲜,吃遍天"、"祖传秘方"等就是这种观念的反映。三是推销观念,随着生产力的进一步提高和科学技术的发展,产品供应日益丰富,产品出现过剩,市场由卖方市场向买方市场转化,企业利润的实现不再决定于产量而决定于销量。企业的经营目的是推销他们生产的产品,而不是生产市场需要的产品。这种观念认为,顾客只有在销售活动的刺激下才会购买。企业要销售现已生产的产品,必须大力开展推销活动,千方百计使顾客感兴趣,进而购买,这是企业扩大销售提高利润的必由之路。企业设立销售部门,着力产品的推销和广告,重视运用推销术或广告术,刺激或诱导顾客购买,其口号是"我卖什么,你就买什么",努力设法将已生产出的产品销售出去,通过增加销量达到获取利润的目的,至于顾客是否满意,则不是主要的。

2. 现代市场营销观念

现代市场营销时期主要经历了以下几种营销观念的转变:一是市场营销观念,在由卖方市场变成为买方市场的大环境下,很多企业在形势逼迫下逐渐领悟到企业的生产必须适应环境的变化,满足顾客需求,以增强企业在市场上的竞争力,求得企业的生存和发展。它是以顾客为中心,采取整体营销活动,在满足顾客需求和利益的基础上,获取企业利润。市场营销观念是一种以消费者需求为中心的营销观念,其主要内容有四个要点:顾客导向、顾客满意、整体营销和盈利策略。二是社会营销观念,市场营销观念摆正了企业与顾客的关系,但在实际执行过程中,企业往往自觉不自觉地在满足顾客需求时,与社会公众利益发生矛盾,导致损害社会公共利益。如何既满足顾客,又不损害社会公共利益,社会市场营销观念是以顾客需求和社会利益为重点,采取整体营销活动,在满足顾客需要的同时,考虑到社会公众的长远利益,达到谋求企业利润的目的。所以,社会市场营销观念的实质是在市场营销观念的基础上,综合考虑顾客、企业、社会三者利益的统一。三是绿色营销观念,绿色营销是在绿色消费的驱动下产生的。它是指消费者意识到环境恶化已经影响到其生活质量及生活方式,要求企业生产、销售对环境影响最小的绿色产品,以减少危害环境的消费。绿色营销是指企业以保护生态环境作为其经营指导思想,以绿色文化为其价值观,以消费者的绿色消费为中心和出发点,通过制定及实施绿色营销策略,满足消费者的绿色消费需求,实现企业的经营目标。四是网络营销观念,20世纪90年代以来,在全球网络技术不断发展和广泛应用的推动下,电子商务已成为众多企业之间、企业与消费者之间进行信息沟通和贸易活动的重要形式,对企业的经营理念和营销方式构成了强大冲击,网络营销正在一定范围内、一定程度上取代传统的营销方式,逐步成为现代企业营销发展的又一新趋势。

## 7.3.2 园艺商品促销概述

我国的园艺产品产量高,但由于采收不当、贮藏不善、运输粗放或不及时,再加上经营者不重视商品化处理和包装,以及营销水平低等原因,园艺产品往往滞销或腐烂,损失严重。因此,加强园艺产品市场营销有非常重要的现实意义。适销对路的产品是园艺营销企业扩大销售的前提,合适的定价目标是园艺营销企业扩大销售的基本条件,适当地促销则是园艺

企业扩大销售的必要手段。

1. 促销与促销组合的概念

促销顾名思义即促进销售,是指企业通过人员和非人员的方式把企业的产品及所能提供的服务信息传递给顾客,激发顾客的购买欲望,影响和促成顾客购买行为的全部活动的总称。促销是企业市场营销组合的重要组成部分,它可以帮助促销者树立良好的形象。

促销组合指企业特定时期根据促销的需要,对广告、人员推销、营业推广等各种促销方式进行适当选择和综合运用,这些结合在一起共同促进某一产品销售的方法就构成了该项产品的促销组合。

2. 促销的作用与原则

促销的作用正如促销定义所言,是促进消费者了解、信赖并购买本企业产品。21世纪是数字时代,是信息时代,"酒香不怕巷子深"的传统营销观念在这个时代已经不适用了,无论是精美的商品,还是优良的服务,都必须通过宣传促销才能让消费者了解,才能达到增加销售的目的。一个良好的促销计划对实现营销目标非常重要。促销具体有以下几方面的作用:

① 沟通信息,消除生产经营者和消费者之间的时空矛盾。我国广袤独特的地域特点,造就了许多特色鲜明的园艺产品,同时也形成了产、销、消之间的时空矛盾,生产者有好的产品因消息闭塞而找不到销路,中间商和消费者又苦于不知道哪里有卖而不能实现各自的愿望。例如,我国新疆南部有些县,农民几乎不种蔬菜,每家却有杏树栽培,所晒杏干一直用到次年杏成熟的季节,农民的生活却比较贫困。这一现象一方面说明了地处偏远地区农民的市场经济观念淡薄,另一方面反映了产销时空矛盾的客观存在。通过宣传、促销、沟通信息,可以使更多的中间经营者和消费者及时了解生产信息。

② 刺激需求,开拓市场,扩大销售。一般商品需求都是有弹性的,需求既可以诱发、创造,也可以抑制、减少。有效的促销活动不仅可以诱导激发需求,而且在一定条件下可以创造需求。既可以在某种因素作用下扩大需求,也可以因某种原因导致缩小需求。例如,枣、核桃的营养滋补保健作用逐渐被人们认识,枣、核桃原果近几年销量不断上升,相关的初、深加工也在不断增多,所以,以枣、核桃等为代表的小果生产经营蕴含着很大的商机。形色靓丽、酸甜适度,集观赏、食用保健功能于一身的石榴,在我国香港、澳门特区以及俄罗斯、加拿大等很多国家受到欢迎,被视为水果珍品。这些水果我国很多地区都有生产并且形成了产业带。通过宣传促销,可以不断开拓其国内外的新市场,让这些颇具潜力的园艺产品有更加广阔的国内外销售空间。

③ 有助于突出园艺产品生产经营者的经营特色和产品特色,稳定顾客。在激烈的市场竞争中,处于垄断地位的园艺生产经营者不多,独一无二的园艺产品也不多,在这种情况下通过有效的促销活动,可以树立良好的企业形象,突出自身的经营特色和园艺产品特点,以及购买本企业产品可以给中间商或消费者带来的特殊利益,扩大知名度,从而使顾客对本企业及本企业产品产生青睐,坚定重复购买本企业产品的信心。即使在市场衰退、销售下降的情况下,通过促销也可以稳定顾客,达到让更多的人购买本企业园艺产品的目的,使销量回升。

促销的原则是要恰当采用促销方式,实事求是地把商品和服务信息传递给顾客,促销过程中不要通过贬低竞争对手来提升自己。促销是一个渐进的过程,并不是一个立竿见影的方式,只有消费者了解并信赖这个产品,才有可能购买。

## 7.3.3 促销方式

广告、人员销售、营业推广、公关是促进园艺企业促销组合的四大要素,其中广告是应用范围最广、应用频率最高的促销方式。

1. 广告

(1) 广告的概念

广告是指商品经营者或者服务提供者,通过一定媒介直接地或者间接地介绍自己所推销的商品或者所提供的服务或观念,属非人员促销方式。

(2) 广告促销的特点

① 信息性。通过广告告知消费者某类产品的信息。消费者在未购买之前对产品先有了一定的了解,这样会缩短打开市场的时间。猕猴桃种植业的发展就是一例,我国的猕猴桃种植原来只集中于陕西省等少数地区,如何扩大生产,打开全国的消费市场,在猕猴桃种植发展之初,有关部门就通过各种方式向消费者介绍猕猴桃的营养价值,还赋予了美好的称谓,如猕猴桃是"中华之果"、"天然的维C之王"等。所以,猕猴桃投放市场后很快被广大消费者接受而迅速打开了销路。

② 说服性。广告是人员推销的补充,人员推销时先有广告作基础,可加快顾客购买速度,坚定购买决心。随着时间的流逝,顾客可能对企业及企业产品淡忘,广告还可以刺激记忆,说服其购买。

③ 广告信息传播的群体性。广告不是针对某一个人或某一个企业而设计,而是以某一个受众群体为接受对象。同时,由于广告是利用某种媒介发布,所以广告的接受者一定是群体而不是个体。

④ 效果显著性。随着人们生活水平的提高,尤其是电视机的普及,人们接触宣传媒体的机会增多,速度加快,一则好的广告会很快被人们熟悉并迅速传播开来。请名人、明星做园艺产品代言人进行广告宣传的也不乏其数。例如,以香港著名演员张曼玉为形象代言人的"张裕葡萄酒"借助明星旺盛的人气和妩媚的形象,更增加了酒的魅力。

(3) 广告宣传的原则

① 真实性原则。我国广告法对广告活动提出了应当真实合法、符合社会主义精神文明建设的要求等几项基本要求,并特别提出,广告不得含有欺骗和误导消费者的内容。广告的生命在于真实,进行广告宣传必须如实地向消费者介绍产品,不可夸大其辞误导消费者。例如,某些蔬菜或水果的食疗价值绝不可以说成有治疗作用。

② 效益性原则。设计、制作发布广告时要做好市场调查,有些广告媒介费用很高,要根据宣传的目标、规模、任务、市场通盘考虑,从实际出发,节约成本,力争以最少的广告费用,取得最大的效益。

③ 艺术性原则。广告内容是通过艺术形式反映和表现出来的,无论是电视广告、印刷广告、广播广告或其他广告,都分别或全面地通过美的语言、美的画面、美的环境将广告意念

烘托出来。要处理好真实性和艺术性的关系,艺术形式不得违背真实性原则。要运用新的科学技术,精心设计。制作广告,要给人以美感,要使广告的受众从中得到启发,受到感染。

2. 人员销售

人员销售是为了达成交易,通过用口头介绍的方式,向一个或多个潜在顾客进行面对面的营销通报。这是一种传统的推销方式,人员销售与其他促销方式相比有不可替代的优点,所以至今仍是营销企业广泛采用的一种促销方式。人员销售有如下优势特点:

① 灵活、针对性强。销售人员直接与顾客联系,可对各类顾客的特殊需要,设计具体的推销策略并随时加以调整,及时发现和开拓顾客的潜在需求。对顾客提出的质疑及时解答,消除顾虑,促成购买行为。

② 感召顾客、说服力强。满足顾客需要,为顾客服务是实现产品销售的关键环节。销售人员直接与顾客接触,可以通过察言观色准确了解顾客心理,从顾客切实需要出发,为顾客解决困难,提供优质服务,从而与顾客之间建立起一定的感情,使顾客产生信任感,最终促成销售。

③ 过程完整,竞争力强。人员销售是从选择目标市场开始,经过了解顾客需求,当面介绍产品,如水果可品尝、花卉可观、闻,提供各种服务,说服顾客购买,最后促成交易这样一个完整的过程。随着过程的终结,也就实现了销售行为。人员销售的这一特点是任何促销方式所不具备的。

3. 营业推广

营业推广是为了刺激中间商或消费者购买园艺产品而利用某些活动或采用特殊手段进行的非营业性的经营行为。根据营业推广的对象不同,营业推广分为面向中间商的推广和面向消费者的推广两种。

(1) 营业推广的几种具体形式

① 折价、差价销售。折价可以根据购买数量、购买时间、是否现金结算、运费承担、责任等,在商品原价格基础上打一个折扣,但不是残次商品的削价处理。例如,蔬菜、鲜切花卉上午货品新鲜按正常定价销售,下午由于损失一部分水分而使感观质量下降,这种情况可在原价格基础上打折销售。再如,中间商往往是大宗购买,可以按批量实行批量差价,这样做一方面鼓励中间商多进货,另一方面在稳定老客户的同时发展新客户。季节差价也是常用的差价依据。

② 附赠品销售。这是指以较低的代价或免费向购买者提供某一物品,以刺激购买者购买某一特定产品的行为。例如,某一消费者购买一盆栽花卉,附赠一定数量的花肥,或附赠另外一种商品。中间商购进一定数量的水果,附赠精美的规格化包装盒。这样中间商可通过对部分商品进行二次包装,提高商品附加价值,刺激中间商积极销售本企业园艺产品。

③ 其他形式。如召开产品推介会,举办园艺产品专门的节、会等。请购买者自采自摘也是近几年来兴起的一种新的营业推广形式。某些大型的无公害果蔬生产基地可以通过邀请中间商或目标市场消费者到生产、加工地参观,提高声誉和知名度,达到宣传产品、宣传企业的营业推广目的。

(2) 营业推广的特点

① 刺激购买见效快。由于营业推广是通过特殊活动给顾客提供了一个特殊的购买机会,使购买者感觉到此机会是购买产品的绝对良机,此时的购买决策最为果断,因此促销见效快。

② 营业推广的应用范围有一定局限性。营业推广只适用于一定时期、一定产品,推广的形式也要慎重选择。不同的园艺产品要选用不同的营业推广方式。方式选择不当不但起不到促销作用,还会给购买者造成误会,导致对本企业及企业产品产生负面影响。

**4. 公共关系促销**

公共关系促销是通过大众媒体,以新闻报道形式来发布所要推广的园艺产品的信息,或以参加公益活动的形式间接展示企业及企业产品的促销方式,是一种非人员促销。公共关系促销具有对公众影响的广泛性和促销成效的连带性。由于新闻报道的客观性,购买者会对被报道的企业及产品有特别的信任感并产生购买积极性。公共关系促销多是从正面宣传,不仅宣传了产品,而且企业形象、产品地域也一同为众人所知。但是,利用公共关系促销要特别遵循真实性原则,这是公关的基本前提,要以事实为基础,据实、客观、公正地提供信息。

公关活动的形式可以多样。例如,开展公益性活动:可通过赞助和支持体育、文化教育、社会福利等公益活动树立企业形象;组织专题公关活动:园艺企业可通过组织或举办新闻发布会、展览会、庆典、联谊会、开放参观等专题活动介绍企业情况,推销商品,沟通感情。例如,某一公司开业或举办庆典活动时,园艺产品营销者可利用自己的产品优势免费承担布置装点会场的任务。

## 7.3.4 促销组合策略

**1. 促销组合策略的种类**

企业在制定促销策略时,应综合考虑不同园艺商品的特点、营销目标、企业内部条件、外部市场环境、消费者需求等因素进行选择和组合。常用的促销组合策略有三种:

① 推式策略。推式策略是指利用人员推销活动,采取主动、直接的方式,由企业推销人员通过一定的渠道,将商品推荐给购买者。实行"推"式策略的企业,主要是运用人员推销和营业推广手段把商品推向市场。例如,园艺产品生产者将产品推向批发商,批发商推向零售商,零售商推向消费者。实行"巧推"式策略要求推销人员针对不同的园艺商品、不同的推销对象,采取不同的方式方法。推式策略的主要方式是人员销售。推式策略有推销周期短,耗费人力大的特点。

② 拉式策略。拉式策略是非人员促销,是采取间接的方式,通过宣传把产品信息介绍给目标市场的中间商或消费者,使之对本企业的园艺商品产生购买欲望的一种促销策略。拉式策略的主要促销方式是广告和营业推广。实行"拉"式策略的企业,要做好促销预算,因为要选择传播速度快、覆盖面大的媒体广告费用较高,营业推广有时也会减少一定的利润。

③ 推拉结合策略。在通常情况下,企业也可以把上述两种策略结合起来运用。在向中间商进行促销的同时,通过广告刺激市场需求,即在推式促销的同时进行拉式促销,用双向的促销努力把园艺产品推向市场,推向消费者。不同的园艺产品有不同的用途,满足不同消费者的各种需求,需要采取不同的促销组合策略。

**2. 影响选择促销组合策略的因素**

促销方式各具特点,企业要制定出最佳组合策略,必须对促销组合进行筛选。影响促销

组合策略选择的因素主要有以下几个：

① 产品的性质。园艺产品种类和品种极其繁多，产销极大不均衡，诸如季节生产常年消费，集中生产分散消费的水果、蔬菜宜采用推式策略。利用人员促销，一方面调动中间商购买和存储的积极性，迅速占领市场；另一方面促进消费者加大时令水果、蔬菜的消费量，减少生产企业的储存量。

② 产品市场生命周期。产品市场生命周期是指一种产品从投入市场开始到退出市场为止的周期性变化过程，分为四个阶段，即产品的投入期、成长期、成熟期、衰退期。产品市场生命周期也是产品的经济寿命，第四个阶段即衰退期的到来，便是该产品退出市场的开始。产品所处的市场生命周期的阶段不同，促销目标亦有所不同，应选择不同的促销组合策略。例如，一个新的园艺品种投入期，企业的促销目标就是让消费者认识和了解产品，因此宜采用广告宣传，辅之以人员推销的拉式策略。在产品的成长期，销售量迅速增长，企业的促销目的是进一步引起消费者的购买兴趣，因此应着重宣传产品特点，使他们逐渐对产品产生偏好，可以考虑多利用广告辅之以公共关系的拉式策略。在产品的成熟期，企业的促销目标主要是巩固老顾客，增加消费者对产品的信任感，保持市场占有率，因此，应尽可能多地运用公共关系宣传，以提高企业和产品的声誉。在产品衰退期，企业的促销目标主要是继续巩固老用户，因此，促销方式应以营业推广为主，辅之以公共关系和广告宣传。

③ 市场性质。不同特点的市场需要采取不同的促销组合策略，一般来说，向小规模本地市场促销，应以人员推销为主。若开拓全国乃至国外市场，则应以广告和公共关系为主。例如，我国台湾省素有"水果之乡"的美称，然而由于政治因素和关税所限，大批稀有水果不能销往祖国大陆，具有巨大消费潜力的大陆市场没有得到开发。2005 年国民党、亲民党两位主席通过回乡祭祖、观光等形式与国家政府部门及民间组织进行了广泛接触交流，达成了取消向大陆输送水果征收关税的协议，现在全国各地的很多超市里都可以看到来自台湾的水果。公共关系的改善为台湾水果开辟了更广阔的市场。

企业在促进产品销售的过程中，究竟是实行"推"式策略，还是实行"拉"式策略，要根据具体情况而定。一般说来，应当二者兼顾，各有侧重。这两种策略、四种促销形式各具特点，各有作用，相辅相成。应该指出，任何一种促销方式都有其固有的优点和缺陷，如人员推销可与用户建立牢固的业务关系，成交速度快，能详细周到地进行个别服务，缺点是传递信息速度慢，接触面窄，需要人员多。广告虽然传递信息速度快，但费用高，可信度低。企业应有计划地将各种促销方式有机地结合起来，适当选择和运用，使之互相配合。人员推销必须借助广告宣传介绍，才能引导更多的潜在消费者，广告宣传最终也要通过人的推销活动，才能实现销售产品的目的。因此，促销组合实质上是综合运用四种促销方式，使之成为一个有机整体，发挥其整体功能。

 **案例分析**

### "竹叶青"的成功

"竹叶青"的成功模式是以品牌来占领市场，来推动茶产业的发展的。竹叶青厂是一家成立于1987年的民营企业,一开始便是以"竹叶青"作为品牌名称和茶叶的商品名称以及企业名称来进行品牌建设的。

1964年由陈毅元帅在峨眉山万年寺赐名,竹叶青作为四川的地方名茶,经过几十年的发展在当地早已有了一定的认知度,要将这样一个已经被许多茶农广泛使用的茶叶商品名称统一到一个企业的品牌里,难度的确很大。竹叶青品牌的掌门人唐小军是如何重新整顿竹叶青市场,建立规范化的品牌管理的?一直是我们所关心的。

唐小军介绍说,竹叶青已经成了有名的商品,拥有了一定的市场,这也是一种优势,当竹叶青注册成功为商标后,企业想到的是如何收复市场的失地,作为正牌的竹叶青,以怎样的有别于茶农的产品质量定位产品,设计系列包装,建设竹叶青的企业文化,是他首先想到的。所以公司改制后,他不是急于去开发什么市场,而是对公司的发展前景以及营销策略进行了系列规划,请专门的品牌设计策划公司做方案,重新定位产品,建立从茶园到加工储存包装、物流等新的生产管理体系。从日本引进了用于提香和干燥的全自动精制设备,建设了近5 000立方米的名茶保鲜库,通过引进高科技制茶设备来达到名优茶的工业化生产,并以全新的营销理念,设计竹叶青品牌包装,加强广告宣传,使"竹叶青"品牌脱颖而出。以包装茶形式来占领市场,唐小军避轻就重,先放弃茶农自产自销的竹叶青散装茶市场,他选准一个目标规范小包装市场。对市场通路中假冒竹叶青包装的品牌的行为决不手软,品质的观念、新颖的包装、广告宣传以及服务为竹叶青的品牌树立了良好的形象,"平常心、竹叶青"这个广告词已经在茶界广为流传。

"竹叶青"三个字,人们想到的是一个形象完整的企业,不光光是一种产品。竹叶青公司的发展速度是跳跃式的,起步的时候,只有千万元的销售,第二年就有了三千万元的销售,第三年就到了5 000万元。十多年后,竹叶青以单个商品茶近亿元的销售额成为中国茶叶生产企业的佼佼者,"竹叶青"不仅是四川的第一品牌,更是全国茶叶的著名品牌。新建成的峨眉山竹叶青生态茗园,借助峨眉山的旅游优势,切入休闲观光品茗购茶的新的茶文化业态,竹叶青,无疑是茶界品牌运作较为成功的样板企业。

思考:结合所学理论知识,对"竹叶青"的成功进行分析。

### 乌兰察布绿色蔬菜走红大江南北

内蒙古乌兰察布市察右中旗所产的红萝卜以其上乘的质量、独有的品味、丰富的营养而享誉大江南北,被中国绿色食品中心评为"AA级绿色食品",被誉为"塞外小人参",并注册了"草原参"绿色商标。

据乌兰察布人算账分析,日光温室和塑料大棚蔬菜的亩均收入在8 000~10 000元,是传统种植业的10倍以上。经过近3年的发展,该市设施农业标准化生产面积逐步扩大。

商都县已有42 688公顷无公害蔬菜基地的4个品种取得了农业部无公害农产品认证,并在国家商标局注册了"水漩绿韵"商标,而且被国家奥林匹克体育中心批准可直接使用"奥林匹克体育中心"专用标识上市。被誉为"草原人参"的红胡萝卜产于察右中旗,2008年该旗红胡萝卜面积已扩展到40 020公顷,其产品全部注册为草原参牌红胡萝卜,远销韩国、日本等地,深受客户青睐。2008年自治区农牧业厅对乌兰察布市的无公害蔬菜进行了3次抽检,抽检合格率为100%。

金秋时节,在热闹红火的各类蔬菜交易市场,中外客商纷至沓来,外运车辆川流不息。各旗县市围绕构建产、贮、加、销为一体的产业化组织形式,大力营造宽松的软硬环境,吸引各方力量参与蔬菜产地市场、恒温预冷保鲜设施以及包装、运销、餐饮等相关产业的开发。目前,全市建成蔬菜产地交易市场24个,年交易量达13亿千克。各类蔬菜销往北京、天津、上海、山东等国内20多个省市,红胡萝卜、圆葱等产品出口韩国、日本、蒙古、俄罗斯等国家。

思考:从乌兰察布绿色蔬菜走红大江南北中,我们学到了什么?

### 园艺商品的网络营销

"1斤半苦瓜、1斤茄子、3斤西红柿",挂掉电话,配送人员迅速将预订的蔬菜包装完毕,半个小时后,家住西华小区的侯先生收到了送上门的新鲜蔬菜。昆明市农鸣蔬菜有限责任公司(下称农鸣配送)在昆明首开先例,通过互联网和电话预订蔬菜并配送上门,在提供全新购菜途径后得到了越来越多市民的青睐与欢迎。

侯先生在2008年9月份召开的农博会上认识了农鸣配送,"当时就觉得是一见倾心"。侯先生夫妇俩都是上班一族,下班时分工明确,一人买菜,一人接孩子。"在菜市场一般耗时半小时左右,而且讨价还价相当麻烦"。近段时间,侯先生每天下班前上网看看,选择好自己需要的蔬菜品种和自己大致的回家时间,配送人员就会将蔬菜送到家里。

"60多个品种可供选择,而且蔬菜来源让人放心,选购完毕填写好详细地址坐在家里就行了"。侯先生经常通过"农鸣配送网"预订好所需蔬菜,吃多少订多少,省掉了不少时间和麻烦,送过来的蔬菜感觉不满意还可以不要;配送商负责把自己预订的菜包装好按地址送到,在收到菜后付钱就行。

据农鸣配送公司总经理张应越介绍,公司开通网络和电话预订两种蔬菜预订渠道,在昆明春之城和阳光花园社区建立了两个大型蔬菜配送点,并在昆明四城区设立了片区主管,公司接到订单后,按用户要求经过粗加工和包装后,便可就近免费送菜上门。

提供"送菜上门"服务不到3个月,农鸣配送公司在昆明市各个小区均建立了固定的客户,并受到市民的认可和欢迎。"除方便快捷外,价格是吸引客户的重要因素,与农贸市场同类品种相比,其价格约便宜20%"。张应越举例说,市场上4.5~5元的番茄,他们配送的价格仅需3.5元;黄瓜也可以从7元降低到5元,胡萝卜则从7元降低到5.5~6元。

张应越说,农贸市场和超市售卖的蔬菜,需要经过菜农、菜贩、批发市场、农贸市场等多个环节才到市民手中,中间成本客观上导致了菜价较高,如果通过蔬菜配送,只需经过种植基地、蔬菜集散点便能到客户家中,降低了中间成本损耗,可以压低菜价。

目前,农鸣配送的品种均以蔬菜、水果为主,肉、禽、蛋的难以配送往往成为市民感觉美中不足的因素。张应越表示,对有肉、禽、蛋需求的市民,配送人员将会在附近的农贸市场购买,以平价送抵市民家中,不收取任何中间费用;随着配送体系的逐渐完善,肉类配送也将纳入规划。

思考:昆明市农鸣蔬菜有限责任公司实行的园艺商品网络营销对我们有何启示?

## 第7章 园艺商品的定价与流通

 **本章小结**

商品流通是现代经济的重要组成部分,是市场经济发达与否的重要标志。园艺商品流通是园艺产品走向市场的必经环节,是园艺商品形成的关键。园艺商品流通的内容相当广泛和丰富,包括园艺商品流通的形式和渠道,以及影响园艺商品定价的因素。关键是如何有效地运用广告、人员销售、营业推广、公共关系等市场促销活动对园艺商品营销,使园艺产品能够新鲜、及时、方便地流通到成千上万的消费者手中。

 **复习思考**

1. 如何理解园艺商品流通的概念与内涵?
2. 以你所熟悉的某种园艺产品为例,谈谈在进行定价时应考虑的因素有哪些?

# 第8章 园艺产品市场

## 本章导读

本章主要通过对国际、国内园艺产品市场介绍,了解国际与国内园艺产品市场的特征,通过对影响国际、国内园艺产品市场需求的因素分析,在当今的市场经济环境下,如何利用现有市场的有利因素,做好国际园艺产品高层的开拓,实现园艺产品市场国际化。

## 8.1 我国园艺产品市场

### 8.1.1 我国园艺产品市场概述

园艺产品市场是指果品、蔬菜和花卉商品交换的场所和领域,它包括园艺产品实物形态交换的场所以及整个流通过程。随着科技进步和市场经济的发展,我国果品业、蔬菜业和花卉业逐步从自给自足的小农经济发展到大面积栽培与集约化管理阶段。生产基地的建设,集约化的栽培管理以及产、供、销一体化的经营方式,能合理地利用环境资源和生产企业内部的人力、物力资源,获得良好的经济效益。园艺产品的日益丰富,自然也出现了市场的类型多样与空前活跃。我国园艺产品市场层次丰富,规模多样,发展态势良好。

1. 水果市场

改革开放以来,我国水果产业发展很快,总产值超过 1 000 亿元,仅次于粮食和蔬菜,居第三位。30 多年来,水果生产发展可概括为以下三大特点:

① 水果产量由平稳增长转为高速增长。据统计,2007 年全国水果总产量为 18 136.3 万吨,比 2005 年增长 12.5%。其中,苹果 2 786.0 万吨,柑橘 2 058.3 万吨,梨 1 289.5 万吨,香蕉 779.7 万吨,葡萄 669.7 万吨。目前,我国是世界第一大水果生产国。其中,苹果和梨的产量列居世界第一位,柑橘产量列居世界第三位。

② 水果市场已由卖方市场转为买方市场。随着水果产量的逐年增加,供求关系发生

了根本性的变化,市场对水果生产的约束力日益明显。随着国民经济的不断发展和人民生活水平的日益提高,水果消费市场将向水果这一"后续性商品"提出更高的商品属性要求。

③ 果园面积由高速扩大转为稳中趋降。据统计,2007年全国果园面积已达1 0471万公顷,比2000年的8 932万公顷增长了17.2%。

2. 蔬菜市场

随着蔬菜购销体制的改革,市场机制、竞争意识、价值规律在蔬菜产销中的作用更加明显,资源和要素在蔬菜产业中的配置也逐渐趋向合理,这样极大地调动了广大农民的生产积极性,全国蔬菜生产得到了迅速发展。

① 形成了与生产相适应的区域布局。新中国成立以来,我国蔬菜的区域布局大体经历了三个阶段。第一个阶段(1984年以前):蔬菜生产主要分布在大中城市郊区,农村地区只有少量的自食菜地和季节性菜地,基本上属于半封闭状态的自给自足生产形式;第二阶段(20世纪80年代中期到20世纪90年代初):随着蔬菜产销体制的改革,逐渐形成了五大片商品菜生产基地(南菜北运基地、黄淮早春菜基地、西菜东调基地、冀、鲁、豫秋菜基地和晋北夏秋淡季菜基地),这些蔬菜基地每年向全国提供200多亿千克的商品蔬菜,占城市消费量的30%左右;第三阶段(20世纪90年代以来):由于城市建设征地需要和近郊劳动力成本上升,以及广大农事种植结构调整,全国蔬菜供应格局从以农区为辅变为农区为主,农区蔬菜的播种面积约占全国的80%,全国蔬菜产区更加集中。全国蔬菜生产的区域布局进一步优化,农民正在摆脱家庭小菜园式的生产方式,走规模化、专业化、区域化生产的路子。蔬菜大生产、大市场、大流通的格局已基本形成,南菜北运、西菜东调、北菜南销,各地都在最大限度地发挥自己的区位优势、交通优势和技术优势,积极发展本地蔬菜生产,扩大市场份额。

② 播种面积和总产量保持持续稳定的增长。我国蔬菜播种面积在上世纪80年代年均增长近10%,90年代年均增长14.5%,本世纪前5年平均增长3%,到2007年达到0.17亿公顷,总产量5.65亿吨。设施蔬菜发展更快,1980年设施蔬菜不足0.667万公顷,到2007年达到333.5多万公顷,增长490多倍。另据国际粮农组织(FAO)统计,我国蔬菜播种面积和产量分别占世界的43%、49%,均居世界第一。

据中国海关统计,2007年我国累计出口蔬菜817.59万吨,与2000年相比增加497.29万吨,增长1.55倍;出口额62.14亿美元,与2000年相比增加41.33亿美元,增长1.99倍;贸易顺差61.06亿美元,与2000年相比增加40.97亿美元,增长2.04倍。

蔬菜生产的设施化水平不断提高。为了适应消费者对品种多样化的需求,十多年来共选育、审定和推广了大批名、特、优、稀品种,全国主要蔬菜的栽培品种实现了2~3次更新,良种覆盖率达到80%以上。蔬菜已成为增加农民收入的支柱产业。2007年全国蔬菜播种面积(含西甜瓜)占农作物总播种面积的12.8%,总产值7 200多亿元,占种植业总产值比例高达29%,在种植业中仅次于粮食。蔬菜生产对全国农民人均纯收入的贡献额达650多元。

③ 市场供应形势明显改观。全国城乡蔬菜市场供应充足,价格稳定,花色品种不断增多,商品质量明显改观,均衡供应水平不断提高。基本做到淡季不淡,蔬菜季节性差价

进一步缩小。许多大城市蔬菜日上市种类在 50 个以上,消费者对蔬菜种类、品种有了较大的选择余地。2007 年全国人均蔬菜占有量已达 420 千克,显著超过世界人均占有 102 千克的水平。

3. 花卉市场

我国有着悠久的花卉栽培历史,但花卉业的突飞猛进,还是在改革开放后的近 20 多年。从中国花卉协会 1978～2007 年的统计资料可以看出,我国花卉的种植面积和花卉生产总值有了明显提高。2007 年我国花卉生产总面积为 75 万公顷,比 2006 年的 72.2 万公顷略有增加,较 1998 年增长 8.8 倍;花卉销售额 613.7 亿元人民币,比 1998 年增长 5.8 倍;出口 3.3 亿美元,比 1998 年猛增 17 倍。花卉栽培面积连续几年占到了世界花卉栽培总面积的 40%,年产总值早已突破 61 亿美元,花卉销售总额 613.7 亿元,年出口额达 2.6 亿美元。其中观赏苗木占了我国花卉生产的半壁江山。全国鲜切花(含切花、切叶、切枝)种植面积为 43 325.4 公顷,比 2006 年增加了 4.1%。其中切花种植面积为 33 777.5 公顷、切叶 5 834.5 公顷、切枝 3 713.4 公顷。销售额为 697 806.4 万元,比 2006 年增加了 15.3%。出口总额 16 093.1 万美元。全国有 15 个省(区、市)出口鲜切花。盆栽花卉(含盆栽植物、盆景和花坛植物)种植面积为 77 253.6 公顷,比 2006 年的 72 798.77 公顷增加了 6.1%。其中盆栽植物种植面积为 40 567.2 公顷、盆景 19 630.7 公顷、花坛植物 17 055.7 公顷。盆栽花卉出口额为 8 264 万美元,其中盆栽植物 4 920 万美元、盆景 2 184.9 万美元、花坛植物 1 158.5 万美元。

花卉业在全国的发展也很不平衡,从综合实力看,广东、上海和浙江为前三名,广东以显著优势居于全国首位。前十强的省市除这三省外,还有四川、福建、江苏、河南、云南、山东和河北。从各地的优势产业看,也各具规模,如云南的鲜切花产业、浙江的切叶生产综合经营、广东的盆栽观叶植物等。

## 8.1.2 我国园艺产品市场的特点

随着我国改革开放的深入和园艺产品市场的发展,出现了多层次、多元化结构的产、供、销一体化企业和联合体,一方面促进了园艺产品市场繁荣和发展,另一方面这种多元化市场结构和多元化的商业流通体制并存,也带来了多头管理、互不协调、流通秩序混乱等诸多问题,阻碍着园艺产品市场的进一步发展。因此,我们必须运用各种现代化管理手段,加强园艺产品市场管理,使园艺产品产、供、销过程和各环节得以健康、稳定、持续、协调发展,适应市场经济的要求。

园艺产品的市场关系是指市场对园艺产品的可供量与市场上园艺产品购买力之间的联系,主要包括园艺产品供求总量、主要种类间的供求量等比例关系。在园艺产品的市场供应上,平常通过市场供求关系的分析,找出影响因素,谋求实现园艺产品的周年均衡供应。由于形成园艺产品市场商品供求双方的各种因素不同,而且这些因素经常变化,因此,其供求关系存在着平衡或不平衡(供大于求或供小于求)两种状态。即所谓卖方市场和买方市场。当园艺产品市场供给量小于需求量时,消费者在购买上发生竞买,出现园艺产品市场价格由卖方起支配作用的现象,则称为卖方市场。反之,市场供给量超过需求量,卖方之间竞争激

## 第8章 园艺产品市场

烈,而出现园艺产品市场价格由买方起支配作用的现象,这时的市场则称为买方市场。买方市场和卖方市场的出现均是果蔬商品市场供求关系不平衡的表现。供求不平衡不仅表现在园艺产品的总量上,而且表现在其供应品种的结构和时空分布上。所以园艺产品市场是一个不断变化的动态过程,运用市场机制对产销矛盾进行有效调节,协调好生产者、经营者和消费者之间的利益关系。

1. 我国园艺产品市场经过多年的发展,形成的市场与其他市场相比具有如下特征:

(1) 我国园艺产品市场层次丰富,规模多样

随着园艺产品生产的扩大,配套设施、生产资料也得到相应地发展。我国园艺产品市场已形成一定规模,形成了高、中、低档市场相结合,产地市场与销地市场相结合,批发市场与零售店(花店)相结合的园艺产品立体的市场体系。

① 中高档园艺产品市场增长迅速。近年来,随着园艺产品销售流通环节投入增加,投资兴建大型园艺产品批发市场成为热点。以花卉为例,1994年以前,花卉市场在我国寥寥无几。经过几年的努力,许多地方已经改变了流通滞后的状况,各地纷纷投资建立花卉批发市场,政府、企业、部门或外商等都参与投资市场建设。2007年,全国花卉市场数量最多的省为河北,有288个,其次为广东281个,湖南214个,河南183个,江苏168个。花卉企业数量最多的省为山东,其中大中型花卉企业162个,花卉生产和消费的主要地区都有花卉批发市场和众多的花店。

② 大型中心市场初步形成。经过多年的发展,全国初步形成一批大型的果蔬和花卉批发市场。如四川成都三圣乡花市,上海曹安花市、精文花市,广州岭南花市,湖北武汉花市,北京亮马桥花市等。这些花卉批发市场规模大、档次高、设施设备较好,大多有交易厅、冷藏库、运输设备以及后勤服务设施,并成为当地很有影响的园艺产品市场。

(2) 我国的园艺产品市场流通体系完善,市场网络发达

经过多年的市场建设和运作,我国园艺产品市场基本形成了以初级批发市场为主,农贸市场、集市、花店、个体商贩(花摊)和租摆(花卉)等多种销售形式相结合的流通体系,基本实现了便于园艺产品集散、便于消费者购买、管而不死、活而不乱的运行机制,较好地解决了产销脱节、买难卖难的矛盾。总体而言,产区的批发市场以生产基地为依托,档次低,设施简陋,类似于农村集贸市场的水平。销区市场设在人口集中的大中城市,以众多中小型果菜市场和大小花店为依托,档次相对较高,设施较为齐全。全国的园艺产品在流通与交换过程中处于一种动态供给平衡状态。

(3) 我国的园艺产品市场在国民经济中发挥着重要的作用。通过园艺产品交换,沟通果、蔬和花卉产、供、销渠道,联结社会各生产部门、企业,促进商品经济持续稳定协调发展,能够实现流通中的园艺产品商品价值和使用价值的转换,促进园艺经济的社会分工和技术进步。

但是,我国园艺产品市场在繁荣和发展的同时,也出现了一些不足。一是城市的初级园艺产品交易市场建设过热、过多,布局欠规划、定位欠合理,在花卉市场建设方面表现尤为突出;二是设施不够完善,交易方式单一;三是市场功能和管理薄弱,商品的集散功能、市场信息引导功能和调节余缺与价格功能弱,管理欠科学;四是市场交易行为规范化程度低,流通渠道和环节混乱,几经倒手,流通环节和流通渠道人为膨胀,造成消费者

负担加重。因此,我们必须运用各种现代化的管理手段,以科技和生产基地为依托,建立全国统一有序的园艺产品交易大市场,加强园艺产品市场的宏观调控、政策引导和进行合理的规划布局与管理。

### 8.1.3 影响园艺产品市场的因素

园艺产品市场有其自身的特点,如何建设和管理好适合我国国情的果蔬市场和花卉市场,使其在市场经济中发挥出积极作用,是每个生产者、经营者、管理者和消费者都极其关注的问题。在市场经济条件下,影响园艺产品市场发展的因素主要有以下几个方面。

一是园艺产品市场容量。影响园艺产品市场的供求首先要考虑市场容量。在某一地区人口数量和人均收入水平基本不变时,消费者购买欲望的变化直接影响市场容量的变化,且呈正相关关系。这些因素是我们进行果蔬市场和花卉市场定位分析及市场交易分析的重要依据。

二是园艺产品销售的季节性。园艺产品是鲜活产品,生产上市的季节性强。一般来说,春秋为产出旺季,价格比较低。果菜和花卉市场需求的季节性则主要集中在下半年,尤其是冬春年销花卉,要求产品的反季节性上市率高,因而成本高、价格高、要求的交易设施好。从人们对园艺产品的消费习惯看,市场也有周期性波动,如双休、节假日需求大,逢"8"的日子对花卉需求大,同时,也是伴随着果菜需求量增大。从花卉产品的性质看,花卉不同于普通的果蔬或粮食产品,它是人们精神享受的一部分,是社会经济发展到一定阶段的产物,需求随人们的收入水平的波动而波动,花卉的销售量也随之呈现波动的趋势。

三是消费者购买渠道和行为。园艺产品市场环节的多样化,使之进入消费者手中有不同的渠道。如可直接从生产者手中购买,也可通过零售商、代理商、批发商等多级渠道获得。不同的消费渠道,消费者的购买行为也是不同的,这些都影响着园艺产品市场的发展。如花卉作为特殊的精神消费,了解消费者购花行为、用花习惯也是供应商不可忽视的研究因素。台湾花卉发展协会曾对20世纪90年代台湾花卉消费者消费习惯进行了调查与分析,发现消费者有大量采购潇洒型、临时起意不定型等多种购花类型。

四是不同的消费层面及其比例对园艺产品的需求是不同的。在了解消费者对大众菜(果)或花、特种菜(果)或花的需求特点和具体的种类要求的基础上,精心组织货源。对于各地传统节日的膳食习惯和用花习惯也要有所研究。在花卉消费方面,目前我国花卉消费的对象多元化。不仅包括以前的各国驻华使馆、高级宾馆饭店、企事业单位开业或庆典、各级政府机关的需求等,随着人们生活水平的提高,许多居民对鲜花消费也呈上升趋势,像探亲访友、日常交际、朋友聚会等都需要大量的鲜花消费。而且在大型节日,如春节、元旦,或作为礼品购买,如婚、丧、生日庆典、探病、乔迁恭贺等,需求量更大。

五是市场的外围环境如周边生产状况、竞争对手状况等因素。

### 8.1.4 我国园艺产品生产存在的主要问题

我国园艺产品市场经过二十多年来的对外开放,吸收引进外国的先进生产技术与管理水平,形成了我国现在果蔬与花卉四季供应充足的情况,品种丰富,满足了广大消费者的需求,丰富了人们的物质与精神生活。可由于我国的农业生活技术水平低,市场的有效性亟待解决,园艺产品市场至今还存在如下问题:

(1) 结构失衡

这特点在水果上表现较为突出。首先,苹果、柑橘、梨三大果树的比重偏大。这三大水果的生产面积占我国果园总面积的54.2%,产量占水果产量的63%。其次,产期过于集中。如柑橘中的中熟品种和苹果中的晚熟品种分别占其总产量的70%以上。第三,鲜食与加工品种搭配不当,适合于加工的品种比较少,没有形成规模和基地。如过去适合加工果汁的主栽苹果品种国光、红玉等,现在已经不多见了,柑橘中适合加工的橙类比例偏少。蔬菜和花卉产品结构也同样存在不同程度的不合理问题。

(2) 流通不畅

虽然随着交通、信息业的发展,园艺产品市场流通渠道比以前更为畅通,但由于整个农业的市场环境、发展程度和流通秩序等方面不够完善,农民经营规模普遍偏小,园艺产品小生产与大市场的矛盾仍然较为突出。农民既不能及时地得到全国各地的产销信息,又没有与其经济利益密切联系的经销企业。农民在市场交易中始终处于被动和从属的不平等地位,在产品的销售上没能掌握主动权,许多果农、菜农或花农应得的利益被流通环节盘剥,这些问题不仅影响了农民收入的提高,也制约了农民的投入能力。

(3) 产品质量不高

据调查估计,我国水果的优质果率仅占水果总产量的1/3,有50%的产品是大路货,还有近15%是属质量差的不合格产品,根本没有上市资格。水果总产量中仅有5%的水果能够参与国际竞争。近年来,蔬菜外观品质尽管有了较大提高,但在花色品种、时令上市、营养成分以及无污染产品的开发上,与消费者的需求相差甚远。由于农区蔬菜面积,特别是温室栽培面积增加,蔬菜病虫害呈加重趋势,加上农民普遍缺乏安全使用农药的知识和意识,蔬菜农药残留量超标的问题时有发生。花卉产品,尤其是鲜切花达不到产品质量等级标准,在国际、国内市场上都缺乏竞争力。如今的质量标准体系的建立成为园艺产品出口的头等重要问题。

(4) 产后处理薄弱

我国水果采后商品化处理不到1%,贮藏能力不到20%,加工水果仅占水果总产量的10%。其中,苹果、柑橘的加工只有5%左右,而国际平均水平为23%。蔬菜、花卉由于产后处理、包装、运输及贮藏、加工落后,造成产后滞运、积压、霉烂的情况时有发生,地区间、季节间的调剂手段不强。

针对我国园艺产品的发展状况,可以有针对性采取如下的措施:

① 组织实施良种工程,加快品种改良步伐。如国家农业部已将园艺产品良种苗木的繁育纳入种子工程计划,拟用5年左右的时间,分期分批投资建设国家果树脱毒中心和省级果树良种场,初步建立起果树良种苗木繁育体系。同时利用《种子法》的实施进一步加强果树蔬菜和花卉种子资源的管理。

② 布局区域化。园艺产品生产只有进一步实行区域化种植,才能形成资源的合理配置,从而获得高质量和高效益的产品,同时也便于园艺产品的交易和聚散,这也是世界各

国园艺业发展的成功经验。各地在调整品种结构时,要坚持适地、适量的原则和充分发挥区域优势原则。要根据各地的气候、土壤、种子资源等优势,大力发展具有地方特色的名、特、优品种,使自己的产品有特色、有个性,与其他产地产品形成市场区隔,对自己的产品进行科学、合理的市场定位。如蔬菜生产,北方以节能型日光温室为代表的设施发展冬春反季节生产,或利用北方冷凉地区和南方高山地区夏季的相对低温发展夏秋反季节生产,利用海南、广东等"天然温室"发展露地冬季生产;利用沿海、沿边等地理优势发展外向型生产等。

要积极兴建一批工厂化的育苗中心和采后处理、分级、包装中心,提高产品质量;具有较高经济水平的大城市可以借鉴北京、上海、深圳正在实施的都市农业的经验,把园艺产品生产与生物技术应用、现代农业展示、旅游观光农业结合起来,提高园艺产品生产的竞争力。东南沿海地区及一些有出口优势的地区要瞄准周边国家(地区)和其他国际市场,发挥区位、经济、技术和劳动力资源优势,积极开拓和占领国际市场。

③ 经营产业化。就是要积极发展多种形式的龙头企业,特别是农民自己的合作经济组织,实行产销一体化,通过农业的产业化经营带动农户的小规模生产,增强农民的质量意识,提高产品的档次和规模,使千家万户的生产与千变万化的市场能够较好地连接,让农民更多地获得生产过程所创造的价值和流通环节的增值。

④ 产品优质化。园艺产品要拥有自己的商标和品牌,牢固树立品牌意识,通过品牌效应占领市场,扩大市场份额。发展名、特、优、稀有种类品种,积极开发无污染产品。要加强监测工作,禁止在蔬菜上使用高毒、高残留农药,做好产地和销区市场蔬菜农药残留量超标的检测工作,建立健全从产地到市场比较完善的监测体系,配备一定的人员和必要的检测设备,避免有毒蔬菜混入市场,危害人们的身体健康。尽快制定全国性的无公害蔬菜生产技术规程,进一步规范各地无公害蔬菜的生产。开展防虫网覆盖栽培技术的协作攻关,把蔬菜病虫害的综合防治技术措施与防虫网等设施相配套,推动无公害蔬菜生产的发展。加强优质示范园的建设,建立园艺产品标准化体系。

另外,要大力发展贮藏、加工与保鲜业,建立优质加工原料基地,制定优惠政策,将水果、蔬菜与花卉的产前、产中、产后有机地结合起来,推进园艺产品产业化。只有园艺业的整体素质得以提高,才能提高参与国际市场的竞争力。

⑤ 信息网络化。要建立统一完整、信息灵敏、覆盖面广的农业信息采集、发布系统,做好信息的收集整理、分析预测、反馈发布工作,通过信息网络及时反馈各地的市场批发价格和主要产地的园艺产品生产状况,沟通、衔接园艺产品生产、经营、加工、销售各个环节。加大批发市场,尤其是产地批发市场、集贸市场建设力度。积极发展农民自己的产销合作组织,培养代理商、批发商等中介组织,改进交易结算方式,逐步向公开竞价拍卖、样品交易、电子商务结算等方式过渡,努力与国际接轨。

# 8.2 国际园艺产品市场

## 8.2.1 国际园艺产品市场概述

1. 主要水果市场

（1）欧共体果品市场

欧洲共同体成员国经济实力雄厚，是世界水果贸易的最大市场，主要进口热带、亚热带水果及名特优及深加工产品。欧共体国家中，以原联邦德国、英国、法国等进口较多。出口国主要是新西兰、澳大利亚和南非等国。欧共体实行共同农业政策，对内实行共同价格，对外实行共同关税。通过进口限价及数量和质量管理等限制非成员国进口。所以，欧共体市场具有强烈的贸易保护主义特色。1992年欧洲大市场建立，给非成员国造成森严的贸易屏障，因而只有竞争力很强的水果产品才能打入这个市场。

（2）北美水果市场

北美水果市场主要指美国和加拿大。美国的进口水果也大于出口水果（进口与出口的比为170∶100），主要进口香蕉。加拿大进口水果也大于出口水果（进口是出口的12倍），主要进口香蕉、苹果、蜜柑、杂柑、柚类、梨及其他干果。北美市场主要是从南美进口热带水果，欧共体、新西兰和澳大利亚也向北美市场出口。该市场既向世界市场大量出口，也大量进口，市场竞争激烈。

（3）日本水果市场

日本经济发达，消费水平高，人均年消费水果40~50千克。其中25%靠进口。主要进口水果有香蕉、菠萝、葡萄、板栗、白果、核桃、柚、猕猴桃、甜橙等名特优产品。日本利用《防疫法》、《食品卫生法》控制进口水果、蔬菜等。因此，我国的水果还不能顺利出口日本。

（4）东欧及苏联水果市场

该地区多寒冷，主要进口温带水果，其进口量比西欧、北美和日本少。对水果的质量和包装要求均不像其他市场那样严格。以前我国一直以政府协定记账贸易的方式对该市场出口大量水果，每年出口柑橘类、苹果各3万~4万吨还有梨及其他水果罐头等。苏联解体后，由于俄罗斯币值不稳定，国际结算不安全，就终止了协定贸易。而我国的一些民贸企业和非专业公司以边贸的形式一直向俄罗斯出口水果，收付方式也呈多样化。

（5）香港和东南亚水果市场

① 香港。香港人均年消费水果40 kg，其果品主要来自中国大陆、美国、泰国、澳大利亚和新西兰等。从美国进口的有橙、柠檬、葡萄、浆果、梨、桃。从大陆进口的有苹果、梨、核桃、板栗、杂柑类、西瓜、哈密瓜。从泰国进口的有柚、梨、核果等。从澳大利亚进口的有柠檬、梨等。从新西兰进口的有猕猴桃、浆果、核果。

② 新加坡。水果主要靠进口，是典型的水果进口国，每年销售水果达17.5万吨。其中

柑橘占2.2%、香蕉14%、梨13%、苹果12%、其他水果39%。主要是美国供给浆果类、葡萄、杏、樱桃、柑橘和鳄梨等,贸易额达6亿美元;新西兰供给苹果、浆果和其他核果,总额不足1亿美元;中国供给苹果、梨和杂柑,总额约3.7亿美元;澳大利亚供给桃、李、杏、橘、柠檬、苹果、梨和樱桃,总额约2.6亿美元;马来西亚主要供给甜瓜和西瓜,约340万美元。

③ 泰国。为"瓜果天堂"之国,各种水果基本上均有生产,年产水果约700万吨。泰国是主要输出果品的国家之一,其果品主要销往德国和香港。在香港的销量几乎占到50%,此外,还销往马来西亚、新加坡、法国、美国、德国、加拿大和澳大利亚等国。

(6) 中东果品市场

该地区受自然条件限制,果品种类生产很少。进口总值只有3亿美元左右,其中,沙特阿拉伯占57%,科威特、阿拉伯和也门占32%。主要进口苹果、柑橘(橙)、香蕉、葡萄、核果等。

2. 我国蔬菜的主要出口国

我国蔬菜的出口地区主要是日本和东南亚,其次是我国的香港特别行政区。从品种看,萝卜主销国是日本和东南亚地区,在该地区的主销品种还有山药、辣椒、蒜、土豆等。对日本出口的还有菜豆、菜玉米、莲藕、蚕豆、山野菜、食用菌等。生姜主销欧美,在该地区还销有一定量的蒜、菜豆和蚕豆等。泰国和韩国还分别销有少量的辣椒。东南亚还销有榨菜和深加工番茄。

3. 国际花卉市场

(1) 花卉产业与消费现状

二次世界大战结束以后,全球范围内的和平与发展为花卉业的兴起创造了条件。花卉业也因此发展成为世界上最具活力的产业之一。据不完全统计,迄今为止,全世界花卉栽培面积已经达到22.3万公顷,其中,亚太地区花卉栽培面积最大,达13.4万公顷,其次是欧洲,栽培面积达4.5万万公顷;美洲地区的栽培面积有4万公顷。但从出口和消费看,1994年全世界的出口总额达42.3亿美元,以鲜切花、切叶和盆花为主。其中欧洲地区的出口量最大,占世界贸易总量的67%;美洲地区占19%;亚太地区占5%。欧共体、美国和日本形成全球花卉消费的三大中心,这三个花卉消费中心进口的花卉占世界花卉贸易的99%。其中,欧共体占主导地位,达80%,美国占13%、日本占6%。世界的花卉生产和花卉消费基本形成区域化布局。如荷兰的花卉93%出口到欧共体,哥伦比亚75%的花卉出口到美国,泰国78%的盆花销往日本。可见,自然资源丰富、劳动力便宜、交通运输发达的国家和地区则逐渐成为生产区域;而经济发达、有着良好花卉消费习惯的国家和地区逐渐成为消费区域。

(2) 花卉产业发展趋势

随着世界花卉自由贸易化发展,全球花卉业有如下发展趋势:

① 花卉产区向发展中国家转移。花卉业既是技术密集型产业,也是劳动密集型产业。现在,世界花卉发展已进入较稳定时期,发达国家如欧洲最近几年花卉产量基本呈现平稳或有下降趋势,甚至自我保护最好的日本也在减少花卉自产份额,增加进口。同时,发展中国家,如亚洲的中国、泰国、马来西亚,非洲的肯尼亚、摩洛哥、厄瓜多尔和美洲的哥伦比亚等发展迅速,这些国家每年出口创汇的增加额均在20%左右。

② 花卉贸易日趋自由化。随着国际贸易日趋自由化，花卉业也自然转入国际自由竞争，国际花卉市场的开放程度将越来越高。20世纪80年代美国80%以上的康乃馨由西海岸旧金山海湾地区提供，历史因哥伦比亚花卉的冲击而改写。日本是世界上三大花卉消费中心之一，每年花卉消费额达130亿美元，占世界销售规模的1/10左右。由于国内注意地区利益保护，进口花卉占国内消费量一直在5%~7%之间，主要为国内无法生产或生产成本较高的花卉品种。如月季、菊花、康乃馨等温带切花产品和红掌、凤梨、兰花等热带花卉。

③ 温带花卉发展日趋成熟，热带花卉潜力巨大。荷兰、美国、日本均地处温带，是世界上花卉业最发达的一些国家，月季、菊花、唐菖蒲和康乃馨温带四大鲜切花已被它们发展成世界销量最大的花卉种类。热带花卉以其色彩鲜艳和花卉寿命长、容易管理等优点日益受到世人青睐，如红掌、兰花、凤梨、帝王花等有着巨大的市场潜力。许多热带地区加大热带花卉开发力度，打入国际市场，如泰国的兰花实现了工厂化生产，每年有1亿多株销往日本，占领了日本80%的兰花市场。

④ 国际花卉分工特色明显。没有特色就没有市场，几乎全球所有花卉业者都意识到了这一点。荷兰花卉栽培历史悠久，逐渐在球根、种苗、鲜切花和自动化生产方面占有绝对优势，尤以郁金香为代表；美国崇尚环境绿化，草花和花坛植物育种与工厂化生产走在世界前列；日本在花卉栽培基质、销售等方面标准化管理，品质与价格一致成为日本市场的最大亮点；丹麦在盆花自动化生产和运输方面在世界处于领先地位；以色列、肯尼亚、哥伦比亚则在温带鲜切花生产方面实现专业化与规模化。

⑤ 国际合作日益加强。随着花卉商品国际化程度的提高，小农经济或家族经营的时代已经过去，相互联合、优势互补、共同谋求更大利益的合作方式多种多样，如联合、并购、契约等。荷兰与印尼合作进行鲜切花育种；日本麒麟啤酒公司并购荷兰的一家菊花公司，成为有影响的国际花卉企业；美国与哥伦比亚，荷兰与意大利的花卉企业契约都是非常成功的例子。

## 8.2.2 国际园艺产品市场贸易

在我国加入WTO后，与世界经济已经融合在一起，我国与世界各国的贸易量越来越大。在国际贸易中，我国要参与国际分工，发挥我国劳动力多的资源优势，来发展园艺产业，参与国际园艺产品贸易分工。

在大多数情况下，商品买卖双方只是一种单纯的买卖合同关系。在合同规定的有效期内，双方都要承担合同规定的权利、责任和义务。当合同执行后，双方则不再存在特定的关系，这是一种比较干净利索的贸易方式。但在具体的经济交往过程中，国际贸易一般要受国家关系、商品关系和商品市场的影响，商品的买卖或进出口双方总是希望建立一种比较稳定的、能长期维持双方商业联系的方式，以利商品的销售、销售市场的巩固和开拓。因此，除单纯的商品买卖合同外，还存在其他多种形式。如协定贸易、易货贸易、结汇贸易和补偿贸易等。

（1）协定贸易

协定贸易是根据国家政府之间的关系或总的政治原则或根据两国贸易集团之间的商业

目的、利益要求而签订的原则协议。是缔约国间调整彼此贸易关系的国际法律文件。协定贸易是缔约国之间在贸易协定范围内进行的交易。通常认为是通商条约。我国以往对苏联和其他社会主义国家出口的柑橘、苹果等就是以这种贸易方式交易的。

(2) 易货贸易

易货贸易也叫直接易货，就是以货换货，不用外汇支付。进行易货的双方先商妥易货的清算单位，以便进行计价和结算。采用这种办法可以用某一种出口货物去交换另一种进口货物，单价并不相等，只要求以数量达到逐笔平衡；也可以用几种出口货物去交换对方另几种进口货物，软硬商品搭配，组成一笔交易，保持对等平衡。

(3) 结汇贸易

结汇贸易是非协定项下的贸易。结汇有时也称为单边结汇，就是进口与出口分别成交，都用外汇进行支付，不涉及一笔出口与另一笔进口的平衡问题，也不要求对等，而且都是直接成交，一般不使用包销商或代理商。我们在对外成交园艺产品中多数是使用结汇贸易。这类贸易的特点是由买卖双方根据各自的需要自由商定商品的品种、规格、数量、价格、交货付款方式，并签订商品的买卖合同。我国园艺产品出口有时也根据商品性能、市场特点或外商的需要，利用包销和代理关系。

在园艺产品的具体业务实践中，一般是采用一次订明的"一口价"合同，即价格签订后，不论市场发生什么样的变化，价格都不再变动。但在特殊情况下，如价格变动剧烈，前景捉摸不定，或对特殊的地区，一次计价有困难时，也采用一些变通的做法，或在成交时不订价、或只订参考价、把实际执行价格留到以后双方约定的时期决定，如交货月份开始的前一个月，由双方按约定时期的国际市场价格水平协商订价。这种作价方式叫"活价"。在港澳地区经销园艺产品，还实行一种"分期作价或分月作价"的方式，在签订暂定价格后再由当地代理行根据当地市场的具体情况重新调整价格，使之适应当地的销售水平。

(4) 补偿贸易

补偿贸易方式是 20 世纪 60 年代后期出现或开始采用的一种对等贸易方式，即买方以贷款形式购进机器设备、技术知识或专利等，进行建厂或上生产线。等生产项目投产后，再以其产品或双方商定的其他商品，来清偿贷款。补偿贸易所构成的双方当事人之间的关系是买卖关系，买方购进卖方先期供应的机器设备、技术或专利，以买方用买卖的形式向卖方供应产品抵付货款。买方对开发的项目及产品拥有所有权和经营权。

从 20 世纪 80 年代后期开始，我国湖北省外贸公司就陆续以补偿贸易的方式，从日本先后进口了 6 台柑橘的水洗、打蜡、分级机，并在当年就用出口柑橘进行了一次性补偿。用这种贸易方式不仅大大提高了柑橘商品化处理能力和水平，而且引进工作也很方便，还全免了进口关税，降低了投资成本。

(5) 加工贸易

加工贸易是一种比较后起的贸易做法。这种做法是先进口原料或辅料、饲料、元件、零件等，经加工后再出口。园艺产品比较常见的加工贸易有如下两种：

一是进料加工。就是先动用自己的外汇进口原料，经过加工制成成品后再出口，如进口果蜡。进料加工方式属于"以进养出"的一种方式。在正常情况下，原料的价格一定低于制成品的价格，如果进口原料维持并扩大了生产，保证了出口需要，并赚取了加工差额，将劳动力物化为外汇收入,这无疑对国家是有利的。

二是来料加工。这也是"以进养出"的一种方式。就是一方接受另一方提供全部或部分原料或辅料、元件、零件,按照另一方所要求的质量、规格、款式和商标进行加工、装配成制成品,再交回给另一方。承受加工者一方向另一方收取一定金额的加工费,或者将原料和制成品分别计算,原料价款在成品价格中扣除,产品交由加工委托方包销。我国有十分丰富的劳动力资源,有一定的工业基础,搞来料加工是增加外汇收入的一个重要途径,而且是有盈无亏的收入,不受国际市场变化的影响。如出口柑橘的纸箱,出口蔬菜、花卉的保鲜剂、营养剂、包装物料等,都以"来料"或"进料"的方式"先进后出、以进养出"。

(6) 合资经营

合资经营企业是国际经济技术合作的一种比较固定的高级形式。我国自改革开放以来,在合资经营方面有了很大的发展,并取得了很大的成就。合资经营有利于学习外国企业的科学经营管理方法,培养优秀的管理人才,引进资金和新技术、新设备,提高产品质量,增强国际市场的竞争力,扩大出口创汇,增加国内劳动就业机会,同时拉动内需,提高国民经济增长点。

以往我国的园艺产业与外商合资经营主要以采后的加工处理为主,如水果、蔬菜的罐头生产线、鲜食的真空包装等。近几年来,又兴起了生态园艺,观光园艺的合资经营,并向产业化的纵深度发展。

(7) 技术贸易

技术贸易是一种特殊的贸易方式。是把某种专利技术或诀窍的使用权作为一种商品进行买卖。政府间的援助方式进行的叫技术转让,通过政府或私人按商业条件进行的叫技术贸易。

园艺产品国际营销与其他商品一样,既有共同的经销模式,又有自身的特点,经营方法有包销、代理、寄售、展卖、投标、拍卖、转口贸易等几种形式。

## 8.2.3 国际园艺产品市场的特点

1. 国际园艺产品市场营销的意义

国际园艺产品市场是企业通过满足本国以外的市场的需要,以实现自己的战略目标而进行的多国性园艺产品市场营销活动的结果,也就是说,是园艺企业超越国界的市场营销场所。园艺产品市场的国际化是各国自然、经济、技术和社会等各种因素综合影响的产物。通过开展国际市场营销,对提高资源配置效率、满足世界各国的市场需求、提高园艺产品的生产水平和园艺产品的质量以及促进经济的发展均具有重要意义。具体表现在:

① 有利于提高资源配置效率。根据比较利益原理,一个商品经济发达的国家往往在本国有市场的条件下,也会把产品出口到经济效益更高的国家;反过来,即使本国有资源,也会为争取廉价的原材料、技术水平更高的设备,以减低成本提高效益而进行国际间的贸易活动。因此对外贸易不仅仅是为剩余产品寻找市场或为过多的需求寻找来源,而更应参与国际分工,在世界范围内进行资源的重新分配,从而建立园艺产品资源差异上的国际分工,这有利于我们充分利用自然资源从事适宜的园艺产品生产,提高资源配置效率。

②是社会高度分工的需要。世界各商品经济的国家,尤其是发达国家,在发展商品经济中会由于自然、经济、技术和社会的种种原因而在生产上实行专业化,因而客观上存在国际的社会分工。这种社会分工使商品生产国之间存在着相互依赖的经济关系,彼此以对方为市场,互相提供商品需求和商品供应。正是这种关系,使国际之间园艺产品需求具有国际间互补性。通过国际贸易往来,实现各国园艺产品市场的品种多样性。

③可促进园艺产品的生产水平和产品质量提高。要进行国际贸易,使园艺产品生产成为创汇农业,就必须按照国际要求和标准进行生产。创汇农业要求所出口的园艺产品数量大、质量高、品种和规格特殊,且出口供应稳定,所以,生产就要求高度专业化、实行规模化经营,并大量采用高新技术。同时,还将促进园艺产品生产按照商品经济的客观规律和市场机制的要求,改善经营管理,因此,可带动园艺产品整体生产水平和质量的全面提高。

④可以促进经济的发展。园艺产品和其他初级产品的出口,是发展中国家引进外资、技术的外汇保证;是许多发展中国家在具有竞争力的工业体系未建立以前,依靠农产品,尤其是园艺产品出口作为经济增长的动力,这对于发挥其资源的优势而提高其国民收入水平有着重要意义。

**2. 国际园艺产品市场营销的特点**

自20世纪80年代开始,国际园艺产品市场和其他农产品市场一样,随着各国市场竞争激烈,各国对园艺产品纷纷采取限制进口的非关税壁垒措施,主要包括:具体的贸易措施,如进口的数量、限价、商品卫生规定、进口许可证和禁运等;商品标准的规定,如商品质量、包装和标志等;关卡规定,包括对农产品的分类、样品规定、估价和办理进口的手续等;进口差额税、特别税;政府对园艺产品进口的干预,如政府采购、贸易转向援助等等。同时各国对园艺产品出口的政策性补贴增加,进口的非关税壁垒加重。如进口税制、数量限制、许可证制,苛刻的卫生健康等质量标准、双边贸易协定、优惠协定等。如1999年1月1日起欧共体实行统一的香蕉进口政策,即对拉美的香蕉,实行配额制和统一征收20%的关税,这一政策将影响拉美向欧洲的香蕉出口,从而引起拉美和欧洲之间的争端。国际园艺产品市场的营销特点表现为:

①经营的国际性。国际市场营销的活动范围是在本国以外的国家,产品要跨越国境,故其市场、产品和销售等都具有国际性。跨国经营往往要受到双方国家海关的管理和两国经济贸易政策制约,园艺产品的国际营销环境往往要比国内营销环境复杂得多。

②交易场所的异国性。这主要是因为各个国家、地区的消费者需求的差异,政治、经济体制的不同,在进行园艺产品国际市场营销时,必须细分目标市场,找出它们与国内目标市场的不同之处,进而采取相应的国际市场营销策略。

③竞争的多国性。国际市场常常有多个国家和地区参与竞争。因此,在园艺产品国际市场营销时,不仅要研究目标市场的特殊要求,还要研究竞争对手的优、缺点,使自己在竞争中获得生存与发展。另外,还要避免本国各出口口岸之间的内部竞争。

④市场的高风险性。国际市场营销的目标市场在国外,使其运输方式和渠道更为复杂,支付手段和结算方式也与国内截然不同。因此,国际市场营销比国内市场营销具有更大的风险性。

## 8.2.4 国际园艺产品市场的开拓

1. 我国园艺产品出口存在的问题

（1）质量差

我国出口园艺产品的数量较多，但色、香、味差，卫生程度也不够。同样的产品在加拿大和香港市场价格低于美国的两倍。如水果，我国的沙田柚被泰国柚代替、鸭梨被日本梨取代、橙子被美国新奇士脐橙代替。无论是水果，还是蔬菜和花卉大多为低档价格消费。故建立质量标准体系是我国园艺产品出口的头等重要问题。

（2）商品化处理程度不够

我国果品、蔬菜和花卉的出口产品洗净、分级、涂蜡、预冷、包装、贮藏等方面的技术和设备虽有，但离国际贸易标准差距甚远，特别是冷链系统和恒温贮藏的条件差，设备不完备，工艺加工也较落后，难以对高质量的园艺产品进行商品化处理。

（3）周年供给体系不稳定

由于对园艺产品市场研究不够，造成出口产品品种单一、季节性集中；贮藏保鲜的水平和设施跟不上，质量较差。这样经营者就形成了有多少、购多少、销多少的局面。收购交货环节失控，更会造成贸易损失。

（4）出口竞争无序

由于近些年来新开的外贸企业、三资企业、民营企业盲目追求出口数量规模，对出口的同一国家或地区，不研究其市场总容量，超量倾销，竞相杀价，导致同一商品在一个区域市场泛滥成灾，恶性竞争，造成出口商和国外的进口商等经营的各道环节，几败俱伤。这与我国出口管理体制的不够科学合理也有关系。如大蒜是我国出口的传统园艺产品，市场非常敏感，属我国外经贸部出口配额加许可证管理商品，正常情况每年出口配额总量控制在 10 万吨之内，国际市场就比较坚挺。在 1992 年我国盲目超额发证，出口量达 20 万吨，致使平均单价还不足正常年的一半，20 万吨出口的总收汇低于 10 万吨的总收汇。更有甚者，还遭到他国以反倾销法诉讼，制裁我国。

2. 开拓国际园艺产品市场的策略

（1）发挥我国特有园艺产品的优势，提高我国传统出口产品质量

有稳定的外销市场和经营渠道的园艺产品，应采取积极、稳定的经营方式，不断地提高品质、改进包装、调整品种结构，选择合理的运输方式，以保住市场为主。在稳定的基础上积极拓展市场，提高市场占有率。同时，密切关注市场的动态变化和商品生命周期，园艺产品国际市场的生命周期通常有两种类型：一种是一个地区消费习惯的改变或更廉价的替代产品的出现，某种商品自然被市场淘汰；另一种是园艺产品国际市场的起伏变化周期，一般规律为：供不应求→供求平衡→供过于求→极端过剩，周而复始的市场演化。我国的园艺产品多属后一种类型。如我国的出口蒜头，属传统的出口园艺产品，市场很单一，主要是日本市场（东南亚市场甚少）作为调味品习惯消费。按照我们以往多年的市场经验，该商品 20 世纪 80 年代为 4 年一个周期，到 20 世纪 90 年代演化为 2～3 年一个周期。这就要求我们出口经营者把握市场周期，理性决策，做到"逢俏不赶，逢滞不掉"，同时应把自己的经营方

案提前传递给广大农户和生产者,避免生产过剩或生产不足,造成社会资源或市场份额的浪费。

(2) 开发新市场、新产品

除拓展传统商品市场外,还应有敏感的市场触觉,长远的战略思维,不断地开发新市场、新产品。开发国际园艺产品市场,根据不同情况,一般有以下几种做法:

① 开发自产优势产品。若目标市场本身有某种园艺产品的消费习惯,只是被其他的出口国全部或大部分控制了市场,而我国又有该产品的大规模生产,甚至对别的国家或地区还有出口历史时,这就要对目标市场的总容量进行调研,对原已控制市场的出口国和我国的社会生产成本、各个流通环节、到岸品质、品牌、出口商的实力、商誉进行综合分析与评估,开发自己的优势产品。如果我们有优势就比较好打入目标市场,如加拿大历来有蜜柑作为圣诞节礼品的消费习惯,属"题材"消费,市场总容量1.5万~1.8万吨。1986年以前该市场基本被日本所控制(占90%以上),而我国也是柑橘生产大国,此前主要是对前苏联出口。我国的生产成本与日本相比有绝对优势,只是采后的商品化处理不如日本。但我们在这方面做了坚持不懈地努力,用了7~8年的功夫,使我国对加拿大出口柑桔外观、质量略次于日本,而卖价只取日本的一半以上还有利可图。这样迫使日本蜜柑逐步退出加拿大市场,中国蜜柑基本占有了加拿大市场。

② 引进外来名优产品。若目标市场有某种园艺产品的消费习惯,但我国暂无适销对路的品种时,这就需要从国外引种。引种开发国际市场必须具备三个前提:一是我国的气候、土壤及生态条件必须适合该品种的生产种植;二是我国的生产成本必须低于该产品的主要出口国;三是该产品在我国也有内销市场,以备产品的市场分流。如我国从日本引进大生姜、大萝卜、小黄瓜、青刀豆等,在日本、东南亚市场销售比较成功。这种开发国际市场的方式比第一种难度要大一些,不一定都能成功。如早些年我国引进的"海沃德"猕猴桃、"纽荷尔"、"朋娜"脐橙,由于我国的生产体制等因素至今基本上还没有打入国际市场,但内销市场很好。

③ 开拓特色产品市场。我国有生产规模或有特色的园艺产品,但某一目标市场暂无或有很少消费习惯,这就要求出口商用各种方式客观地宣传、推介,引导该地区的消费者,循序渐进地做市场培育、渗透工作。这种开发国际市场的方式难度最大,需要时间也很长,前很多年都不赚钱,甚至赔本,并且成功和失败的两种可能性都有。如我国的出口大蒜,早些年有些国家或地区不习惯消费,因为食用大蒜后口里有异味不便于社交,后经过宣传和引导,让当地人认识到大蒜有杀菌、预防多种疾病的作用。随着社会的发展,大多数人们都意识到健康比社交更重要,自然就形成了消费习惯,我国的出口大蒜逐步渗入到这些国家或地区。

案例分析

### 国外园艺产品拍卖市场

1. 荷兰花卉拍卖市场

荷兰是最早进行花卉拍卖交易的国家,1912年就建立了阿斯迈尔花卉拍卖市场,现在已扩展到了71.5万平方米,全年鲜花销售量35亿枝,观叶植物3 700万盆,居世界之首。每天早晨2.5小时可交易盆花150万盆,鲜切花1 400万枝,在一天之内可将花卉运抵世界各地。阿斯迈尔花卉拍卖市场是由荷兰众多园艺种植公司共同拥有的股份联合体,这些种植商必须按规定的义务将自己的产品经拍卖市场销售。销售以后,种植商要按营业额的5%以上缴拍卖市场,作为代销产品的佣金。该拍卖市场大体可分为拍卖部和购货部两大部分,拍卖部设有冷藏库、存放库、拍卖厅、发货厅和一条800 m的参观长廊。冷藏库和存放库设有产品质量检验处,对拍卖的每一批产品都要进行质量检验与定级。购货部设有包装厅、交款台和发货中心。约有350多家经销商、出口商及批发商在包装厅拥有自己的包装场地。交款台对面设有银行办事处,以方便结算。发货中心还设有海关和植物检疫站。花卉拍卖市场其有效产品交易过程大致分供货、成交、发货三个过程。一般每天下午4:00点左右至午夜,花卉等被运往大型冷库中。早上4:00点左右开始检测所有产品,提供产品质量信息。早上6:00左右,卖主进入拍卖大厅,货车上的产品以最快速度放到拍卖钟前,工作人员根据卖主的要求进行拍卖。拍卖成交后,有关信息立即被输入中心电脑,装载花卉的推车便退出拍卖厅。在推车经过拍卖厅大门时,电脑开出发货单作为工作人员发货的凭据。每当一笔生意成交,电脑就为买方开出账单付款或转账。买方只有先付款后才能提货,这样,拍卖市场销售的花卉全部都在当天收到了付款。

2. 日本花卉拍卖市场

日本是世界花卉消费的三大中心之一。2007年花卉零售额达3 374亿美元。其中大田花卉批发市场是东京的四大拍卖市场之一,日交易规模为果菜3 000吨,花卉245万枝。市场用地386 426平方米。其果菜市场占有率是东京中央批发市场(共9个市场)交易额的40.4%,占全国中央批发市场(共72个市场)交易额的10.0%。花卉占有率是东京中央批发市场(4个市场)交易额的56.7%,占全国中央批发市场(共23个市场)交易额的30.7%。

3. 比利时的水果拍卖市场

比利时国内80%的水果是通过拍卖市场成交的,拍卖市场已成为比利时水果产销之间的纽带与桥梁。比利时的水果拍卖市场,一是规模大一个拍卖市场占地几万平方米,有货场、冷库和拍卖厅等配套设施;二是效率高,利用计算机和网络进行拍卖,上午半个小时左右,就可将一天所需拍卖的200吨左右的水果拍卖完毕。每一个水果拍卖市场都是由生产者入股并向银行部分贷款集资兴建的。水果生产者必须向某一拍卖市场入股,才能将水果委托市场出售。所以,比利时的水果拍卖市场既是一个属于生产者所有的集体企业,又是为生产者服务的批发企业,它不以赢利为目的,而是只收取少量手续费来维持其开支。

本章小结

本章通过对我国园艺商品市场的概述,阐述了我国园艺产品市场层次丰富,规模多样;园艺产品市场流通体系完善,市场网络发达;园艺产品市场在国民经济中发挥着重要的作用的特征。并对影响园艺产品市场的五大因素作了介绍。针对我国园艺产品市场存在的结构失衡、流通不畅、品质量不高、后处理薄弱等问题提出通过组织实施良种工程,加快品种改良步伐;布局区域化;经营产业化;产品优质化;信息网络化等措施来解决。通过介绍主要的国际园艺水果、蔬菜、花卉产品市场,国际园艺产品市场的营销特点,及通过协定贸易、易货贸易、结汇贸易和补偿贸易等贸易方式来进行外贸交易。并对我国的园艺产品外贸市场存在的问题,提出相应的市场开拓策略。

 **复习思考**

1. 我国园艺产品生产与市场现状怎样?结合现在国际农产品经济形势,谈谈你的看法和建议。
2. 影响园艺产品供求矛盾的主要因素有哪些?
3. 国际园艺产品市场的营销特点表现在哪些方面?

# 主要参考文献

1. 黄维礼,孙杭生.市场营销学原理[M].南京：东南大学出版社,1994
2. 李嘉瑞.果品商品学[M].北京：中国农业出版社,1995
3. 宋小敏,宋先道.市场营销学[M].武汉：武汉工业大学出版社,1998
4. 刘国成.促销方法与技巧[M].北京：高等教育出版社,1998
5. 吴锦涛,张昭其.果蔬保鲜与加工[M].北京：化学工业出版社,2001
6. 叶兴乾.果品蔬菜加工工艺学[M].北京：中国农业出版社,2002
7. 陆兆新.现代食品生物技术[M].北京：中国农业出版社,2002
8. 邓伯勋.园艺产品贮藏运销学[M].北京：中国农业科学技术出版社,2002
9. 王进涛.园艺商品学[M].北京：中国农业科学技术出版社,2003
10. 温思美.农产品国际贸易[M].北京：中国农业出版社,2003
11. 赵晨霞.果蔬贮藏加工技术[M].北京：科学出版社,2004
12. 高海生,李凤英.果蔬保鲜实用技术问答[M].北京：化学工业出版社,2004
13. 张平真.蔬菜贮运保鲜及加工[M].北京：中国农业出版社,2004
14. 温思美.农产品国际贸易[M].北京：中国农业出版社,2004
15. 陈景长,曹之富.蔬菜商品经济学[M].北京：中国农业科学技术出版社,2004
16. 赵晨霞.园艺产品贮藏与加工[M].北京：中国农业出版社,2005
17. 徐小方,杜宗绪.园艺产品质量监测[M].北京：中国农业出版社,2005
18. 崔坤.园艺产品营销[M].北京：中国农业出版社,2005
19. 朱克永.食品监测技术[M].北京：科学出版社,2005
20. 徐小方,杜宗绪.园艺产品质量检测[M].北京：中国农业出版社,2006
21. 张水华,徐树来.食用感官分析与实验[M].北京：化学工业出版社,2006
22. 周武忠.切花栽培与营销[M].北京：中国农业出版社,2006
23. 谈肃,刘政.中国企业经典法律案例[M].北京：中国社会科学出版社,2006
24. 卢立新.果蔬及制品包装[M].北京：化学工业出版社,2006
25. 杨清香,于艳琴.果蔬加工技术[M].北京：化学工业出版社,2007